JN192398

続・黒潮文明論

海の民の遥かなる旅

稲村公望［著］

彩流社

続・黒潮文明論

推薦のことば

「黒潮文明の悠久の流れ」——世界戦略情報みち編集人　天童竺丸

時代の大激動に晒された郵政事業の中枢にあって、緊張の連続するその多忙な日々のさなか、稲村公望さんが「黒潮」への想いを次第に深めていったのは、自らの身体に流れる熱い血潮に駆り立てられたからに違いあるまい。日本列島の南西に位置する奄美群島の徳之島に生まれた公望さんは小学校を終えた時点で徳之島を離れたが、鹿児島から東京へ、そして米国ボストンへと郷里を離れれば離れるほど、熱い血潮が蠢き滾り始めたのである。果たせるかな、日本国民が辛苦の中で営々として築いてきた貴重な国富を簒奪せんものと狙う外国勢力の走狗となった時の総理大臣小泉純一郎の指揮の下、郵政民営化の大合唱が国中に叫喚した時、隣人から掠め取ることを当然とするマネー文明の酷薄非道さを、人と人が深く結びあって濃厚な信頼の中で生きてきた島人（しまっちゅ）の血潮が許すはずもなく、敢然として大反対の旗幟を鮮明に掲げたのは郵政事業の中枢にあった稲村公望さんである。だが、大勢の赴く所は如何とも為しがたく、郵政事業に一身を捧げて通暁した郵政マンは公務を離れざるを得なくなった。

おそらくは、その時であろう、タブノキの囁きが公望さんに届いたのは。そして、誘われるままに日本各地のタブノキをひとり訪ねて回る日々が始まった。やがて、ある確信が生まれる。黒潮に乗って日本列島に辿り着いたわが祖先たちは、その上陸地点から遠くない、海を見晴るかす高台にタブノキを植えて、入植開拓の記念碑としたのだ、と。

不思議な、しかし必然の出会いにより公望さんとの知遇を得た私は、GHQ占領政策により防遏されて久しい大麻栽培の再生をかねてより熱望していたが、大麻もまた黒潮の民の齎したものだと教えられるに及んで、日本列島の人々の暮らしに絶大な影響を与えてきた黒潮の民の暮らしぶりをもっと詳しく知りたいと願ったのだ。私が編集する月二回刊行の『世界戦略情報みち』は謀略と陰謀の渦巻く世界情勢の分析と、我々が拠って立つべき日本文明の柱の樹立を念願としていたから、公望さんが熱く語る「黒潮文明論」はまさに弊誌にとって翹望久しいものだったのである。連載の執筆を依頼すると、一応は躊躇する様子が見えたものの、すでに奔騰寸前の域に達していた島人の熱い血潮が黙すはずもなく、かくして今日まで連載は回を重ねて、すでに二〇〇回を超えた。想えば、九年以上の歳月が流れていったのだ。

アイヌ語研究の泰斗金田一京助・知里真志保以来、北方ツングース語の系統を曳くと考えられてきたアイヌ語が実は南島系マラヨ・ポリネシア語の系統に立つものであることを明らかにしたのは、ロシアの天才的言語学者エヴゲーニイ・ドミトリエウィチ・ポリワーノフ（一八九一～一九三八）の独創的日本語研究を敷衍発展させた村山七郎である。

例えば、日本語のウス（臼）は古くは仲哀記に「宇須」と書かれる言葉であるが、アイヌ語ではニス（nisu）と言う。徳之島方言ではウーシである。一見すれば、似ても似つかないように見えるこの言葉は、台湾のヤミ語でウスン、フィリピンのタガログ語でルソン、ジャワ語とマライ語でレスンと呼ぶことを勘案すると、語頭のエル（l）音が台湾で欠落し、その形が南島諸島から日本列島に伝わり、一方アイヌ語では語頭のエル（l）音を欠落させる代わりにエヌ（n）音に変化させたことが分かる。大野晋のように、タミル語と日本語のある言葉が瓜二つであるからといって、日本語がタミル語と関係があるように説くのは言語学者にあるまじき暴論であって、ある言葉を比較して、その系統を論じる場合に特に不可欠なことは、それぞれの言語に特有の癖と言うべきものを歴史的に踏まえて比較することである。できる限り周辺言語を参照することも大切で、そのような手続きを行なって初めて、オーストロネシア諸語のウス（臼）の祖語として、ルトゥンを再構することができる（村山七郎『アイヌ語の研究』三一書房、一九九三年刊、七三～八〇頁）。アイヌもまた黒潮文明の一員なのである。

これからもタブノキを訪ねて、滔々たる黒潮文明の跡を公望さんと共に確かめてみたい。

目次

まえがき

『黒潮文明論』と壮語する題に「民族の基層と源流を想う」と、大仰な副題をつけて、彩流社から出版してから三年経った。畏友の今西光男氏は主宰する「メディアウォッチ」に早々に書評を掲載した。日刊工業新聞に、八木澤徹論説委員が署名入りの書評を掲載した。霞ヶ関の官界情報を扱う月刊誌『時評』に、米盛康正社長の計らいで書評が出た。高橋清隆氏、飯山一郎氏、山崎行太郎氏の有力ブログも、拙著を紹介して下さった。『月刊日本』は表紙裏にカラー広告を出して頂き、国策研究会の機関誌には、編集者の解題が出た。『週刊ダイヤモンド』(二〇一五年一一月二一日号)には、評者を佐藤優氏(作家・元外務省主任分析官)として、拙著の表紙写真と共に、「冷徹な分析と憂国の情」との見出しをつけた書評が載った。

『黒潮文明論』は、旧郵政省の元幹部で、奄美諸島・徳之島出身の稲村公望氏によるユニークな作品だ。有能な実務家としての冷徹な分析と憂国の情が見事に総合されている。中央政府のエリート官僚でありながら、国家権力に対して批判的視座を稲村氏が持ち続けたのは、同氏のルーツが奄美にあることと関係している。1952年4月に発効したサンフランシスコ平和条約で、沖縄や小笠原と共に奄美も日本本土から切り離され、米軍の施政権下に置かれた。翌53年12月に奄美の施政権が日本に返還された。そのときの記憶が稲村氏には鮮明に残っている。〈小学六年生の頃、「朝は明けたり」の曲と詩が異民族支配から解放された喜びを噛みしめるよう鼓舞したのだろうか。／（中略）朝だ　奄美の朝だ　日に焼けた君らの胸に盛り上がる復興の熱　そうだそうだみんなの汗で生みだそう　明るい奄美」という行進曲調の歌が筆者の耳底には今も残るが、もう誰も知らない〉。境界人としての感覚をもったエリートの奥行きの深さが伝わって来る。

佐藤優氏が、筆者のマージナルマンとしての深層意識について触れた点は図星であり、「冷徹な分析」は自慢にもならないが、「憂国の情」と評して頂けたのは、擦り切れた役人あがりの慰めになった。このように赤面するような書評も頂戴したが、三六六頁の大部冊で立派な装丁の単行本だから値段が高くなった。続編を『続・黒潮文明論』と薄めにして値段を控え活字も大きくして、二冊書店の棚に並べれば、相乗効果で売れ行きが伸びると算用することにした。『続・黒潮文明論』の「推薦のことば」を、毎月二回拙文に題をつけて頂いている文明地政学協会編集人の天童竺丸氏にお願いした。頼むと直ぐ、そして適切に「海の民の遙かなる旅」と副題もつけて頂いた。大隅半島にある御陵と古墳群への旅行に際しては、霧島市隼人町在住の日高雄一君に、自家用車を運転して同道して頂いた。佐多岬では乱舞する蜻蛉の大群に遭遇したし、『続・黒潮文明論』の特集にふさわしい取材ができた。佐々木実氏——大宅壮一ノンフィクション賞を『市場と権力』（講談社）で受賞した稀代のジャーナリスト——からは、同氏執筆の雑誌記事の要旨メモを転載することを快諾して頂いた。いちいち名前を挙げないが、今回も多くの友人知人の激励とお世話になったことを感謝する。『続・黒潮文明論』出版を口実にして出版記念会を設営すれば、販売促進を兼ねて、郷友・諸兄諸嬢・読者と相集い、シマ唄や酒と踊りを楽しむ口実にはなる。そして『続・続・黒潮文明論』を目指して、たゆとう人生の旅を歩き続ける決意を新たにする契機にもしたい。

1　山形健介著「たぶのき」の蘊蓄

村上正邦先生などの呼びかけで開催された東日本大震災「祈りの日」の式典で、植物学者の宮脇昭先生の講演を聞き、防潮林として白砂青松よりもタブノキの方が強いことが分かり、タブノキの魅力に心を奪われた。

三田の慶應義塾大学の構内から日比谷公園、そして、皇居の東御苑や大楠公銅像の斜め後ろや新築の飯野ビルの生垣、浜離宮庭園、神田橋の近くの遊歩道や駒沢公園を巡りタブノキを探し回った。大井町の仙台坂に聳えるような巨木があり、水戸の川又町の水田脇にも巨木があること、友人から越後の村上の河口にはタブノキの林があることなどを教えて頂いたりしながら、何ヵ月間か特集記事のようにタブノキについて書き連ねた（「いのちを守る森の防潮堤」、「大日本タブノキ名鑑」、「タブノキ探訪記」、「折口信夫の古代研究とタブノキ」、「異郷に根付くタブノキと島人」、「韓国と東南アジアのタブノキ」）。黒潮文明論の題材として、最近では古代の製鉄を取り上げて、それなりの新発見もあったが、沖縄を含む南西諸島における古代製鉄について何か文献がないかと、世田谷区桜新町の区立中央図書館を訪ねた。貝塚などにも触れている平凡社の『鹿児島県の地名』を入手しようと考え、二〇〇〇円也の札がついている古書を神田の古書店で見つけたが、大冊で持ち帰るのが面倒だから翌日回しにしたら売り切れていた。ネットで探すと一万九〇〇〇円の値段がついていた。そこで、禁帯出ながら手に取って読める中央図書館に出かけたのだ。『沖縄の鍛冶屋』という題の本も見つけた。沖縄県で手広く事業をしている会社の金秀（かねひで）が鍛冶屋から発展したことなど興味深いことが書いてあるので立ち読みをしたが、南西諸島に湖沼鉄があったかどうかの肝心の議論には参考にならなかった。黒潮文明論に資する新刊書でもないかと蔵書の検索をしたら、法政大学出版局の「ものと人間の文化史」の一冊として、山形健介『タブノキ』が平成二六年三月二〇日に出版されていることが分かった。筆者がタブノキについて熱中して書いたのは、その単行本が出版される一年前であるから、新刊の『タブノキ』を早速借りだして、筆者の知るタブノキと比べ読みになった。

名古屋の繁華街の御園座の向かいの通りに神木として扱われている「御園のタブノキ」があることは知らなかったし、新幹線の新神戸駅の裏手のロープウェイの駅の西側にタブノキがあることも初めて知った。育種した苗の植え替えが難しいとの指摘も興味深いことであった。『魏志倭人伝』に記述された木の名前の最初にあるのが、タブノキではないかとの解釈を採用し、さらに『万葉集』の大伴家持が詠んだ歌「磯の上の都万麻を見れば根を延へて年深からし神さびにけり」の「都万麻（つまま）」とは、舳倉島の島民がタブノキの大木をツママノキと呼んでいたことから、タブノキに間違いないとしている。楠と樟の字の解釈を巡っての議論も興味深く、樟木を「たびのき」と読む独特の苗字が能登の珠洲市にあるという。船材用の木が、実は現代のクスノキではなくタブノキであるとの解釈も成り立ちうるとも指摘している。渡来したポルトガル人はタブノキを「月桂樹のような、ある木」と日葡辞書に書いて、クスノキとは区別しているようである。また、日本各地にある楠を被せた地名は実はタブノキを示す地名ではないかとの議論を進めて、たとえば、三浦半島の大楠山などは、クスというよりはタブノキが茂る山ではないかとの説を展開している。一章を割り当て、タブノキの用途の広さ、汎用性の高さについて日本の樹木の中で筆頭に挙げている。

　タブには、紅タブと白タブとの違いがあり、潮風に当たったタブが紅タブで、ケヤキよりも高級材として扱われ、桧よりも珍重されたといい、タブノキは海水に浸かると一層硬くなり、また粘りと弾力性も併せ持っていることを紹介する。沖縄方言でタブノキのことを「斗文木（ともんぎ）」というが、美しい木目が現れるからである。シロアリが食べない木としても有名で、丹後の伊根（いね）の舟屋（ふなや）にもタブノキが使われており、京都の社寺建築の用材として採用され、またトラックの床板や鉄道枕木にもなった。

　それで奄美大島や沖縄・南西諸島では乱伐されてしまったから、どの島にももう大木が残っていないのであるとの酷な指摘も銘記されている。正倉院の渡来の木箱も材料はクスノキではなくタブノキではないかとの異論を出し、韓国にある世界遺産の八万大蔵経の版木はタブノキだと断定している。奄美大島の博物館にはタブノキの丸木舟が二隻展示され、今も鰹節を燻乾する薪にタブノキが使われ、オオミズナギドリとタブノキが共生しているとする。

舞鶴湾にある天武天皇所縁の冠島についての記述は出色で、宗像大社沖津宮の沖の島に繫がることを想像させた。日本海の酒田の沖にある飛島がタブ島ではないかとの仮説もある。列島各地、九州と南の島々、北陸、若狭・山陰、東京・関東、東北・東海、近畿、瀬戸内・四国と全国を巡っており、また、台湾・韓国・支那のタブノキについても蘊蓄を極めている。

2　日本語と世界言語への可能性

英語の world は、日本人にとってなかなか発音しにくい単語だ。ワールドと書くが、その通り読んでも英語の発音にはならない。軽く口を開けて舌先を丸めた状態で、喉からアーと発音すると良い。アングロサクソン系以外の人には発音が難しいらしく、高校生のときにフランス系カナダ人の先生からは、ニューヨークでは日本語のまま読んでウォイルドと発音した方が通用すると教えてもらった。喉から絞り出すような中間の母音が島の方言には残っているから、黒潮の民にとっては練習すればそれほど難しくない。

南の島では、子供のことをクァーと発音するが、その音が喉から出るアーの音に近い。喉からイーと発音する音はどうだという議論が次に来るが、臭い話でおならのことをフイーという。そのイーがワールドの英語のアーのように、喉からつまって出る発音だ。目のことをムイーというが、そのイーの発音も同じように喉から発する。フイーの場合のフの発音は、Fの破裂音に近く、遮ぎるものがなく抜けてしまうようなハ行の音ではない。目の発音のムイーのムは、窪みや穴という意味もあり、イョンムイーとは、巌（いわお）の穴、つまり洞窟のことだ。いろは歌の有為（うい）の奥山のゐの発音とは異なる。次に、ウーの音だが、数字の十がその音だ。今では、「とー」と発音されているが、トゥーでこれまた喉から出る音である。鶏をおびき出すように呼ぶときの声が、トゥートゥーで、数字の十の発音と同じである。人を呼びかける時のエーの発音が同じだ。ここに来てご覧、と言うときに、エー、カンチーメ（ここに来てみて）、という具合の相手に呼びかける声になる。標準日本語にはゑの字も失われつつあるが、「あさきゆめみし　ゑひもせす」のゑとは違うエーの音である。黒潮の民の言語には、母音が強弱に応じて複数行あったのだ。平仮名のあいうえおと、喉から出る詰まった発音のアイウエオの二種類があったのではないだろうか。や行のイ、ヱもあったし、わ行のヰも于もそれなりの音があったと思う。んの音もあった。

　ハーバード大学の日本語の教本に「山の音」という題がついた例文が載っていた。日本語の特徴は、右の脳で感じて左の脳で考えることを瞬時に行なっている言語であるから、日本語の特徴を的確につかむ例文の題は適切であった。漫画では、音のない場面に「シーン」と書いてある。更けゆく秋の夜のすだく虫の音がスイチョ、と聞こえ、セミの声が、時雨のように聞こえながら、ツクツクボウシと左脳で符号にしているが、欧米人には虫や蝉の声は雑音だ。言語障害で文字が読めなくなる場合があるが、アルファベットの母国語をもつ人の場合には、読めるか読めないかだけのことだが、日本語を母国語とする場合には、漢字だけが読めない、カナだけが読めなくなる、漢字の意味は分かるが読みが分からなくなるなど様々な症状が出る。平仮名で書くのか、カタカナで書くのか、漢字で書くのかによっても、微妙な意味あいが異なるし、大日本（おほやまと）に醇化していない外来の概念は、いつまでもカタカナに留まっていることがある。最近ではどうしようもなくローマ字のままで放置されている事例も見受けられる。コンプライアンスとかシンパシーなどと横文字のままで居座っている横柄は、そもそも怪しいと左の脳が受けとめているからだが、どんどん巷に増え続けているのは遺憾千万なことだ。

　標準語は、五つの母音と「あかさたなはまやらわ」の清音との組み合わせで構成される二次元の行列になっている。日本語が、母音を左脳で符号化して、それと清音や濁音、それに拗音と組み合わせて構造化していることが基本だ。日本語の濁音は、清音に強弱をつけるためにあるが、その必要がなかったからか、南の島ではラ行とダ行とを区別できない人々も多数いた。ラジオとダジオが区別できず、濁音の優しさにもっと優しいヲが加わった。ＲとＬの区別も、権力の圧迫の緊張がなかったから右と左の区別を凛（りん）とする必要がなかった。ラテン系の言語も母音で音節を終える言葉が多く、日本語に似ているが、イタリアに詳しい友人に聞いてみたら、RとLとを区別しない曖昧な地域が結構あるとのことだった。

日本語は母音単音がひとつの言葉になる。「あいうえお」の一文字だけの色々な単語があるが、日本語を母語とする人以外には、単音を言語として認識できない。黒潮の民は、母音を聞き分け、符号化して分類し、統合する能力を持っている。だから、音声を切り出す単位が桁違いに多くなる外国語を習得することを、日本人が億劫に思うことは当然である。漢字は母音を基軸としない子音中心の言語に、意味がくっつく複雑さがあり、表意のパターン認識は便利だが、威嚇する発音に強い違和感を持ったのは当然で、たおやかな母音中心の日本語に馴らすために、訓読みを当てて長い時間をかけて苦心惨憺・取捨選択して醇化してきた。「あいうえお」に加えて「アイウエオ」の母音が併存する黒潮文明の言語世界で、五十音を百音に拡張して計算する可能性を更に切り開けば、人間の関係を高度に安定させる世界言語として顕現する可能性が確実にあると思う。

3　南西諸島から観る島嶼防衛の要諦

平成一九年三月三〇日午後一一時四〇分、陸上自衛隊第一混成団第一〇一飛行隊（当時、ヘリコプター六機、固定翼飛行機三機で、隊員一〇〇名の二四時間体制。現在、第一五旅団第一五飛行隊）のCH47型ヘリコプターが、徳之島天城岳（あまぎ）（標高五三五メートル）の斜面に激突した。鹿児島県知事の災害派遣出動要請に従って、急患空輸の任務のために徳之島総合グラウンドに着陸する予定が、濃霧で視界不良だったため、徳之島の北西部にある徳之島空港に航路を変更して脊梁の山を越えるときに事故が発生した。乗組員の建村善知三佐（鹿児島県出身五四歳）、坂口弘一一尉（佐賀県出身五三歳）、岩永浩一一曹（長崎県出身四二歳）、藤永真司二曹（大分県出身三三歳）が殉職した。建村機長は四八五〇時間、坂口副操縦士は六三〇〇時間の飛行経験を持つベテランで、建村機長は七月には定年退職を予定しており、沖縄の黒酢の会社に再就職が内定して、退職の日までの搭乗予定も数回でしかなかった。建村三佐は、マスコミの取材に対して、「敵は気象天候です」「絶対に（沖縄）県民に信頼される自衛隊でなければならず、防衛任務と急患輸送任務の両方をパーフェクトに行なうという重たい任務を第一〇一飛行隊は負っている」と応答した記録が残っている。全国の中で県知事からの「災害派遣出動」の要請が最も多いのが沖縄県である。多くの島嶼があるために、年間の出動回数は三〇〇回にも及ぶというからほぼ毎日の出動となる。殉職した徳之島での墜落事故は鹿児島県知事の出動要請に基づくものであったが、沖縄の隣の奄美群島の島々は九州南端からよりも沖縄本島からの方が距離的には遥かに近いから、台風の後の災害復旧でも電力復旧などは、九州電力ではなく、沖縄電力から応援の復旧部隊が出動することが知られている。急患輸送のために、沖縄から自衛隊のヘリコプターが出動したのだ。南西諸島における救急医療の主役が地方自治体ではなく、自衛隊の災害派遣出動であるという実態を浮き彫りにしている。軍事組織であるから、気象天候の良否にかかわらず、目的を達成するためには出動する。建村三佐は、生まれ故郷が徳之島で島で一番賑やかな亀津という集落の出身だったから、同胞が急病になって、その患者を輸送することには殊更の使命感を意識して、那覇空港の一角にある航空隊の格納庫を出立したに違いない。「災害派遣出動」の回数が全国一多い沖縄県で、反自衛隊の世論が意図的につくられ、陸上自衛隊の司令官が地元マスコミに言葉尻を掴まれるという事件も発生していた頃で、危険な急患輸送任務を達成してもマイナス一〇〇点からだから、一〇〇点満点で当たり前になり、「絶対に」任務を遂行しようとしたことも間違いない。

平成二七年五月中旬に筆者は祖母の墓参りのために帰島した。徳之島空港は島の北東部を占める天城町にあり、旧陸軍浅間飛行場の下の海岸を埋め立てて作った施設であるが、北東にある集落の松原で子供の頃を祖母と過ごした。今では寝姿山などとしゃれた名前がついているが、松原銅山があった馬鞍岳(まんくら)と天城岳とが遠望され、全島一周の道路が横切る川の橋の畔に一族の墓地がある。黒潮の民は先祖崇拝だから、都会生活のサラリーマンは、先祖の位牌(いふぇ)を鞄に入れて持ち運ぶようなことで先祖との繋がりをかろうじて維持しているのであるが、今回は東京郊外に住む甥の藤井壮望氏が数日島に先行して、墓所の掃除をして頂いていたから、観光客のような気分で隣の集落の与名間にある、マラソンの高橋尚子選手などが合宿に使い有名になったリゾート(?)に宿泊した。リゾートはマユ(ねこ)ンハナ(先端)という岬に立地しているから、渡り鳥の通り道で、朝な夕なにあちこちに鳥の声が聞こえて、アカショウビンが「キョロロロロー……」と囀(さえず)り、島名(しまな)が「クッカル」だったことを思い出した。

島の北東部の山(さん)の集落から登山道が慰霊碑のある尾根までつけられたと聞き、赴いて敬意を捧げることにした。集落共有林の原生林の中の林道を軽自動車で登り、工兵隊によって整備された急峻な階段をさらに二〇分くらい徒歩で登り、見晴らしの良い尾根に慰霊碑はあった。『波濤を越えて』と御影石に彫られ、台石には昇格した階級と氏名が彫り込まれ、裏に「徳之島緊急患者空輸に向かった　勇敢なる第一〇一飛行隊　英霊四名ここに眠る　平成二十一年二月吉日建立」とある。筆者は沖縄勤務の時に、故建村大佐が那覇基地の広報係に所属していて知遇を得た。同郷のよしみで事情を憚りなく聞き、格納庫の中を回って三菱のMUという型の国産偵察機を見学したこともある。島嶼防衛の要諦は尖閣で一戦を交えることではなく、奄美・沖縄の南西諸島を守ることであるが、慰霊碑のある山(さん)の集落にあったヘルスセンター跡の太陽光発電施設に支那企業が参加しているとの話にはまったく驚かされた。英霊の殉職を無駄にしないよう、特別に立法措置を講じても敵対勢力の島嶼への浸透を断乎阻止すべきだと考える。支那の人民解放軍に制圧蹂躙されたチベットの轍を、わが南西諸島に踏ませてはならない。

4　わが郵政民営化反対の原点

甥の運転する軽四輪車に乗って故郷の島を一周した。「♪周り二十四里、蘇鉄とキビの、徳之島かよ、冬知らず」と徳之島小唄を口ずさみながら、助手席に座っていた。まずは、松原集落のシルシーン坂（しら）の中程に、初代大島松原郵便局長を務めた稲村武明翁の記念碑があるので訪れた。わが郵政民営化反対行動の原点はここにある。次は、西郷隆盛が島流しに遭って蟄居した跡を岡前（わーじん）という集落に訪ねた。昔、島でただ一人の歯医者だった父が出張所を開設していたあけぼの旅館が港のある平土野（へとの）の町にあったが、通り過ぎた。甥の父親、先代の大島松原郵便局長である藤井文雄氏の出身地である兼久（かねく）は高名な柔道家で、姿三四郎のモデルだった徳三宝先生の出身地だ。西阿木名（にしあぎな）の郵便局の脇を通り過ぎて、秋利神（あきぎゃん）の峡谷の上にかかった橋の脇に車を止めて休憩をした。その昔、全島一周の道路工事では、この川の絶壁を下る道が一番の難所だった。舗装道路でもなく、ジープが通る道を肩車して貰って峡谷を眺めた記憶がある。秋利神で獲れたモズクカニの雑炊を食べた記憶もある。水力発電所もあって、父の弟がそこの電力会社に勤めていたので、川で獲れたカニのお相伴に与ったのだろう。休憩した展望台の上流にはダムが建設され、すでに貯水も始まったとのこと。本当にダムが完成すれば、これまで天水のみに頼っていた島の南部に水が豊富に供給されるようになり、立派な農地も誕生するだろう。内地の資本が入り込んできて土地の買占めが起きやしないかなどと、老婆心ながら心配することだった。

次に、犬田布（いんたぶ）の集落にある明眼の森に行った。南側に沖永良部の島が遠望できる小高い丘をなしており、亜熱帯植物の群落がこんもりともりあがったような森になっていた。細い道を頂上まで辿ると、香炉が置かれて拝所でもあることが分かった。大木ではないが、タブノキはあった。もしかしたら地名の犬田布は、このタブの群落からつけられた名前かも知れないと想像した。イヌクスとはタブノキの別名であるから、イヌタブとはクスノキの別名かも知れないなどとややこしく考えた。明眼の森は国の指定する天然記念物であるが、島でもそれほど知られていない。荒れた風でもないから、集落の住民のなかにちゃんと森を守って来た人々がいるに違いないと敬意を表する。次の集落の阿権（あごん）はどうなっているだろうか、確か鹿浦（しきや）に郵便局があったはずだが、今は移転したとの話も聞いていた。前の局長の中熊さんは、退職されてから時日が経たないうちにお亡くなりになった。阿三（あさん）が父の生まれた集落だ。屋敷があって廃屋が残り、親戚もあるが、立ち寄らなかった。日本で一番長命だった泉重千代さんの銅像が立っている場所もあるが、父方の祖父の墓参りの準備をしてこなかったので、静かに立ち去った。伊仙(いせん)町の役場に立ち寄って大久保明町長を表敬訪問した。一度、伊仙町が主催して奄美市町村議員大会があったときに講師として呼んで頂いた御縁があったので、知らない顔をして通り過ぎるわけにいかなかったのだ。仕事の邪魔にならない程度に四方山話をして立ち去った。町長は県会議員の経験もあり、元々はお医者さんであるから、島の医療の現実についていろいろとご高見を拝聴した。

面縄(うんのー)は、奄美の祖国復帰運動をした泉芳朗先生の生誕の地だ。製糖工場のある目手久(めてぐ)、検福(きんぼう)と通り過ぎて喜念(きねん)の浜に行った。闘牛の牛を、足腰を鍛えるため砂浜を歩かせるらしく、砂浜には、牛の蹄の後が点々と残っていた。砂浜を歩いていてアッと声を上げそうになった。半分砂に埋もれているが、青いプラスチック箱に「気仙沼魚市場」と黒字で書かれた魚箱が打ち上げられていた。遙か東北から流れ着いたのだ。志津川の郵便局の前にあった鋼鉄のポストが遙か西表島(いりおもて)に大津波で流出して流れ着いたことが話題になったが、この魚箱も大津波で流出したかどうかは別にして、東北の魚市場に所属する箱が黒潮の反流に乗って徳之島の浜に流れ着いたに違いないと想像しながら、証拠写真を撮った。浜辺を後にして、南原(はいばる)の海岸を通り過ぎた。小学校の時の思い出だが、弁当をもって来ない友達の家が南原にあり、その友達の家に行ってみると本当に食べるものがないほどの貧しさで、世の中にはこんな貧しさもあるのか、と子供心に思った。その友に一回名瀬(なぜ)で会ったが、ヤクザになっていた。左に曲がると尾母（おも）、白井（しろい）という集落があるのはオモシロイことだ。小学校が分校で、校庭の近くの森に、オオタニワタリという大きなシダの群落があった。島の中心地の亀津（かむいじ）では、その昔、家族が住んでいた場所の前を通り過ぎた。小学校の同級生が数年前に亡くなって、その後島に戻っていなかったので、長女（稲葉めぐみ）が島の黒砂糖で作った手作りのイタリア風焼菓子を線香代わりに御霊前に供えようと東京から持参した。その日の夕方に、友達から電話が掛かってきて、亀津にはなぜ泊まらないのかといわれたが、墓参りで松原に来ただけだと弁解して許してもらった。秋に亀津中学校の同窓会が島で開かれ再び帰るが、小学校を卒えて私はすぐヤマトゥに出たから、本当は番外の同窓生だ。

5　小琉球徳之島一周記

那覇に識名（しきな）公園がある。大陸からの冊封使をもてなす庭園だが、敷地のどこからも海が見えない。琉球王国の版図の大きさを印象づけるために、特別の地形に設計・建設された由だ。徳之島の中心部にある三京（みきょう）の集落にも海を眺望できない所があり、三京から亀津に歯の治療に出て来て海を初めて見たという人に会ったことがある。今回は海岸沿いに車を走らせたから、三京に行かなかった。

馬根(まーに)に前回帰島したときに泊まったが、今回は寄り道せず、河地(こうち)、糸木名(いときな)、八重竿(えーぜー)、小島(くじま)、亀津の飛地だった崎原(さぎばる)にも行かなかった。島の横断道路ができたので内陸の集落も便利になった。亀津は南区、中区、北区に加えて、珊瑚礁を埋め立てて市街地が大きくなった。一七世紀以来、薩摩藩の代官所は亀津にあった。明治九年の断髪令では先駆けて亀津断髪が実行された。王朝の沖縄では断髪は圧政の悲劇になり、徳之島では維新の解放として、進取の気風の象徴となった。舟渡(ふなにい)という集落の上の墓地は昔のままだが、浜に屹立していた軍艦石という石灰岩の巌は跡形もない。中区と北区との境の大瀬川の橋の上から網を上げ下げしてボラを捕り、水道がなかった頃には早起きして川水も汲んだ。島の要港は亀徳(あきちゅー)だ。岸壁は南側に移され、港を横切る大橋が架かった。琉球征伐の時の秋徳の戦いの湊だ。亀徳小学校に通う子供達が丁度下校時間で、徳和瀬(とぅくわし)との間の崖道を帰る姿を見た。徳和瀬の海岸には夏の新月の夜にスクの稚魚が押し寄せる。スクは、小骨をちゃんと飲み込めるようになる元服を試す魚だと、以前書いた。次の集落の諸田(しょだ)には池がある。銀鱗の鮒がいて、透き通った水に水草が印象に残る。諸田には、観音堂があった。神之嶺(かんにん)には、小学校があり、浜の名前はシンデ浜(ばま)だ。神之嶺小学校を卒業すれば井之川中学校に行く。井之川(いのー)は高砂部屋の親方になった横綱・朝潮太郎関の出身地だ。本名は米川文敏(よねかわふみとし)。コメディアンの八波(はっぱ)むとしの生誕の地でもある。朝潮関の銅像が島の最高峰井之川岳を背にして立つ。脚本家菊田一夫が書いた八波むとしを追悼する碑もある。鹿児島の城山観光ホテルを創業した立志伝中の人、保直次(たもつなおじ)氏の故郷でもある。イノーとは、珊瑚礁の潟だから、豊饒の海が眼前に広がる。次の集落が下久志である。海岸には珊瑚礁が広がり、亀津から出かけて追い込み漁をして、獲れた魚で饗宴をした。砂地の畑では甘いスイカが実った。集落の広場で、力石を試した。奄美大島にも久志という集落があり、混同を避けるため、下を加えて下久志となったのは明治二二年のことだった。

母間の集落は海に臨み、麦田川など七つの川が流れる。池間、大当、花時名、反川などの集落がある。池間の珊瑚礁の浅海には、石垣を積み重ねて魚を獲った、石垣クムイの遺構がある。母間と花徳との間に東天城中学校がある。花徳には、標高六〇メートルの丘があり、頂上には宮城が築かれ、自然石の神体が祀られる。花徳の西に位置する集落が轟木だ。集落の北西には藍溜の遺構がある。轟木の山の土は、赤土で鉄分を含んでいるから、その粘土を利用して瓦が焼かれていた。花徳から海岸沿いに、入江に臨む山がある。上村という山里、港川、内千川に分かれ、畦には小沢一郎氏の別荘があった。金見には蘇鉄の森が茂り、トンバラ石を臨む金見崎灯台からの景色は絶景である。次が手々である。蘇鉄が向かいの加計呂麻島の諸鈍から初めてここに移植されたと伝えられ、また、琉球王国の築城に手々から技術者として赴いたと伝わる。集落の南側に神川の森がある。島の最北部で季節風の北風は厳しく、山が海に迫る。手々と次の集落の与名間との間に、徳之島町と天城町の境界がある。徳之島には間切と呼ばれる琉球王国の地方行政単位が三つあり、現徳之島町の東間切、現伊仙町などの面縄間切、現天城町と手々の西目間切があった。与名間は松原の北にあるが、海岸にムッシュウジという石舞台があり、岬の灯台の一帯には隼洞窟（フェッサーガマ）が見られる。フェッサーとは隼もしくは海賊のことで、密貿易の拠点を想像させる。上質の岩海苔を生産する。沖の活火山の硫黄鳥島（ゆわとぅいしま）は徳之島の兄弟島だが、王朝が火薬の原料となる硫黄を直轄したから今は沖縄県に属している。良質の石材が与名間で加工された。沖縄北部・国頭の辺土名と宜名間が徳之島の平土野と与名間に相応じるとして、徳之島を小琉球と呼ぶことがある。与名間の次の集落が、松原の一地名である宝土（ほうどぅ）である。港川の河口には港があり、屋久泊と呼ばれた。松原には人城（ふぅぐしく）と呼ばれるグスクの跡がある。与名間寄りの沖の配田（くぶた）には採石場があったことも知られ、唐の開元通宝、北宗の太平通宝、朝鮮通宝など古銅銭が発見されている。松原にはもともと銅山があり、近代的採掘は明治三七年に開始されたが、過酷な環境だったらしく、大正二年の同盟罷業が記録に残る。平均寿命も短く、銅山下の川の水は煮沸しても飲まなかったという。宝戸の浜の名前は七貝浜（なながい）と美しい。松原からの海岸沿いに、塩浜（しゅーはま）、川津辺（こうちぶ）がある。大津川（ふうちごー）、瀬滝（せたき）、佐弁、陸軍飛行場跡の浅間（あじやま）も通り過ぎ、西郷が上陸した湾屋（わんや）湊も見ずに全島一周（ぜんといっしゅう）を終えた。

6　郵政民営化を狙う者の正体

郵政民営化という虚妄の議論の始まりは二〇年以上前に遡る。政府調達協定交渉で郵政事業の資材調達を自由化せよとの主張が波及して、経営形態論となったのだ。電気通信分野における資材調達の自由化が日本では日本電信電話公社の民営化の圧力と軌を一つにしたが、郵政分野の資材調達は、電気通信分野と異なり、技術革新が少なく、労働力集約産業であり市場規模も小さいことから、政府調達協定の枠内に入るか否かが大きな議題とはならずに、経営形態論と直結して議論が行なわれた。直裁に述べると、電気通信の場合には、外国企業の製品の調達と関係したが、日本の郵政民営化論は外国からの製品調達とは関係がなく、生命保険と国債の金融市場開放と支配の思惑だけが背景にあり、欧州に見られたような、各国郵政の主導権争いの要素もなかった。

世界的にはまず万国郵便連合で議論となった。万国郵便連合本部は、スイスの首都ベルンにあり、国際電気通信連合についで最も古い政府間国際機関である。まず表面化したのは、国際高速郵便分野だった。アラビア半島やペルシア湾で、国際石油資本による石油掘削が大規模に行なわれ、現場と本国との郵便確保のために、高価格であっても確実に届ける国際高速郵便制度の導入が模索された。もともと米国の軍需物資の航空会社を発足基盤とした企業であったが、ドイツポストの資本参加を得て、ドイツ企業となったＤＨＬ社が有名である。独自の文書配送システムを開始して、ユニバーサルサービスの郵便制度の枠外として承認された。フェデラルエクスプレスの設立は、北米を中心として物流革命を起こすことになり、航空機搭載によって一夜のうちに集荷、区分、配送を高速で行う世界的な物流システムが急拡大した。急送市場と呼ばれる小荷物配送の市場が成立した。高額であっても信頼性の高い高速配送を必要とする郵便物が、ユニバーサルサービスの規制対象外として導入されたから、世界各国の郵政庁は、収益率の高い国際郵便市場を失うという危機に直面した。対抗して開発した郵便商品がＥＭＳである。既存の国際郵便ネットワークを利用しながら、出来るだけ低料金でサービスを提供することを目的とした郵便商品である。国際郵便分野に限れば、経営形態論の広がりはほとんど見られず、追跡システムの導入など、システム近代化論の議論の方が主流であった。航空機による物流革命が喧伝されるなかで、国内郵便事業の劣化が問題となり、そこで登場したのが経営形態論である。まず、国営、公社、国有企業、民営企業の四つの選択肢のなかで議論が行なわれ、クーパーズ＆ライブランド社等の国際的な会計法人が議論の口火を切った。万国郵便連合の会合にも非公式のオブザーバーとして積極的に参加し、世界的なコンサルタント会社に変貌していった。ロンドンに本社を置くトライアングル・物流コンサル会社は、郵便制度の競争力強化は物流のシステム制度の改善の面からの取り組みが必要であると主張していたが、議論は経営形態論に比重を移し、経営改善が議論とはならず、郵便制度の改革が経営形態によって行なうべきであるとの主張に変化した。万国郵便連合のなかでは、政府機関としての組織と、事業運営体としての組織が水平分離された。特に欧州では、ヨーロッパ統合の動きのなかで、各国の権益をめぐる主導権争いが背後にあったから、競争優位を目指すかのように、スウェーデン、オランダ、デンマークの郵政庁などが強硬な民営化論を推し進めた。郵政当局の間で意見の乖離と対立が目立ち、先述のEMSの場合には、ドイツ、フランス、オランダ、スウェーデンなどがその取り扱いを停止する事態に至った。日本から送達されるEMSが当該国の民間運送会社によって配達される事態にもなった。日米英が中心となって、国営を維持したままで、EMSの品質改善と追跡システムの導入を積極的に推進したが、欧州では民営化によって郵便制度の強化を図るべきだとの主張が強くなり、特にオランダでは、豪州の物流企業であるTNT社を招致し、郵便の民営化の軸に据えた。TNTはフィリピンのスービック湾の元米軍基地飛行場を利用して、中古の貨物航空機を調達してアジア全域への高速郵便輸送を展開しようとした。TNTは台湾をEMSシステムから離脱させる工作を行なったが、日本が対抗して、台湾に残留の説得を試みて成功している。アジア各国が同調せず、TNTは撤退して影も形もなくなった。日本郵政公社が発足してまもなく、国際物流進出が話題となり、提携先がTNTでバラ色の未来の国際物流進出として喧伝されたが、TNTはすでにアジア展開に失敗しており、不良資産となった物流部門を肩代わりさせることが主眼であったことが容易に推測される。支那の郵政当局が、日本郵政は欧州の植民地主義の物流事業の肩を持つのかと揶揄する発言をしたとも伝えられていた。

シカゴ大学卒業生の新自由主義の経済学者が（シカゴ・ボーイズ）、中南米の経済政策を市場原理主義一色のショックドクトリンで染め上げ、郵政民営化を世界に先駆けて実施した。万国郵便連合で、アルゼンチン代表が民営化を高らかに宣言したが、わずか数年後にデフォルトに陥り、郵政民営化も瓦解した。アルゼンチンでは郵政を再度国有化している。ニュージーランドでは、国際競争力が著しく向上したと八〇年代前半に喧伝され、市場原理主義の優等生として国を挙げてあらゆる分野で民営化政策を導入したが破綻した。大学、図書館、航空会社、電力会社、病院に至るあらゆる公的な事業を民営化したが、失敗に帰して、大量の雇用人口の国外流出がおきた。マドリッドで開催された情報通信の国際会議で、ニュージーランド人の事務局員から、ホワイトカラー層の海外脱出が発生した事情の詳細と嘆きを聴取したことがある。また、航空会社や通信会社など大方の基幹産業が外国企業に買収されて、ようやく政権交代が起き、政策転換を行なった。小泉首相（当時）が就任後にニュージーランドを訪問した時には、郵政民営化はすでに瓦解しており、初の女性首相であるクラーク首相に民営ポストは使われているかと質問して、それは使われていないとの返答があったことが報道された。日本国内では、日本経済新聞を中心として、ニュージーランド郵政の民営化を成功例として賛美して報道することが通例で、失敗の惨状が顧みられることはなかった。

ニュージーランドの民営化を推進したコンサル会社は、マッキンゼー社であり、同社は世界中で暗躍した。民営化論の前哨戦となったオランダ企業の失敗や、アルゼンチンやニュージーランドの失敗は顧みられることがなく、強力に一方的に自由化・民営化を推し進めた。一九九七年に欧州連合は郵便市場の規制緩和を郵便自由化政策の一環として公式に認め、議題として検討する、拘束力のある指令として発出した。郵便の独占領域を段階的に縮小し、二〇〇九年までに市場を完全自由化するというものであった。当時の予測では、一〇年後には郵便はグローバルな市場で競争して、欧米の郵政はすべて民営化され、国営独占事業体は消滅するはずだった。料金は市場原理で決定されて安くなり、ダイレクトメールなどの料金が二〜三〇％低料金となり、ユニバーサルサービス、不採算地域に対する配達義務は一つの郵便事業体が担うものではなく、国家の責任で行なうなどとした。予測はことごとく外れ、郵政民営化が完全実施されたのはオランダとドイツのみである。一部を民営化したのが、オーストリア、ベルギーとデンマークである。イタリア、イギリス、スペイン、スイス、フィンランド、フランス、ノルウェー、スウェーデンといった国々では国家主導の経営を続けている。民営化を果たしても、株式公開に至ったのは、オランダ、ドイツ、オーストリア、イギリスなどの少数に過ぎない。詳細をみると、オランダでは、民間部門が一〇〇％株式を保有したが、ドイツは六九％、オーストリアが四九％、ベルギーが五〇％、デンマークが二五％にとどまる。過半数の株式を国が保有し、黄金株と呼ばれる最後の拒否権を行使できる株の一株も国が保有し、残りを郵政や社員保有株として三％配分しているが、他の七五％は国有であるなど、欧州の大多数の「民営化」の内実は国有事業の経営改善である。米国の一部勢力は日本に対しては郵政民営化を強力に推し進めるべく外圧を加えたが、ブッシュ政権が発足して直ちに検討開始した大統領委員会は二〇〇三年、連邦政府の独立行政機関である米国郵便事業体（ＵＳＰＳ）を強い独占分野を残したままで、国営政府機関として存続することを決定している。小泉・竹中政権では米国の郵政国営維持の決定は参考とはせずに、米国政府の一部とウォールストリート勢力の圧力に屈して、金融資産の外国開放の観点に偏って郵政民営化が強行された。米国企業で構成する在日米国商工会議所は、ベストエフォートの郵政民営化を喧伝したが、自国においては国営形態が維持されたことを顧みない二重基準（ダブルスタンダード、二枚舌）であった。筆者の米国人の同志は、郵政民営化に反対するシンポジウムに参加するため来日した際に、同商工会議所が発表した報告書の英文の文体を、強圧的な表現ぶりの英文だと鑑定評価したことがある。全米保険協会は強力な政治団体で、大統領候補ともなったキーティング上院議員が会長を務めていたが、日本の医療保険を米国型に改変するために障害となる可能性のある簡易保険制度の廃止を強く求めて、郵政民営化を後押しした。米国政府の貿易代表部幹部に、在京の米国系保険会社の社長を就任させている。マイケル・ムーア監督による映画『シッコ』は、米国保険制度の欠陥を指摘して話題となった作品であるが、全米保険協会の政治的影響力について解説している。カナダ郵政の郵政民営化に際しても、コンサル会社のマッキンゼー社が関与したが、英連邦諸国の一員であるために、ニュージーランドの失敗例の情報が共有され、一方的な民営化論の広がりが抑制され、カナダの郵政民営化論はその後大きく後退した。ドイツの郵政民営化にも、マッキンゼーが関与したことはよく知られている。

初代社長に就任したクラウス・ツムヴィンケルは元はマッキンゼー社の社員で、民営化の受託会社の社員が顧客先の組織のトップに就任したことから、利益相反の不正の可能性が指摘され、世界の郵政関係者の間では、ミッキーならぬマッキーという仇名がついて軽蔑されていた。

7 日本郵政は公営に復古せよ

ツムヴィンケルは、日本の郵政民営化をも声高に主張して、来日して「官邸コンファランス」で基調講演もした。香港上海銀行の東京支店が来日の世話をした。竹中平蔵氏（当時は大臣）との写真（ツーショット）も残る。ドイツポストは、米国の急送市場に九〇億ドルに及ぶ巨額を投資しＤＨＬ社を買収して華々しく国際物流市場に進出した。金融部門のポストバンクは、サブプライムローンと直結する莫大な不良債権を抱えていることが発覚して、二〇〇七年決算で破綻の可能性が報じられ、郵便局施設の不動産を担保に借り入れを行ない急場をしのいだ。二〇〇八年一月、ドイツは、国内郵便の独占領域を廃止して完全自由化したが、表裏一体で郵便事業における最低賃金制度の導入を図った。新規参入事業者が賃金を不当に低くすれば公平な競争が行なわれず、ユニバーサルサービスが維持できないので最低賃金制度で規制するとの理屈だったが、逆に新規参入事業者が破産して、ドイツポストの国内郵便独占が生じる奇妙な結果となった。二〇〇八年二月一四日、メルケル政権は、脱税・外為法違反の容疑でツムヴィンケルを逮捕して失脚させた。竹中氏と会談を重ねた米国通商代表のゼーリック氏と同じくビルダーバーグ会議に所属し、モルガンスタンレーの社外重役だったことが暴露され、ドイツの郵政民営化は、米国の投資ファンドと連携した買収と拡張のビジネスモデルの破綻を象徴した。

オランダでは、ＴＮＴの全面撤退に伴い、人員整理が一万人規模にふくれあがり、民営化の美辞麗句が達成されないばかりか、深刻な雇用問題が起きた。日本では、日本郵便と日本通運が業務提携をして共同で子会社を設立する協業化が図られたが一千億の大赤字を出して破談となる失態があった。郵便と物流との本質的な相違についての理解すら欠落していたが、何等責任が追及されていない。欧州では、市場原理主義的な郵政民営化路線は大きく後退して、ＥＵ委員長が、市場原理主義は最早万能ではないと明言する事態に至った。無制限なグローバル化の見直しについて、フランスのサルコジ大統領（当時）が、「競争がイデオロギーとドグマになっている、保護主義は最早タブーではない」と発言したこともある。二〇〇七年六月に開催されたヨーロッパ議会では、二〇〇九年からヨーロッパ域内の郵便市場を完全自由化するという委員会の原案を反対多数で否決している。全面反対ではなく、決定を二年繰り延べるという妥協案も採択されたが、その後リーマンショックがあり、市場原理主義の動きは止まった。イギリスでは、二〇〇六年から国内郵便を自由化したが、自由化の利益が家計や中小企業には利益がなく、また不公正競争が横行して、大口利用者の利益が浸食されるだけの結果を生んだだけであった。株の売却は、イギリスの国損になったとの指摘がある。イタリアやスイスの国営の郵政事業は、予想に反して堅調な経営を見せて、コアビジネスに集注する経営を続けたことから、世界的な金融危機の影響を最小限に留めた。郵便物数は、国内の景気、特に金融部門と関連する要素が大きいが、落ち込みがもっとも激しかったのは米国郵政である。イギリスやドイツ、オランダ、日本では、景気低迷によって郵便物数が減少した。

国際郵便は、貿易の指標とほぼ連動して物数予測が出来るから、逆に営業努力などの要素が、成果として簡単に指標化できるのは興味深い。世界的な金融危機の混乱のなかで、郵便貯金はむしろ、商業銀行に対する信用低下に反比例するように再評価された。ヨーロッパやアジアの国々で金融危機が伝えられると、銀行から郵便局の窓口に預金を移そうとして、利用者が殺到する現象もあった。経済危機の時には、郵便事業の経営が悪化して郵便収入は大幅に低下して雇用問題が発生する。後納郵便物が減り、また、不正が発生する蓋然性が高まり、郵便局の設置数が減る可能性が生じるが、郵便貯金は逆に増加するのが通例である。米国は、一九六六年に郵便貯金を廃止してしまったが、今回金融危機があり、また、郵便局に郵便貯金事業を再開すべきだとの議論が起きている。フランスの郵便貯金は堅調であり、ラ・ポストの収入の二三％を占めて、口座数は、一一〇〇万を超える。

イタリアは、郵便貯金と保険の販売も行なっているが、堅調で、郵便貯金部門は、クレジット口座のみで三五〇〇万口座を保有している。保険部門は、イタリア最大の保険事業となっている。民営化後、事業収益の縮小が顕著となった日本のかんぽ保険とは異なる状況である。スイスでは、スイスの二大市中銀行が、サブプライムローンに関連する投資で巨額の損失を引き起こした時、郵便局の信頼に人気が出て、スイス国民が郵便局に殺到する事態となって新規の口座が急増したとの報告がある。アイルランドでは、世界的な金融危機でもっとも打撃を受け、国家破産に近い状況に立ち至ったが、二〇〇七年に郵便貯金を開始していたので、却って信頼を得て僅かに一年半の間に、一〇〇〇〇を超える新たな拠点で窓口サービスを開始している。イギリスでは、郵便貯金銀行設立をブラウン首相が公言した。支那では、郵便貯金は郵政備蓄と呼ばれているが、中国郵政の制度は、日本の郵便貯金制度を模して導入したものであり、後発であるにも関わらず、中国農業銀行、中国興業銀行等に次ぐ貯蓄残高としては第四位の地位を固めている。二億三千万枚という天文学的な数の備蓄カードを発行している。郵政備蓄は、三万六千の郵便局で取り扱われており、大多数の窓口が農村にある。ニュージーランドは、郵政民営化を実行して失敗し、その後に、キウィバンクとの愛称で呼ばれる郵便貯金銀行を再建している。現在経営は好調で、住宅ローンと住宅保険の分野で圧倒的な市場シェアがある。郵便物が減少するなかで、郵便貯金分野がなければ、郵便局ネットワーク自体が支えられなかった可能性が高いと、ニュージーランド郵政の経営幹部は述懐している。

日本の郵政民営化の経営状況の真相はどうだったか。西川善文日本郵政初代社長が民放テレビの番組に出演して発言したことがある。前期（二〇〇九年三月期）の当期利益は四二〇〇億円とNTTグループに次ぎ二位」と誇示して、「早期に上場して、市場ガバナンスを根着かせなければならない」と発言した。郵政公社から株式会社に移行した前前期の利益である二二〇〇億円に比べれば業績は持ち直したのであるが、その前の公社時代の四年間の各年の利益に比べると半分以下に低下した業績であった。二〇〇七年三月期の利益は四年間の最低で、九四二五億円、最高が、二〇〇四年三月期のなんと二兆三〇一八億円であったから、四二〇〇億という数字は評価に値しないにもかかわらず、軌道に乗ったとの的外れの発言をしている。また、ゆうちょ銀行や、かんぽ生命の新規契約残高は著しく減少して、更には、景気後退の側面から致し方ない面があるにせよ、郵便物の取扱高は下落していた。住友銀行頭取であり、全国銀行協会会長の人物が日本郵政の社長に就任するという利益相反の違則があり、世界の郵政の現実からも疎いことを露呈した発言であった。日本の郵政民営化は、ドイツやオランダの民営化と同様に失敗に終わったと断言すべきだった。郵政株式凍結法が成立して、市場原理主義的な経営手法を一掃することとして日本の郵政の経営陣の一部更迭が行なわれたが、第二次安倍政権の成立によって、またぞろ、市場原理主義の経営が復活してしまった。民営化で失敗して国営化して再興したニュージーランドのキウィバンクなどの堅調な経営や、欧州統合の中で、堅調な経営に徹したイタリア郵政や、バス会社などを経営し、ネスレなどの民間から人材を登用しながら、ユニバーサルサービスに徹するスイス郵政の動きが参考になると思われるが、一顧だになされていない。日本の郵便貯金制度を導入した支那の郵政備蓄の制度の成功も称賛されるべきものである。日本は、民営化して国際活動を大幅に削減して、むしろ国際的影響力を低下させた。郵便貯金や簡易保険のビジネスモデルの海外普及の展開などが期待されていたが、そうした進取の気風をも喪失する状態になっている。米国における郵便貯金の再導入の動きや、イギリスにおける郵便貯金銀行設立の公約の発表など、公的な小口金融制度を再評価する動きが活発化していることも注目に値するが、日本では全く報道されず、新自由主義の旧態依然の民営化路線が強行されて、失敗が放置されるばかりだ。

日本郵政は、グループ三社の新規株式公開を、民営化から八年を経て強行しようとしている。総額は一兆円を上回り、株主数は一〇〇万人にも達するとみられるが、何の為の上場かはっきりせず、買収や提携話がマスコミを賑わしているのは、失敗に終わったドイツやニュージーランドの郵政民営化の失敗の過程で見てきた既視感（デジャビュ）の世界である。日本郵便が豪州の物流企業の株式を六千二百億で買収することを決断したが、四九％のプレミアムをつけて、大盤振る舞いだったことも報道され、上場に備えた「お化粧」との見方すらある。日本の郵政民営化は、業務には問題はなく、「簡保を郵政事業から切り離し完全民営化して、全株を市場に売却せよ」との外国勢力の要求に従い、日本国民が営々と蓄積した資産の支配を、タチの悪い外国勢力の虚偽宣伝の圧力と恫喝に屈して譲り渡すことでしかなかった。親子会社の同時上場は、利益相反と指摘されているが、粉飾決算をした東芝の経営者が証券取引所の長となり、郵政民営化推進委員会を取り仕切り、郵政持ち株会社の社長に就任しているのは、明白な利益相反だ。株式上場と外資への売却を即刻中止すべきだ。郵政事業は世界で、国営事業として安定的に推移している。日本郵政は、全国津々浦々の利用者に奉仕することをこそ優先し、公営の独立採算の経営形態に復古すべきだ。

8 「船は出てゆく想い出残る」

暑い暑い夏が続いた。黒潮の流れを眺めながら夕涼みをする機会はないかと、大阪の南港からフェリーに乗って、南九州の志布志港まで往還することにした。東京から志布志を経由して沖縄とを結ぶ航路があったはずだが、トラックを運ぶことに専念するようになって、乗客だけを乗せることはしなくなったことも聞いていたので、わざわざ、東京から大阪まで出向いてフェリーに乗ることになった。新横浜から新幹線に乗り新大阪で下車して、大阪市内の地下鉄に乗り換え、南港近くの駅で降りて、またバスに延々と乗って、志布志行きのフェリーが接岸しているカモメ埠頭にたどりついた。「さつま」と「きりしま」の二隻が就航している。夕方五時に出帆して紀伊水道を南下して外洋に出る。外洋ではうねりがあるとのアナウンスがあったが、上天気で、室戸岬を回っても揺れなかった。スタビライザーもついているから、よっぽどの悪天候でない限り、ローリングやピッチングが激しいことはないのかもしれない。夜八時ころに甲板に出た。靄がかかっていたので満天の星空というわけにはいかなかったが、それでもうっすらと天の川が見えて、彦星（わし座の一等星アルタイル）と織姫星（こと座の一等星ベガ）がはっきりと区別できて天の川を挟んでいた。北極星の周りを大熊座の大きな柄杓とカシオペアのWの形の星が回っていることも確かめられた。八月の夜空を眺めるためには、船の甲板は最良の場所だ。船のエンジンがガンガンと音を立て、煙突から薄煙が風下に流れていくのを気にしなければ、夜空の星を眺めるには船旅が最良で、船会社もそれを心得て、ちゃんと星座教室を開いていた。大阪弁を話す子供たちが目をキラキラさせながら、講師の話に聞き入っていた。ちなみに、七夕（旧暦の七月七日）は、新暦の八月二〇日にあたっていて、七夕の星が昇って上弦の月が南西の空に輝いた。二〇一六年は八月一三日が、ペルセウス流星群が夜空を飾る日でもあったから、午前三時ころに甲板に出て空を眺めれば、流れ星の天体ショーを眺められるはずだった、船室に横になって眼を醒ましたのは、室戸岬から一直線に足摺岬のはるかな沖を航行して、フェリーは野生の馬で有名な都井岬との距離をどんどん縮めている頃だった。二時間もすれば志布志に着く頃に起きて甲板に上がると、都井岬から飫肥、日南、油津と続く島が横たわっているように見えた。日南から車で右側に逸れ山側に入って、潮嶽神社に赴いたことは既に書いたが、海から眺めると、全体が横に平たい島のように見えて南方からの黒潮の旅の船着き場のように見えたのは不思議だった。その平たい島の真ん中あたりに、鵜戸神宮が位置している。鵜戸神宮はいわば黒潮文明の聖地で、社伝は、本殿の鎮座する岩窟は豊玉姫が主祭神を産むための産屋を建てた場所で、崇神天皇の御代に「六所権現」と称して創祀され、推古天皇の御代に岩窟内に社殿を創建して鵜戸神社と称したと伝えている。つまり、山幸彦（彦火火出見尊）が、兄の海幸彦の釣り針を探しに海神国に赴き、豊玉姫命と深い契りを結び、身重になった豊玉姫命は「天孫の御子を海原で生むことは出来ない」と鵜戸の地に参られ、岩窟に産殿を造ったが、鵜の羽で屋根を葺終わらないうちにご祭神が誕生したために、「日子波瀲武鸕鷀草葺不合尊（ひこなぎさたけうがやふきあへずのみこと）」と名づけたという。ご祭神と玉依姫との間に生まれたのが神武天皇である。鵜戸神宮の社叢は亜熱帯の樹種が豊富な自然林で、本殿裏に黒潮の植物のヘゴの群落がある。ヘゴは奄美や沖縄の森には珍しくないが、鵜戸の群落は自生の北限として国指定の天然記念物となっている。

志布志の港に大型のサイロが林立して、太平洋を横断して北米から運ばれてくる飼料が貯蔵されている。大型の飼料運搬船が接岸横付けしている。米国の穀物会社のカーギルと大書したサイロもある。先年宮崎県で口蹄疫の事件があって大騒ぎになったが、日本一の畜産県の飼料は北米に依存していることを如実に示す光景が志布志の港に展開している。港の待合所の庇には、「癒しの国大隅に歓迎」と大書した看板が取り付けられているから、ここは薩摩ではない。志布志は大隅隼人の故地で、列島に点在する川中の祈りの場所の源流の様相を呈している菱田川を訪ねる時間はなかった。バスに乗って、鹿児島市内に行って観光をした。桜島の月読神社に行き、『古事記』で木花之佐久夜毘売、『日本書紀』で木花開耶姫と表記される神様と活火山との関係について、富士山に木花咲耶姫が鎮まる話を思い出し、想像を逞しくした。鹿児島から志布志への帰りに、大隅国はこんなに山が深いのかと、改めて思ったことである。薩摩は火山灰の台地の連なりだが、大隅は植生の豊かな山また山の国だと実感した。

志布志港の待合所で、志布志在住の飯山一郎氏と、天武天皇やタブノキ、郵政民営化の闇などについて話をはずませ、二時間余りが瞬く間に過ぎた。八月四日付の飯山氏のブログには、「船は出てゆく想い出のこる」と題し、フェリーの甲板で筆者が手をうち振る別れ出船の写真が載った。

9　暴走する支那と反支気運の顕在化

中南海とは、中国共産党幹部の居住区の代名詞である。北京の紫禁城の西部に隣接する地区で、海ではない。高さ六メートル余の朱い土壁で囲まれ、面積は百万平方メートル、東京ドームの約二五倍に相当する。正式には本中南海と呼ぶ。紫禁城の西側に中海と南海という二つの人工池があり、池の名前が本来である。北海という池もある。清が北京を都に定めた時に壁がめぐらされ、王朝の御苑が壁の内部に制約されて、西側の広大な平野に胡同（ふーとん）と呼ばれる民家の甍が並ぶようになった。辛亥革命により清朝が滅亡して中華民国が成立した後、中南海は袁世凱の北洋政府の総統府となり、一九二六年には張作霖の執務場ともなった。北京が北平と名前を改め、国民政府が一九二八年に南京に遷都した後、中南海は公園として一般に開放されたが、共産党は、一九四九年に北平の名称を北京に戻し、一〇月の建国以後、中南海を党中央と国務院などの要人の居住区にした。中南海という銘柄の煙草は、北京市にある上海煙草集団の北京巻煙草工場で開発され、鄧小平など要人喫煙家に供される甘草などの薬草が含有され独特の匂いがあり、羅布麻（ラフーマ）エキスも配合している。羅布麻草とは過酷な乾燥地帯に生育するキョウチクトウ科のバシンクルモン属の野生植物である。ルチンやフラボノイド、ミネラル、繊維質を豊富に含み、紅麻と白麻の二種類があり、紅麻に健康茶として効果があるという。紅麻の高級品は西域の新疆で産される。日本薬局方に相当する薬典には、解熱利尿、肝臓、精神安定、高血圧、目眩、動悸、不眠に処方するという。日本向けの中南海煙草は、東京都中央区八丁堀に本社を置く太豊通商が輸入・販売する。中南海は単なる地名ではなくクレムリンやホワイトハウスに匹敵する、共産党の権力中枢のありかを表現するが、北海がないのは興味深い。東海も西海も実在せず、中海と南海とだけで共産党の権力を象徴できるのは、意味深である。

成田を飛び立ち、クアラルンプールに向かう飛行機は、ルソン島の南部を横切って南支那海に出る。飛行機の窓からは、次々と環礁が見える。環礁の全体が瑠璃色に輝くようだが、潮が引くと、ようやく丸い形を水面に表わして姿を見せる。飛行機は南沙群島の東の縁を飛行する。今年に入ってから、支那の艦船が示威活動を繰り返し、実効支配する環礁を埋立て、新たな軍事拠点を構築する動きを活発化させた。平成二七年五月には米軍のP－8ポセイドン哨戒機に向けて、支那海軍が退去を命じて軍事的緊張が高まった。五月二六日に、赤瓜礁（ジョンソン南礁）と華陽礁（クアテロン礁）で「船舶の安全な航行を確保するため」の灯台を建設したことを発表、五月末には人民解放軍の副総参謀長がシンガポールで開かれたアジア安全保障会議で岩礁埋立てに関して、埋立ての目的の一つが軍事防衛上の必要性を満たすことだと認め、さらに外交部副報道局長が六月末の記者会見で「すでに埋立て作業は完了した」と述べ、そして七月一日にワシントンのシンクタンク戦略国際問題研究所（CSIS）が六月二八日に撮影した衛星写真でファイアリー・クロス礁の埋立て状況を伝え、三〇〇〇メートル級の滑走路がほぼ完成していると分析した。誘導路や駐機場、二つのヘリポートと一〇基の衛星アンテナ、レーダー塔などが確認される。日本は、七月下旬に「平成二七年版防衛白書」を閣議了承して、支那が南沙諸島で強行する岩礁埋立てについて「国際社会から懸念が示されている」と指摘し、「不測の事態を招きかねない危険な行為もみられる」と危機感を示し、公海での航行や飛行の自由が「不当に侵害される状況が生じている」と非難した。同じCSISは八月六日に、スビ礁の埋立てで、幅二〇〇から三〇〇メートル、長さ三〇〇〇メートル以上の陸地を作り、滑走路が建設されているとした。米国防総省は八月二〇日に「アジア太平洋での海洋安全保障戦略」と題する報告を公表し、支那が二〇一三年末に埋立てを開始して滑走路や港湾の建設に重点を移していることを指摘した。埋立てが行なわれたのは、スビ礁、ファイアリー・クロス礁、クアテロン礁、ミスチーフ礁、ヒューズ礁、ジョンソン南礁、ガベン礁の七つの岩礁と干潮時に砂州が現れるエルダッド礁（安達礁）で、世界の原油や液化天然ガスの約半分が通過する海の大動脈の南支那海が要塞化され、一気に緊張が高まった。支那は南支那海の西の拠点として巨大な港湾をマレー半島に建設していたが、協力したナジブ政権に巨額の賄賂が渡ったとして、ルックイースト（日本をみならえ）を提唱した英雄であり、アジアの賢人政治家、マハティール元首相がデモの先頭で政権を批判する事態も起きている。マレー人の反支那の機運も急速に顕在化している。タイではバンコク市内エラワン廟の前で爆弾テロが発生し、反支那勢力の存在を表面化させた。支那は天津大事故の直後の九月三日に虚構の対日戦勝軍事パレードを強行したが、日本敗戦後に傀儡政権として南朝鮮に成立した韓国の大統領と国連事務総長とが戦勝国気取りで参列し、陸封勢力お得意の事大・捏造・茶番劇の新たな歴史的一幕を加えた。

10　滝王子稲荷神社境内のタブノキ

東急電鉄大井町線の大井町駅とＪＲ京浜東北線大井町駅とが連絡する北側の出口を出て、すぐ左に曲がると跨線橋がある。それを渡り賑やかな商店街に沿って東の方角に向かってまっすぐ五分程歩くと仙台坂がある。台地の端が急な坂になって東京湾に下っている。今では真ん中に自動車専用のトンネルがあり、両脇に歩行者用の側道がつけられている。その坂は元々「暗闇坂」と呼ばれていたが、「仙台坂」となったのは奥州仙台藩の大井下屋敷が近くにあったからで、大正時代の味噌倉を立派な工場に改装し、「仙臺味噌釀造所」の看板を掲げて、風味豊かな仙台味噌の逸品である「五風十雨」を今も量り売りしている。一本のタブノキの大木は、その仙台坂の南側の脇の社有地に屹立している。この場所は仙台藩大井下屋敷の裏玄関に当たる場所と伝わる。品川区教育委員会が平成二三年に建てた標識に「本樹は目通り幹囲四・六メートル、樹高は二〇メートル、推定樹齢は約三百年、樹勢旺盛で美しい樹容を見せている」と書かれている。仙台坂の先には運転試験場のある鮫洲や青物横丁といった京浜急行の駅があるが、地名の示すように東京湾が迫り、遊漁船の船宿なども今に残っている。仙台坂のタブノキは今でこそ高層ビルの間に挟まれてしまったが、昔は東京湾の遙か遠くからも眺めることができたに違いないから、海上を往来する舟や船頭の目印にもなったはずである。東北大震災の際の大地震と大津波でもタブノキは各地で生き残り、深く根を張って災害に対する強靱さが証明されたが、この品川仙台坂ののタブノキは、関東大震災をも耐え抜いた生証「人」である。

大井町駅の方に少し戻って、大森駅の方に向かう池上通りの中間当たりに鹿嶋神社がある。歩けない距離ではないが、筆者はタクシーに乗って七八〇円也を支払ったが、バスの路線もあり、「鹿島神社前」のバス停標識もあった。鹿嶋神社入口には大きな石柱に社名が彫り込まれている。第六二代冷泉天皇の御代、安和二年（九六九）九月一九日に武蔵国荏原郡大井村字関ヶ原（現東大井六丁目）の常行三昧寺住職であった尊栄法印が常陸国鹿島神宮から分霊を勧請し、同日、別当として来迎院を建立、慈覚大師がつくった薬師如来像を安置したという。常行三昧寺は江戸時代の承応二年南品川に移転した。この鹿嶋神社に二本のタブノキの大木がある。神主から現在の立派な本殿は昭和六年に新築造営されたと聞いたが、本殿に向かって左側にあるダブノキは幹囲約三メートル、樹高が約一三メートル、樹齢約二〇〇年で、本殿右脇の文久二年（一八六二）造営の旧社殿の前にあるダブノキは幹囲約二メートル半、樹高約一八メートル、樹齢は約一五〇年である。この神社の東側も台地の端に鎮座しており、神社裏側は寺の敷地で墓地になっているが、古代には船着き場であった可能性が高い。霞ヶ浦の奥の恋瀬川の台地の神社や古墳の地形や配置について書いたことがあるが、海と陸との結界である台地の崖端に神社が勧請され祀られた可能性がある。この品川の鹿嶋神社の配置も海から関東平野の台地への入口のように思われるし、仙台坂のタブノキの生えている土地もこの鹿嶋神社の土地もかつては古墳だったかも知れない。常陸一の宮鹿島神宮の分社たる鹿嶋神社は全国に約六〇〇社あるが、いずれもご祭神は武甕槌之神で、海路の日和を祈願することで共通している。神社の近くにはＥ・モースが発見した大森貝塚もある。

　鹿嶋神社から池上通りをまた大井町駅の方向に戻り、品川区立歴史館の前にある交番の脇から路地に入り、歩いて行くと、新聞の販売店のある道路にぶつかる。そこを右折し五〇メートルも行かないところに、滝王子稲荷神社がある。滝氏という一族が住んでいて稲荷社と併せて王子権現を祀っていたから、滝王子稲荷の名がついたという。境内にある湧水池はかつては野菜など農産物の洗い場として利用されていたというが、今では三方をコンクリートで固め人が入れないようにしており、溜水は濁りきっているが、プラスチックのパイプからは、まだ清冽な水がほとばしり出ている。昔、この神社には鬱蒼とした森があったとの記録があるが、今は手入れが悪く荒れはてている。この滝王子稲荷神社の敷地の中央に、幹囲約三メートル、樹高約一五メートル、推定樹齢は二五〇年から三〇〇年のタブノキが残る。タブノキの周囲は溶岩で囲まれている。ちなみに、神社本殿の右背後には、銀杏の巨木がある。社殿の脇には富士山を模して造営された富士塚もある。ここから北の方角にまっすぐ道路沿いに歩くと、Ｔ字路にぶつかる。そこに神殿造りの風呂屋があり、その前を右に曲がると大井町の駅に抜ける道路だ。出発した北口に戻って、万歩計が八〇〇〇歩を少し越えていたから、タクシーに乗った分も、散歩した方が健康の為には良かったのかも知れない。

大田区東嶺町の白山神社には、区内一のタブノキの大木がある。葛飾区の東水元の熊野神社にもタブノキの巨木がある。

11 幻の「米軍基地奄美移転構想」

政治学の恩師である京極純一先生は「若い時に文章を色々書いても、鍵のかかった金庫に入れて、年月が経ってから取り出して楽しむのがいい」と諭されたが、奄美・徳之島への米軍基地移転話はもはや金庫に入れておく切実な話でなくなったので、備忘録にしたい。総務省で知己を得た当時の内閣官房副長官が、筆者が徳之島出身であることを知って電話をかけて寄越したときは、昭和大学医学部病院に入院していた。以下は、意識朦朧たるなかでメモ代わりに書いておいた拙論である。

徳之島の名前が全国に知れ渡った。鳩山内閣は沖縄の普天間基地移設で、外圧に屈して政権を投げ出した。「少なくとも県外」移設と期待を持たせ、超大国で政権交代があり、多少の理解を期待したが、華府（ワシントン）で冷たい扱いで（ボタンの掛け違いほどの冷たさで）大統領に五分と会えなかったから意気消沈したか。沖縄の基地の経費負担もしていない国の哨戒艇が沈没したので、靖国も詣でない間に献花に赴き、沖縄には警護の車が疾走する野次と怒号の中での訪問となった。いつかは自主防衛をしなければいけない、外国軍隊に任せっきりにするのは悪いとの趣旨を最後の挨拶で明らかにしたが、土壇場での説教は遠吠えとなった。「あなた方の時代に、日本の平和を日本人自身で見つめることのできる環境をつくることを、日米同盟の重要性は言うまでもありませんが、一方でも模索していきたい」との発言は重要であるが、だったら外国への移設、あるいは普天間の閉鎖をなぜ主張しなかったのか。自分の時代は、外国軍隊に日本の平和をまかせることを仕方がないと思っていたのか。外国軍隊の遠征軍が抑止力になると思っていたのだろうか。抑止力とは、外国から脅されたときに、断固拒否して自らの対抗措置を執る、軍備を含めた自国の総力である。単純に外圧に屈服しただけで、総理に腹案と指導力があれば、副官を務めるべき外務大臣や防衛大臣もあちらの方を向くばかりではなかっただろう。社民党閣僚を罷免しないで、追従者を罷免して内閣改造をすれば延命したかも知れない。まして、女房役の官房長官の右往左往には嫌気がさしただろうが、身から出た錆だ。静岡の国会議員が、徳之島出身の病院関係者からの話を真に受けて、医療特区にしてカネでもばらまけば、黄鉄鉱（Fool's Gold）でも宣撫工作がすぐに完了するとの甘い見方をしたのか、現職総理が基地問題の相談に徳洲会の創立者を訪問するのは軽率だった。地元を代表する町長などと面会する前の話だから、島には今も酋長でもいるのかと勘ぐった向きもあったか。自治体の借金を棒引きにする話や、振興策を沖縄並みにするとの餌をぶら下げたが、振興策は基地と本質的に関係がない。沖縄県でも、宮古や石垣には基地がないが、振興策がある。奄美の離島振興を沖縄並みにするのであれば、沖縄振興法の枠組みに入れて、沖縄と奄美に差をつけない南西諸島振興法にすればいいだけだ。島々を馬鹿にしきった対応で、工夫が足りない、反省がないことを露呈させただけで歴史に残った。沖縄の女性歌手グループ「ネーネーズ」という唄者が「黄金の花（くがに）」という唄をヒットさせたが、カネで人心を買う話は聞き飽きている。細かい話だが、徳之島をそもそも「県外」と言えるかどうか疑問である。

慶長一四年（一六〇九）に薩摩の琉球征伐があり、四百周年の記念の年に沖縄県知事と鹿児島県知事とが奄美の名瀬で面会するという和解の行事もあったが、奄美は琉球の一地方で、気候・文化も言語も、沖縄と同一（てぃいちむん）であり、鹿児島県大島郡であっても、薩摩への帰属意識はない。奄美は独立心旺盛で薩摩の軍勢に鋤鍬で立ち向かい、琉球王国の為政者も手を焼いていたらしく、首里王府は奄美が薩摩の直轄地になることをさっさと認めている。鹿児島県になっても、代官政治の名残で、今も出先の大島支庁を名瀬に置く二度手間である。連合国との戦争に負けて、奄美はトカラ、小笠原、沖縄と並んで、米軍軍政下に置かれたが、まずトカラが昭和二七年二月十日に、奄美は翌年一二月二五日に祖国復帰を達成した。奄美の復帰運動は激しく、インド独立運動に範をとって、断食のハンガーストライキを集落ごとに行ない、小中学生が血判状を出した。奄美のガンジーと呼ばれた詩人で復帰協議会議長の泉芳朗先生のこと、宮崎市にある波島地区のこと、祖国復帰運動が日向の地で始まったこと、宮崎に密航して青年団を組織して、日本本土で初めて公然と祖国復帰運動を展開した、徳之島の亀津出身で、満鉄育成学校を卒業して、奄美が第二のハワイとなって米国に併合されることを恐れていた為山道則氏のことは前著『黒潮文明論』に書いた。基地もない奄美の返還は、奄美の自立・自尊が沖縄に波及することを避けたのだ。徳之島に米軍基地を移設するとの愚かな提案は、異民族支配に対する希有の民族運動の歴史に挑戦する話でもあった。ペリー提督が首里王府を脅迫して琉米和親条約を結び、その後に江戸湾に乗り込んだことは言わずもがなだが、奄美を取り返し、「他策ナカリシカ」と苦渋の決断をして、基地つき本土並みの沖縄を取り返したのに、琉球の栄華の再来を目指すならいざ知らず、外国軍隊の出先として徳之島を召し上げることを画策したのは、歴史と立ち位置を無視することだった。

　都道府県知事を招集し、外国軍隊の地方拡散を提案したことは奇矯だった。引受手がある筈もなく、口で沖縄の負担の軽減と言いつつ外国に守って貰う発想では属国となり、自立・自尊の日本を放棄するだけだ。抑止力の勉強が足りなかったというが、外国名門大学の教授の経歴から意思決定の専門家と聞かされ、対米交渉で奥の手があることを期待したが外れた。インド洋に浮かぶディエゴ・ガルシア島では二千人を島外に追い出し海軍基地にしたが、徳之島の人口は二万人を超える。奄美は抵抗の伝統があるから、ディエゴ・ガルシアのように、簡単に追い出されはしない。島外に出身者がいるから、日比谷公園で反対集会が開けたし、神戸や大阪で奄美出身者が久しぶりに沖縄関係者と合流すれば、甲子園を借り切って闘牛大会を兼ねた反異民族支配の大集会ができたかも知れない。日教組の委員長をした奄美出身で軍国少年だった由の故宮之原貞光参議院議員から直接聞いた話だが、サンパウロに鹿児島県人会館ができて完成したが、奄美人には、遠慮があった。同じ島人（しまんちゅ）の誼（よしみ）があろうと思っていたが、沖縄県人会館ができたら、先に本土復帰して鹿児島県人だから、沖縄県人会館には入れないと言われ、それではと、現地に骨を埋めた先達の墓場の近くに小屋を建てて、奄美会館という表札を懸けたという独立不羈の精神訓話を聞いた。「県外」という言葉に惑わされ、普天間の基地を辺野古に移して豪華版にした挙句に、徳之島に基地を追加して、沖縄県民が納得するのであれば、歴史も何もない。米国総領事館は王朝の墓陵のある浦添にあるが、管轄を沖縄県だけではなく、奄美群島をも兼管している。米国は王国時代の記憶を留めており、徳之島を「県外」と観ていないようだ。徳之島には中央に井之川岳という六七六メートルの山があり、自給自足が可能である。水源を堰き止めた農業用水ダムを整備すれば水もある。空港は天城町の塩浜（しゅーはま）集落の海岸の珊瑚礁を埋め立ててつくった。空港の上手に特攻の前線基地であった元陸軍浅間飛行場の滑走路跡が直線道路として、サトウキビ畑になって残る。

　王朝の事大主義はモノを食べさせるのが主との格言もあり、沖縄には支那の易姓革命の思想が一部にある。構造改革論の小泉総裁を誕生させる選挙の時に、沖縄全部の地方票が、ブッシュべったりで勝ち馬の小泉氏に流れた。普天間返還を差配した橋本総理をすっかり忘れて、変わり身は早い。

権威と権力とが未分化で殺伐とした陸封の帝国の名残である。王朝の最高官僚の三司官は笑うことすらしなかった尊大さで、反乱を容赦なく弾圧するマキアベリ型で琉球を統治している。任地の安寧を図る大日本の役人とは異なる。王朝が滅びた時には祝宴を張った集落もあり、一方では支那風の髪を切ることに反発したり、王朝回復の為に北京に亡命した者すら出た。奄美では、明治維新は四民平等の開明として歓迎され、断髪が敢行され、徳之島では亀津断髪として進取の気風を尊ぶ象徴となっている。沖縄と奄美には、微妙に気風が異なる。鳩山内閣の失政は、自民党政治の延長線上に戻ったことであるが、期待を持たせたから、沖縄の一部では民族自決の話がまことしやかに出てくるだろう。ヤマトゥが頼りにならなくなると、北京に媚びを売るし、平壌に出かけて主体思想を礼賛する者すら出るだろう。当事者の米国礼賛に走る者すら出よう。ハワイのハオレ、中南米のシカゴ・ボーイズなど、米国留学組が軍政下の沖縄で巾を聞かした様に、今度も強い外国を礼賛する者が出る。長いものには巻かれろの易姓革命の思想は、時の権力を正当化して、肩書きに弱く現状維持論に傾き、本音は急激な変化は求めない優柔不断さであるが、弱点を見せると襲いかかる。沖縄の問題に奄美、宮古、八重山が加わり、関与することによって易姓革命の一人歩きが抑えられ、むしろ新たに強力な自立・自尊を求める力の方向に動く可能性がある。

　島々の基底には白砂を撒いた海辺で憑かれたように安寧を祈るシャーマンの伝統が本質として残っている。易姓革命の残滓は上澄みでしかない。島々が一体化していた冊封体制以前の時代に復古すれば、豊玉姫と玉依姫は海神国の出自であり、国造りの一方の源に位置するから、母親(アーマ)をないがしろにする離反はできない。パラオやテニアンへの移設の話もあるが、旧南洋群島は旧日本委任統治領であったが、日本敗戦により、連合国は米国の信託統治にして、今では属領と化してしまっている。ハオレの心配があるが、基地の移転問題は、セピア色の写真が南海の往来で彩色を復活させたかのようである。韓国や豪州が外国軍隊の日本駐留を引き留め、哨戒艦の沈没が辺野古の継続を助けるという珍妙な論理も展開された。東アジア共同体構想の虚構も歴然とした。百済や渤海の故地から千島・樺太を回り、モンゴル、ウィグル、チベットを辿るツランの同盟と、南方から黒潮の道が列島で出会い、南洋群島、台湾、フィリピン、インドネシアの多島海を見晴るかす海洋国家の共同体を目指す方が自然で現実的である。大陸の外縁にある環太平洋の海洋諸国やハワイやペルーやボリビア、パラグアイ、ブラジルなどの同胞と連帯する体制固めの方が重要であることを浮き彫りにした。

12　黒潮がツランと出遭うところ

北陸新幹線が金沢まで開通したから、能登半島に出かけるのも、東京から東海道新幹線の米原で乗り換えて敦賀や福井や白山に行くのと同じように簡単になった気分がして、対馬海流が洗う舳倉島に行くには時期を佚してしまったが、能登の国の一之宮の気多大社に詣でようと、宿泊を予約せずに列車に飛び乗ったが、宿泊観光協会の窓口に電話をしても羽咋の土日の宿屋は満杯だと断られた。金沢に観光客が殺到しているとの話を聞いてはいたが、能登半島にまで賑わいが及んでいるとは知らず、迂闊であった。羽咋に行く旅程は、新幹線を富山で下りて、北陸新幹線の金沢延伸と同時の三月一四日に並行在来線区間を継承して開業した「あいの風とやま鉄道」と「ＩＲいしかわ鉄道」とを乗り継いで高岡や倶利伽羅を経由して更に津幡で七尾線に乗り換えて羽咋に行くことにしていた。高岡駅前に素泊まり一泊の六〇〇〇円也の宿が見つかり、羽咋には高岡から翌早朝に出立することにした。

徳之島に犬の門蓋という隆起珊瑚礁が荒波に浸食されてできた断崖や洞門、洞窟が海岸線沿いに続く場所がある。そこに、北陸の高岡から来た新婚旅行客の二人が転落して死亡した事故が起きたことがあった。嘆き悲しむ母親の歌が新聞に掲載されていることを覚えている。事故が起きたのがいつのことだったか、悲しい歌の文字も忘れてしまったが、高岡の夫人が、人の生き死にについて、しかもわが子の死について心を定める信仰心を持っていることに感銘を深くしたことがあった。事故死した新郎は高岡の銅器製造会社の経営者の子息であったと記憶している。高岡はGHQとの交渉に当たり、戦後憲法の起草に担当者として関わり、後に内閣法制局長官、人事院総裁を務められた佐藤達夫氏の出身地でもある。同氏は、『植物誌』という著作がある植物愛好家であり、北原白秋に師事した歌人でもあった。また、大蔵省の会計課長を辞し前々期の高岡市長を務めた佐藤孝志氏の岳父である。筆者が任官したときに代々木の選手村後の講堂で、佐藤人事院総裁が「貴方方はもはや天皇の官吏ではない、国民全体の奉仕者である」と訓示したことを記憶しているが、未だに一抹の違和感が残る。後に総理大臣となる竹下登氏が内閣官房副長官として陪席していた。

高岡駅から高岡山瑞龍寺まで歩いた。山門と法堂が国宝であり、総門や禅堂などほとんどが重要文化財となっている江戸初期の禅宗寺院を代表する建築である。加賀二代藩主前田利長公の菩提を弔うために、その義弟で三代藩主利常公が、時の名匠山上善右衛門嘉広をして建立した曹洞宗の寺である。仏殿の屋根は鉛の瓦で葺かれている。鉛瓦は加賀藩の居城金沢城の石川門と三十間長屋と瑞龍寺仏殿、それに消失した江戸城以外にはない。加賀藩には、松倉・河原波・虎谷・下田の四金山、吉などの鉱山があって、鉛がふんだんに生産された。それに銅の加工技術もあり、鉛に〇・〇六％から〇・〇八％の銅を加えて強度など高める技術があった。五箇山の大家族の家は、培養法という古来の硝石採集、即ち黒色火薬の原料を採集する為ではなかったかとの説を既に書いたが、加賀藩は鉱山と精錬術に秀でていたのである。ノーベル物理学賞を受賞した東大宇宙線研究所長梶田隆章氏は、本人家族が富山市に居住していることも興味深いが、神岡の地中深くに建設した研究施設を使用していることと宇宙線の観測が鉱山掘削技術との関連を想像させるのは、尚史に興味深い。瑞龍寺の本尊の仏像は釈迦・文殊・普賢の三尊であるが、大明帝国からの渡来仏である。落雁は今は有名な和菓子の代名詞となっているが、元々は明の小麦粉・米粉を水飴や脂肪で練り固めて乾燥させた軟落甘という支那の菓子であるから、加賀韓と大明帝国との活発な貿易関係と往来が想像できる。

大友家持が越中守として高岡の伏木に赴任し天平時代の五年間滞在した。『万葉集』の全歌四五一六首のうち、家持の歌が四七九首あり、そのうち二二三首が越中時代に詠まれたとされる。富山湾奥の港を総称して伏木富山港と呼んでいるが、支那や朝鮮半島と定期航路もある重要な港湾施設である。ウラジオストックとの交易もある。富山湾は水深一〇〇〇メートルにも達して、さながら天然の生簀のような海である。表層を流れる暖かい対馬暖流と深い所には冷たい深層水があり、暖流と冷水の両方の魚が生息できる。山々からは豊富な酸素と栄養分が供給される。海底地形が沿岸から急激に深い海底谷となっているために、漁港に近い位置で漁ができ、定置網漁が発達している。

高岡駅前から万葉線という路面電車が射水市となった新湊の越ノ潟の終点まで走っている。新型電車の車内では、立川志の輔師匠が声の車掌を務めており、寄席にいるような気分で乗れる。新港を横切る県営の渡船はなんと無料だ。新湊大橋は投光されて夜空に美しく映える。近くに海王丸も展示されている公園がある。大橋を歩いて渡る。大伴家持が奈呉(なご)の海や奈呉の浦と詠んだ放生津潟の入口にかかる、富山新港を跨ぐ新橋である。

13　能登半島と黒潮の漂着神

羽咋(はくい)には、羽咋七塚と呼ばれる古墳がある。かつて高志の北島と呼ばれたこの地に下向して土地を拓いたのは、垂仁天皇の第十皇子の磐衝別命(いわつくわけのみこと)で、その御子磐城別王命(いわきわけおうのみこと)の墓に比定される大塚と大谷塚は宮内庁により御陵として管理されている。駅前に古墳があるのも珍しく、姫塚と剣塚が西改札口の左右にある。駅から徒歩五分の大塚の隣に磐衝別命などを祭神とする羽咋神社がある。羽咋の地名は祭神に従っていた三匹の犬が怪鳥の羽を食い破ったことが起源であるとする。陵の土をとった跡の唐土山では毎年秋に古儀による相撲神事があり、日本最古の相撲道場といわれる。相撲、力士の言葉が『日本書紀』と『古事記』に出現するのは垂仁天皇の時代であるだけに、その皇子の陵の土を採集した土地で今も相撲神事が継続しているのは興味深い。

気多大社に行くために羽咋の駅で自転車を借りた。立派に整備された羽咋健民自転車道が東改札口から北方の志賀町まで三二キロ延びている。小浦川、羽咋川の橋を渡り、千里浜にある能登海浜自転車道との分岐点をなお北上する。柴垣海岸の松林に沿って一五分も走れば、気多大社の海岸の大鳥居が見えて来る。その前に折口信夫父子の墓があるので、立ち寄る。墓碑に曰く。

もっとも苦しき たたかひに 最くるしみ 死にたる むかしの陸軍中尉 折口春洋 ならびにその父 信夫の墓

折口は昭和二四年七月に自ら羽咋を訪れて春洋の生家藤井家の墓地に建てている。折口はもともと明治二〇年生の大阪の人であり、昭和二年六月に初めて門弟の藤井春洋などと共に能登を探訪して、その時に詠んだ折口と春洋の歌が碑（いしぶみ）になっている。

気多大社の境内に 気多のむら
若葉くろずむ 時に来て 遠海原の
音を聴きをり
春畠に 菜の葉荒びし ほど過ぎて
おもかげに師を さびしまむとす

柳田國男が注意した禁色の世界を想像させる。

気多大社はもともと越中国の一の宮であり、能登半島の要衝に鎮座している。近年、大社の南方近くに縄文前期からの寺屋遺跡が発見されており、また日本海沿岸に気多神社が広く祀られている。一〇月一八日は日本晴れだった。七五三で賑わう参道から伸びる道と海岸の砂浜である千里浜の北部とその北にある滝の港までの地点は、鴫や千鳥の渡りの群れが五月上旬に北上するので、重要な撮影ポイントとして鳥類観察家の間では、有名な場所であるという。渡り鳥が能登半島から舳倉島を飛び、日本海を渡るルートがまだ残っているとのことで、鳥類の聖地でもある。気多大社の社叢は「入らずの森」という国の天然記念物となっており、素戔嗚尊と櫛稲田姫を祀る奥宮が鎮座する。昭和五八年五月二三日、全国植樹祭が石川県で開催された際に、昭和天皇は気多大社に行幸され、入らずの森に入ってお祈りになっている。

斧入らぬ　みやしろの森　めづらかに
からたちばなの　生ふるをみたり、

戦争中、昭和天皇は陸軍が自分と相談することもなく松代に大本営の地下壕を作っていることを激昂されたが、昭和二〇年六月六日に鈴木貫太郎首相は帝都固守を方針とするよう主張して、陸軍に反対される。それでも翌日に閣議決定事項として宮中で突貫工事を行なうことになる。天皇は工事現場を視察され、「ある日、一瞬立ち停られて、じっと地面の草をみつめられた。そして、侍従にいわれた。「あれだけ約束したのに、とうとう踏んでしまったね」天皇は悲しげだった」（加瀬英明著『昭和天皇の戦い』勉誠出版、一二〇頁）とある。気多大社で配布されている由緒には、御製に続けて、「決してみだりに採取などあそばさない。それぞれの植物が平穏に生存をつづけ、その場所の植物相がいつまでもかわらないようにお祈りになっているからである。『斧入らぬみやしろの森』は、そのところのおよろこびなのである」と書かれ、「神社の生命は祭祀にある」と続けている。

入らずの森の周りを回る。深山幽谷の雰囲気をくぐり抜けると、裏手の池の上に、

くわっこうの なく村すぎて 山の池

と書かれた折口没後一〇年に寄進された句碑がある。森を横切るようにして抜けると、寺屋町の大社焼の窯元の脇に出る。坂道を下りながら、農作業をしている人に春洋の生家を訪ねる。上の家ですと教えられたが、風通しのためか雨戸は空いていたが、日常に人が住んでいる気配ではなかった。立派な破風のある家である。春洋は國學院大學の教授でもあった。

それから、大きな神社ではないが、気多大社の東三〇〇メートル程の所にある延喜式内社である大穴持像石（おおあなもちかたいし）神社を参拝した。神社の前は視界が開け、縄文の時代は波打際だったような景観である。「黒潮の漂着神を祀ったたぶの杜」が確かにある。折口信夫の代表作『古代研究』の第三巻巻頭にあるタブノキの写真が撮られたのはここだ。鳥居をくぐると境内には、右側に地震抑えの石がある。タブノキと併せて、地盤強固を示す証拠の石である。

14　徳之島絶壁と観世音菩薩像

小学校の卒業式が終わって一週間も経たないうちに島を離れヤマトゥへと旅立ったから、島の中学校には行っていない。亀津中学校の同窓会があり、参加する八八人の仲間の一人にしてもらって帰島したが、全島一周の観光バスで犬の門蓋（いんじょうふた）に立ち寄り、越中高岡と徳之島との悲しい縁を刻んだ絶壁に建立された観世音菩薩像を拝観することになった。高岡を訪ねてから時間が経たないうちに、悲劇の現場で願文を拝読することができたのは、きっと単なる偶然ではなく、門徒衆との結縁があるのではとすら思うことだった。台座の銅板に次のように刻まれている。

願

ここ天城は
空も海も人の心も限りなく
さながら観世音の瑠璃光世界の如し
されば　縁により
この地を訪れたる諸人よ

早離　即離のことわりをさとり
今をより美しく過ごされることを
子を失ないし母は
祈願し奉る

「昭和五十二年六月、施主　秋元外美　富山県高岡市」とある。会社の名前は秋元銅器製作所であることも判った。なるほど、絶壁の眼下の海は瑠璃色の大海原だ。黒潮が西方を北上しており、その流れが東支那海と称する陸封の勢力との境界を定め、島々の連なりが、瑠璃光の今をより美しく生きようとする民の世界との間に一線を画していることを体感する。島の東側の喜念の砂浜に、奥州の石巻の魚市場の箱が流れ着いていて、列島の海上の南北の往来が確かであることを実感した経験も、すでに書いた。

羽咋（はぐい）の大社を訪問した際に高岡に立ち寄ったが、その紀行文に佐藤孝志氏が市長を務めていたことについて触れた。戦後憲法の制定に関与した後の佐藤達夫人事院総裁の子息と書いたが、正確には、佐藤達夫氏には男の子がなく娘が二人あり、姉が結婚したために、妹と結婚する孝志氏が旧姓の楠をやめて佐藤姓に変えたとのことだ。楠家側は姓を変えることに反対したが押し切ったとのことだった。東大の駒場寮に政治経済研究会というサークルがあり、同窓生の懇親会の場で佐藤孝志氏から直に拝聴した（一一月二一日、学士会館）。大蔵省会計課長を自分の意思で辞して市長選挙に打って出たので、市長を退任しても、いわゆる天下りなど大蔵省の世話にはならなかった由である。佐藤孝志氏は昭和三四年に高岡高校を卒業して東大に入学している。筆者の興味は、新憲法の制定に関わった高名の学者官僚が家名を残す伝統に拘ったことであり、「貴方方はもはや天皇の官吏ではない」との講話について、伝統に対する惜別の発言とも解釈できる可能性を感じたので、とくに養子縁組のことを書きとどめておきたい。

15　大田区と葛飾区のタブノキの大木

東京の大田区と葛飾区にタブノキの大木があることを聞いていたが、ようやく訪ねあてることができた。大田区にあるタブノキは、東急電鉄池上線の久が原駅の近く、環状八号線の道路沿いに嶺白山神社があり、その本殿左側に樹齢六〇〇年と推定されるタブノキがある。御嶽山駅で下車して、まず、駅直近にある御嶽神社に詣でる。江戸時代の後期の天保年間に木曾御嶽山で修業をした行者が現在の社殿を建立して遷座したとされるから、御嶽の名がついた。境内の奥に「霊神の杜」と名付けられた人工の森がある。崇敬者三五〇人の協力で平成二一年に新しく整備した鎮守の森である。植樹には横浜国立大学名誉教授宮脇昭先生が監修して、「潜在自然植生」の理論に基づき植え育てられた新生の森である。中木、低木、下草を同時に植え、土地本来の本物の樹木である、シイ、タブ、カシなどが雨水だけで育つように工夫して年月の経過と共に木の本数が減り、大小の木々が混じって森を形作るようにしている。もうすでに「霊神の杜」は商店街の中とは思えない静謐な神域の気配を確かに作り出している。御嶽神社の鳥居をくぐり右折して、環状8号線に出て南側に道路沿いを歩くと嶺白山神社が鎮座する。地番は東京都大田区東嶺町三一ノ一七。社殿の左側に屹立するタブノキの常緑の大木は古木とは思えないほど青々と繁茂している。

御嶽山駅に戻り、次の雪谷大塚駅で下車して歩く。駅に大塚の名があるのは、近くに原形を保っている鵜木大塚古墳があるからだ。円墳で高さ約六メートル直径約二七メートルであり、南隅がそぎ落とされて、朱い鳥居が列状にならぶ稲荷の社が造られている。この鵜木大塚古墳は、旧武蔵国荏原郡に豪族と集落があった証拠である。近くの亀甲山古墳や宝来山古墳など多摩川縁に群在している古墳の一つである。先に紹介した品川区の鹿嶋神社や、近隣の荏原神社、御嶽神社、白山神社も古代から祭祀の行なわれた名残の場所であろう。

常磐線金町駅で降り、北口から東水元熊野神社を目指して歩く。神社の敷地にタブノキの巨木が二本植わっているはずだ。途中、縛られ地蔵尊に立ち寄る。石の地蔵で、業平山東泉寺南蔵院にある。縄でぐるぐる巻きになった地蔵尊は大岡越前守の大岡裁きに由来しており、興味深いことである。平安の歌人在原業平が東国に登る旅の途中、隅田川の舟遊びで舟が転覆して亡くなった多くの人の供養にと仏像を刻み、法華経を写経して塚に納めた。これが業平塚で、その傍らに業平自刻の仏像を祀る南蔵院が創建されたと伝える。やがて橋が架けられると、業平橋と呼ばれた。南蔵院の境内の庭石の配置は隅田川の様子を表現しているという。その縛られ地蔵尊から都立の水元公園までは歩いてすぐだ。

在原業平の時代には、東国に行くのに、房総半島の海を回らず、東京湾に注いでいた利根川を遡って武蔵国や常陸国に旅をしたに違いない。当時の利根川は東京湾に注いでいたから、波の逆巻く房総の野島崎や犬吠埼を避けて、静かな水系を往来したのである。徳川家康は江戸に幕府を置くとすぐさまに、利根川を銚子に流れるようにするなど関東平野の河川の大改修付け替え工事を開始している。世に「利根川の東遷、荒川の西遷」と称されている。利根川は、文禄三年（一五九四）に利根川の旧流路の一つである会の川を締め切り渡良瀬川に合流させ、その後渡良瀬川と鬼怒川を結ぶ水路の掘削を進め、承応三年（一六五四）に鬼怒川と合流させて利根川を銚子へと流れるようにした。渡良瀬川の最下流の流れが江戸川となり、荒川が隅田川の最上流になった。ちなみに、荒川放水路は、明治四四年に工事が着手され、大正一二年には関東大震災があったが、翌年には岩淵水門が完成して上流から下流まで繋がった。付帯工事を含め、荒川放水路が完成したのは昭和五年である。

小合溜井（こあいためい）は東京都葛飾区と埼玉県三郷（みさと）市との境に位置する池であるが葛飾区側に水元公園、三郷市側にみさと公園がある。「溜井」とは改修工事で廃止された古利根川が用水池に利用されるようになってつけられた名前である。小合溜井に沿って櫻堤と称する土手が東京都側には設けられ、今は花見の名所となっている。古利根川は大きく蛇行していたために、蛇行する川岸に森を作り、湾曲部の中心を芝生の広場にしている。水元公園の中程にタブノキの群落があるが、河川敷のタブノキであるから、公園を整備する際に植えた若い木である。さて、東水元熊野神社は、水元公園の土手の脇にある。古利根川が東京湾に流れていた時代に勧請された社であり、境内には樹高が約一〇メートル、周囲約三メートル強の二本のタブノキが聳える。黒潮の民が古利根川に辿りついた際の上陸地点の証拠とすべく建立した熊野神社の御堂の堤に植えられたのだ。品川区の大井町や鹿嶋神社にあるタブノキと同様、東水元熊野神社の二本のタブノキの古木も、古利根川の桜堤に深く根を下ろし、皇城を風水害から護るべく都の艮（うしとら）に屹立する。黒潮の民の東国への旅を今に伝え、その艱難辛苦をも想像させる神木である。

16　沖縄本島備瀬の浜辺にて

夜明け前の月明かりが、天空を刺繍しているかのように煌々と照らしている。伊江島が影絵のようになって、その特徴のある塔柱（たっちゅう）をくっきりと浮かび上がらせている。島の水辺線には集落の電灯が漁り火のように点滅している。手前のエメラルドビーチの白い砂（いさご）が、月光にいよいよ白く輝いているし、伊江島との海峡の水道は、北風が吹き抜けているらしく、波頭が白く泡立っているかのように光って見える。現前に、備瀬（びせ）のイノウが広がっている。月明かりだから瑠璃色にはならないが、それなりに透き通った蒼色の珊瑚礁の海面が広がっている。備瀬の岬の先の小島と突き出た半島の間からは、遙かな沖の白波が見えて、それがあたかも橋のように見えたから、近年、古宇利島に懸かった橋と見間違えた気分になった。珊瑚礁の島に据えられた灯台が海面に光を投射しているが、海原は月明かりだけでも十分に明るい。月の明るい季節のイノウに魚が寄り付くわけではないから、魚獲り人（いゅとぅいちゅ）が浜に出ている姿はない。海の航海や集落の安寧を祈る巫女か、あるいは、生活の不満に前夜に酔いつぶれた男が朝に目覚めて、この神々しい絶景が眺められる高台の場所に足を運んで来ているだけだろう。子供が夢遊病者のようになってフラフラ夜の浜辺に出て魂（たまし）を抜かれそうになっていることもあるのかも知れない。

アイヌ語でピスといい、沖縄で珊瑚礁の環礁のことをビシといい、隼人の言葉で川の中州をヒシといい、大隅の志布志の菱田川のことを想い、南島に島流しになった西郷南洲の洲と、熊野の本宮大社の故地である中州のことを思い浮かべ、沖の伊江島の古生代の、世界的にも古い地層が露出している塔柱と組になって、沖縄の本部半島の先にある備瀬が、黒潮の民が祈りを捧げる場所であることに由来する地名であることがはっきり判る景色だ。黒潮は、伊江島の北側の沖を滔々と北上している。朝まだきの月の光が天空世界を煌々として照らしている備瀬の光景を見れば、人は祈らずにはいられなくなる。

沖縄で海洋博覧会が開催されて、その跡地が公園になっている。世界最大級の美(ちゅ)ら海(うみ)水族館が整備され、多くの観光客が訪れるようになった。エメラルドビーチという、横文字の名前のついた海岸も、その博覧会の時に整備された、沖縄で最初の人工の砂浜だ。黒潮の民は、海岸を私物化することはないが、外国の占領軍は海岸を閉鎖していた。さすがに、日本国営の施設でもあり、エメラルドビーチは閉鎖海岸にはならなかった。水族館には入場料が必要であるが、そのビーチには今でも自由に出入りができる。その海洋博の跡地の公園の北側に、地元のビール会社の名前のついたホテルが新たに建設されて、エメラルドビーチとその高層ホテルとがつながっているかのようになった。備瀬の集落の拝所はホテルの敷地内になってしまっている。夕方の五時半には、ホテルとエメラルドビーチとの間の門を施錠するとのことだが、それまでは、頭に銀のかんざしをした巫女も立ち寄って、線香を手向けてウトウトすることが出来るようだ。ホテルの入口には、門中の亀甲墓があるから、支那大陸からの新しい葬礼の名残も残っている。しかし、その下の海岸の汀近くにあって、今はホテルの敷地の中になってしまった拝所こそが、黒潮の民の古い墓所であり聖地であることをはっきりさせておかなければならない。備瀬の海岸の全貌を眺める為には、このホテルのベランダが最上である。崖のことをバンタといい、今帰仁の城のように、西方浄土ならぬ瑠璃色の黒潮の流れを想像して祈りを捧げる絶壁の高台が最適であるが、ホテルのベランダが現代のバンタである。

備瀬の集落は、そのホテルの北側にある。集落が碁盤の目のように区画整理され、屋敷はフクギに囲まれている。フクギは防風林としての役があり、一キロの並木道を形作っている。王朝の時代、約三〇〇年前に植えられたものだが、フクギは幹が真っすぐに伸びて枝葉が密生し、葉は厚く燃えにくいため防火や防風に最適な樹木として撰ばれたらしい。台湾から移入された木麻黄と並んで、フクギが防風林になっている集落が南西諸島では珍しくはないが、備瀬の集落の並木は、成長の遅いフクギが切り倒されずに残った異例として今では観光資源になっている。

備瀬のイノウで釣りをしている人に聞いてみると、予想通り、元服の魚であり、夏の新月の暗夜に大量に寄せ来るスルルグヮの魚、スクの魚が大きめになったアイゴが良く釣れるとのことであった。色鮮やかなベラも一緒に釣れていた。集落に住み着いているらしい野良猫様が珊瑚礁の上にお出ましになって、釣れた小魚に舌舐めづりをしていた。海岸沿いの浅瀬には、緑色のロープが張られ、アオサが栽培されていた。採集作業をしていた夫婦者にいくらで売れるかと聞いたら口を濁した。

ホテルの庭で、酔っ払いが警備員に追い出されていたが、地元の人が元のバンタに、夕日を眺めに来たか伊江島の塔柱を拝みに来たが、ホテルの敷地内になってしまったので追い出されたのであろう。米軍基地の中に拝所が残っていることと同類か。

17　黒潮の民の指笛

『悪魔が来たりて笛を吹く』というおどろおどろしい題名の映画を観た記憶がある。上演は片岡千恵蔵で、昭和二九年に封切になった東映の映画だ。笛吹童子の映画も観た記憶があるか、元はNHKのラジオドラマとして昭和二八年に放送されているから、子供の時に有線放送で聞いたのだろう。

笛は気流を口で吹いて起こして音を出す楽器の一般名称であり、『日本書紀』には、「天之鳥笛」として書かれ、万葉仮名では「輔曳（ふえ）」と表記される。尾篭な話であるが、おならのことを屁（へ）といい、南島ではフィーと発音するが、笛の語源と関係があると筆者は推測している。大陸からの笛が色々伝わる以前にも、独自の横笛があったことは確認されており、神社の境内で奉納されるお囃子などを聞けば、古来の笛の音の名残があるように思われる。法螺貝の重低音の嶺峰に響き渡る笛のことについては、その貝そのものが黒潮文明の特産品であって、修験道の山伏の必需品になっている経緯について、吉野の金峯山蔵王堂のことを書いた時に触れたと思うが、出羽の羽黒山神社でも吉野の蔵王堂の近くでも、法螺貝を加工する業者があり、修験者の装束一式と共に高値で売られている。音を発生させる道具のひとつとしての笛は、多種多様である。金属製の笛に至っては、色々な形や音色が無尽蔵にある。

西洋のフルートは、フランシスコ・ザビエルと共に日本に渡来したことがポルトガルの文献に記録されているとのことだ。縦笛も横笛も、フルートの多様な形や音色について詳細を述べることは今は避けたい。西洋の一部では、指笛を吹くことは悪態をつくか揶揄することと見なす文化の国もあるという。海軍の水兵さんが、港で妙齢の女性に口笛で呼びかける習慣もあったようである。笛もホイッスルとなると完全な道具で、警察官用のホイッスルが有名であり、英国で発達した。呼子笛は、刑務所の刑務官が必携しなければならないホイッスルである。音は甲高くピリピリと聞こえるから、脱獄の緊急事態の連絡に有用な笛だ。

アジアの竹製の笛も多種多様である。口の息を使って音を出さずに鼻息を使って音を出す楽器も東南アジアにあるというが、日本ではさすがに、鼻歌を唄うという表現だけがあり、黒潮の民の楽器に鼻笛は見当たらない。道具を使わない笛は、口笛と指笛である。鳥を寄せたり、動物に指図をしたりするときに口笛がよく使われている。繁殖期のメジロなどは人の口笛で呼び寄せることができ、人が口笛を吹くとそれに応える形で実際に囀（さえず）るのである。確かに犬猫も人間の口笛に反応する。牧羊犬の場合には口笛が多用され、単純な口笛ではなく、高音域で遠くまで音が届くように歯を使った口笛が多用される。インドの蛇遣いがコブラを陶器の壷から首を出させ笛の音で踊らせている漫画があるが、そんな具合に、日本の列島でも、夜中に口笛を吹くと、毒蛇に加えて魔物を呼び寄せてしまうことになりかねないから、夜中に口笛を吹くことは禁忌であった。歌垣や夜這いの合図が口笛だったため、夜に口笛を吹くと異性に襲われるとの説もある。トンネル内で口笛を吹くと事故が起こるということで、トンネル工事の際には口笛は厳禁されている。

口笛の古称は嘯（うそ）、あるいは嘯（うそぶ）きで、口笛を吹くことが嘯（うそぶ）くである。唇だけではなく、歯と舌で音を調整して発音する歯笛がある。歯笛の方が口笛に比べて高音域を大音量で出すことができる。海女が海面に出た際に息を整えるために歯笛で音を出し、海女（あま）笛と呼ばれる。位置を知らせる目的で使用され、高音域で数百メートル先にも届くという。世界には口笛で或る程度のコミュニケーションをとる言語が少数ながらあり、またイルカなどの一定のほ乳類は、耳に聞こえない超音波を発生して情報を、遙か遠方の海域に送受信していることも判っている。

いよいよ指笛であるが、指をくわえることで音を出す方法で、吹き方は人差指をL地型にして口に入れる吹き方や、両手の指を四本揃えるやり方や、人差指あるいは中指と、親指とを閉じない輪を作り丸めて口に入れて吹くやり方などいろいろある。沖縄では、エイサーの踊りにも指笛を吹いているし、カチャーシーの踊りのときにも指笛を吹いているが、奄美の島々の場合には、闘牛大会のワイドワイドとかけ声をかけて太鼓をたたきながら一緒に指笛が吹かれている。シマ唄ともつきものとなっている。奄美大島では指笛のことをハトといい、ハトの吹き方を教える講習会が開催されている。うれしいときや、景気づけをするために指笛が吹き鳴らされる、ハレのときに指笛が吹かれるのである。沖縄や奄美の出身者が皆揃って指笛が吹けるわけではない。指笛の大会もあるが、実は関東や関西の方に指笛名人が多い。

人差指と中指との間に挟み、指笛に酷似した音を簡単に出せるように加工した貝殻細工を「月桃の香り」代表の今井良明氏が開発し名護の道の駅・許田で販売している。筆者は指笛が吹けない情けない島人(しまっちゅ)なので、この新発明は大へん重宝している。

18 珊瑚と珊瑚礁が産み出したもの

沖縄の本部半島にある備瀬(びせ)の海岸の珊瑚礁をホテルの窓から眺めながら、この神々しい豊饒の海原の広がりが、珊瑚という動物の残骸が積み上がってできたことを想像して、違和感を抱いた。日本語の動物という言葉は、西洋の分類学の導入の過程で新しく造られた近代用語であり、動物には禽獣虫魚としての感覚が強く、白い砂浜に転がっている白い棒状の石が珊瑚という動物の骨格であり、白砂の大部分が貝殻ばかりではなく、動物の骨格が粉々に砕けたものであると想像することは困難である。古生代の珊瑚と中生代から現在に至る珊瑚とは種類が違うというが、造礁珊瑚が繁茂した時代があり、珊瑚という動物が石灰岩を営々と、しかし急速に産み出し造礁が行なわれた。世界には造礁珊瑚の死骸が何と数百メートルの厚さにも積み上がって石灰岩の山となっている場所が多々あるが、新しい石灰岩の層は一万年程度の時間がかかっただけだ。南北の大東島に行くと、島の周囲は断崖絶壁になっているが、珊瑚が島に壁をくっつけたかのように石灰岩の壁をつくり、後に隆起して、島の中心部に池や窪みを残している。南大東島では隆起珊瑚礁の壁を壊して港を築く大工事をしたが、白い石灰岩からなる珊瑚礁の壮大な厚みを人間の目で確認できる。飛行機の窓から眺める南沙諸島の環礁なども珊瑚が悠久の時間の中で造形した形である。日本の最南端の島である南鳥島も典型的な珊瑚の環礁だ。屋久島の南の吐噶喇（とから）は日本列島における珊瑚礁の北限になっているが、黒潮の流れに沿って、宮崎から足摺、室戸の岬、和歌山の潮岬、伊豆半島から房総の館山湾に至るまで海中には珊瑚が成育しており、駿河湾の奥の江之浦あたりでも、珊瑚の群落があった。日本列島の脊梁山脈には珊瑚の化石が残っており、太古には温暖な浅い海であったことを示している。

珊瑚礁の海域は海の〇・一％を占めるにすぎない。南東アジアにある珊瑚礁が世界の二〇％、太平洋にあるものが四〇％で、大西洋とカリブ海には約八％ある。紅海とインド洋にその残りがある。アフリカ大陸南西海岸や米国の西海岸、そしてインド半島の東端からバングラディシュにかけての南アジア、そして南米大陸のアマゾン河口には珊瑚の生育がないのも特徴である。寒流が湧昇流となっている場所であり、摂氏二〇度が境界の温度だ。深海の珊瑚には、さらに低い温度の海水の中で生育している種類もある。豪州大陸の東海岸にあるグレイトバリアリーフが世界最大の珊瑚礁で、次がメキシコのユカタン半島に広がる珊瑚礁である。パプアニューギニアの珊瑚礁には生物がもっとも多様に成育する。

宝石となっている珊瑚は、珊瑚礁の珊瑚と同じように、動物の骨格であることは変わらないが、色がついていて宝飾品となっている。正倉院の御物としても珊瑚が残っているが、漢字の表記の通りに、胡、すなわち西域のペルシアから唐の時代の支那を経由して渡来した珊瑚で、日本で産出したものではない。大和言葉で真珠を「しらたま」「まだま」と呼んだが、珊瑚には適当な大和言葉はない。また縄文・弥生時代の遺跡からも宝飾品としての珊瑚が発掘された例はないから、珊瑚を愛でる感覚は、奈良時代以降の外来のものである。江戸時代には、豪商が珊瑚を刺繍に入れ込んだ豪勢な衣装もあり、刻み煙草を入れる根付けやかんざしの飾りに多用されたが、素材はインド洋産の珊瑚だった。地中海では浅い海で宝飾用のベニ珊瑚を採集することができたので、ローマ帝国の時代から重宝されていた。宝飾用珊瑚の上級製品には、今でもイタリアの島の「サルジニア」の名前がついているほどである。ナポリ近郊のトレ・デル・グレコには、宝石珊瑚の市場と加工場があった。明治中期ごろ採集技術が向上して深い海での珊瑚採集が可能になり、日本近海でモモイロサンゴが発見されて、土佐の高知などは世界的な宝石珊瑚の一大産地となり、地中海の宝石珊瑚の集積地であったイタリアから多くの商人が買付けに来日したほどだが、今は足摺岬の千尋崎のサンゴ博物館も廃館になった。

珊瑚は石材としても有用である。変成石灰岩の大理石が珊瑚由来のものであるから、レオナルド・ダ・ヴィンチの制作した石像は珊瑚生産の副産物とも考えることができる。装飾用建材としての変成石灰岩の大理石であるトラバーチンはイタリアが生産をほとんど独占していた。日本では奄美の沖永良部島で、大理石のトラバーチンが珊瑚礁から採掘され、国会議事堂などの建材として使われた。沖縄本島の今帰仁（なきじん）の城壁など世界遺産となっている石垣も、珊瑚由来の琉球石灰岩である。

珊瑚の意外な使い方として、米海軍の支援を受け、潜水艦探知のソナーの精度向上に「珊瑚の三次元連結構造を利用した圧電コンポジット」が開発されていたことにも触れておきたい。珊瑚のポリプには海水流のささやかな揺らぎをも検知する精密な機構が備わっているらしい。

19　台南大地震の現場にて

「見ると聞くとでは大違い」とはこのことだ。台南で大地震があったので、台湾行きの機会を捉えて、現場に赴くことにした。羽田空港から日本航空の直通便で台北市内の松山空港に向かう。松山空港に直結する松山機場駅で市内電車（ＭＲＴ）に乗る。この市内電車は無人運転で高架軌道を走る。台北の市内鉄道システムはドイツ製だ。バンコクやマニラでもドイツ製が導入されていると ころを見ると競争力のあるシステムらしい。日華事変の際、国民党にドイツ人の軍事顧問がいて、日本はドイツ製最新兵器でコテンパンにやられて敗走したことがある。朝や夕方の通勤時間帯にはひっきりなしに自動運転されており、ラッシュアワーのときでも押しくらまんじゅうのような混み具合にはならない。三つ目の駅の忠孝復興駅で地下鉄に乗り換えて、台北車站、つまり、鉄道の台北駅で下車する。EASYCARDという電子カードを買っておけば、小銭を使わず改札を通過できるのは、東京のスイカやパスモと同じだ。高速鉄道で台南に向かう。切符は、日本出発前にネットで予約をして代金をクレジットカードで払ってあったから、予約番号などを書いた一枚の紙を印刷しておいて、それを窓口にパスポートと一緒に差し出すと切符に変えてくれる。外国からの旅行客を奨励しているらしく、ネット予約をすると、二五％割引の運賃になっている。ただし、片道だけの割引だ。三日間の乗り放題の切符もネットで売られている。高速鉄道の車両は日本製であるから、日本の新幹線仕様である。出入口のドアが自動ではなく押しボタンがあって、それを押さないと開かないようになっている。非常用のハンマーが備え付けられていて、非常時には窓を叩き割って脱出せよとの注意書きがある。高速鉄道の台南駅は台南の市街地から遠いところにあるから、高速鉄道を降りてから、台南の市内駅、台鉄の台南駅と連絡する列車に乗り換える。台鉄というのが在来線の呼び方だ。但し、高速鉄道と連絡する線は新しく建設されている。台中も高鉄、つまり新幹線の駅と台中の市街地とが遠く離れているので、市街地に行くにはタクシーが便利で、日本円で千円位の料金で、しかも安心だと、もう百回は台湾を往来しているという、飛行機の隣席の乗客から聞いたところだった。嘉義の駅も市街地と離れているが、バスの連絡は良かったと記憶している。台南駅前のホテルを予約していたが、料金は朝食込みで、一泊二六五〇台湾ドルだった。台北で泊まったホテルは設備は真新しいが、高層ビルの一四階を改装して、朝食を階下のハンバーガー屋から取り寄せて出した。そのホテルが三三〇〇ドルもしたから、台南は台北と比べると物価が相当安いらしい。駅では物乞いをしている人の姿も見かけ、台南には絶対貧困があることも想像した。

駅前で学生と思しき若者から話を聞いた。地震で完全に倒壊したビルは二棟あって、一棟は台南市内の永康区の永大路二段という場所にあった維冠金龍大楼というビルで、もう一棟は新化区という場所にあるビルである。台南市中心から遠い場所なので、ホテルでタクシーの手配をして貰い、維冠大楼の倒壊現場に行くことにした。タクシーのメーターが二〇〇ドルを少し超えたところで、つまり日本円で千円になるかならないかの距離で現場に着いた。道路は封鎖されていて現場に立ち入ることはできないが、写真撮影のために近寄ることはできた。重機の作業機械が動いており、倒壊したビルの残骸はほとんど撤去されて整地されていた。ビルは地下室をもぎ取るように倒壊したらしく、道路を跨いで倒れ、道路の向かい側の建物も押しつぶしていた。現場には弔いの花束が一〇束ほど手向けられていたから、まずは黙祷を捧げた。周りの屋台の入った建物などには異常が見られないので、不思議に思われた。夕方に会った台南在住の日本人の知人からは、アパートに亀裂が入ったので住居を変える羽目になったことや、おそらく両手の指の数くらいの建物に亀裂が入ったり傾いたりしているのではないかとの情報を得たが、日本のテレビで報道された映像では、もう台南が壊滅したような報道ぶりだった。だが、来てみると、全く限られた場所の被害で、天災というより、腐敗と手抜き工事が原因の局地的な人災であることを現場で痛感したことだ。宿泊した駅前のホテルも古い建物だったが、従業員は太い黒光りのする柱を自慢げに指さし、無傷だったと言った。そのついでに「倒壊したビルは台北の業者がカネ儲けに狂って建てたのだ」とコメントしたのは、微妙な地域間の競争対立を想像させて興味深いことだった。日本統治時代の建物が修復されているが、日本統治時代の建物である林百貨店の店員に地震はどうだったかと聞いたら「品物が落ちて散乱することもなく、ビクともしなかった」と言う。筆者の祖父の川村直岡が住み、今は古蹟となった台南州知事官邸も台南州庁舎も無傷で、公会堂、測候所、武徳殿、愛国婦人館も、全てが地震に耐えた。大陸の孔子廟は共産党が破壊したが、台南の廟は日本統治時代にも温存されて四〇〇〇年の歴史を保ち、今回の地震でも壊れなかった。

20 「遠野の歴史と伝統の普遍性」

米国人の畏友ロナルド・モース氏から、遠野市民文化賞を受賞することになったので、代わりに授賞式に出席し受け取って欲しいとの連絡が来た。以前にモース氏とジャッキー夫人、米国通で水沢出身の故椎名素夫議員も加わって、遠野で開催された柳田國男に関するシンポジウムに参加したことがあったし、モース氏とは義兄弟とも思う長い付き合いなので、快諾すると返事した。モース氏はメッセージを英文と日本文の両方で書いて送ってきたので、それを代読することにしたが、英語と日本語とを交ぜこぜにして、即興を加えて、聴衆に感懐が残るよう工夫した。挨拶文は「遠野の歴史と伝統の普遍性」と題され、内容は次の通りだった。

ご臨席の皆さま、遠野市民の皆さま、そして遠野市教育文化振興財団の皆さま、この度は、第四二回市民文化賞の受賞にあずかり、誠にありがとうございます。現在私は、アメリカのネバダ州に住んでおり、今回は授賞式に出席できませんので、親しい友人、稲村公望氏に私の代理をお願いいたしました。稲村氏と私は旧知の仲で、兄弟のように親しい間柄でございます。私たちが初めて出会ったのは一九六〇年代で、私がプリンストン大学の大学院の学生で、柳田國男研究のため成城大学に留学しておりました頃です。当時稲村氏はちょうど東京大学を受験している時でした。それ以来、我々は多くの日米研究課題に一緒に取り組みました。稲村氏は、日本の南、つまり沖縄の専門で、私は日本の東北を専門とする学生でした。先程も申し上げましたが、遠野市教育文化振興財団の皆さまには、このような栄誉ある賞をいただき、心から感謝申し上げます。私のように、遠野のような日本の地域社会と、ここまで、親しくさせていただける、幸運な外国人研究者は他にはほとんどおりません。これまで、長年にわたり、遠野の文化遺産を国際社会へ伝えるお手伝いができましたことは、私にとっても、とてもやり甲斐のある楽しい仕事でした。遠野は比類希な場所であり、海外で遠野のことを知った人たちは皆、その伝統に深い感銘を受けます。私が遠野について成し遂げられたことの多くは、皆さまの助けなしではできなかったことです。一九七五年の遠野物語の翻訳では、多くの日本人の専門家の方々の助言をいただくことができました。日本語はとても難しい言語であり、当時近所に住んでいた来嶋靖生氏にもたくさんの助言をいただきました。皆さまの多くがご存じのように、来嶋氏は著名な短歌の専門家でございます。遠野物語研究所が作成した『遠野物語』の註釈もまた、翻訳作業においていて、とても有用でした。また、本田敏秋市長をはじめとする市役所の皆さま、および石田久男氏、前川さおり氏、河内夕希枝氏には長年にわたり、大変お世話になりました。私が遠野で辿った『遠野の歴史と文化』には独自性がありますが、また同時にそれは世界の、どの地域の人であっても理解し、共感できる、社会・文化・宗教的にも普遍性を持ち合わせております。それが理由に、『遠野物語』は今ではフランス語、ドイツ語、スペイン語、そしてイタリア語に翻訳され、また『遠野物語拾遺』も昨年二〇一五年には、英訳版が出版されました。もう一度申し上げます。遠野の強みは、その文化遺産の普遍性にあります。遠野の伝統は、世界のあらゆる地域の人達の、共通した人間の経験を反映するものです。言うまでもなく、これらの伝統を引き継ぎ、意味あるものとして、次の世代へと存続させていくことは、遠野の皆さまが担う責任でもあります。遠野が豊かな伝統に恵まれているため、世界に向けて、この『遠野』が刺激的な文化発見の目的地である、と発信することは、私にとって、容易なことであり、生きがいとなっています。遠野はすでに、海外都市と姉妹都市関係を結んでいますが、将来、遠野の若者たちがもっと海外で学び、住む機会があることを希望しています。遠野が世界でもっと認知されるために、私にできることはいたしました。しかしこれからは、遠野の皆さま一人ひとりが、遠野の文明についてのこのメッセージを世界に向け発信する番です。この賞を頂戴するにあたり、これまで多くの皆さまのお力添えがあったことを感謝するとともに、これまでお世話になった皆さまと、この受賞の喜びを分かち合いたいと思います。これまでの応援、励ましに感謝いたしますとともに、このすばらしい賞をいただきましたことを、心よりお礼を申し上げます。

二〇一六年一月三一日

教育文化振興財団の角田理事長から三枚のメモを頂戴した。まず、日光東照宮の創建についての新聞記事。二枚目が「江戸からみた日光東照宮と北極星」と題する、家康が葬られた久能山、本地仏薬師如来を祀る鳳来寺山、生誕の地岡崎と京都を結ぶ線、北緯三十五度の「太陽の道」、江戸、日光、北極星の「北辰の道」と、日光と久能山との間に富士山がある「不死の道」の図式を書いたメモで、三枚目が北極星、早池峰山、薬師岳、早池峰神社、浜峠地区の遠野斎場、伊豆権現の神社が一直線上にあることを示す「遠野・北辰の道　相関図」だった。

21 『遠野物語』と黒潮文明

授賞式翌日は、早池峰（はやちね）神社に詣でるにも遠野物語の舞台となった猿ヶ石川の淵を巡るにも、もとより時間の余裕がなくて叶わなかったが、遠野市の関係者に新幹線の新花巻駅まで見送って貰う途中で、南部曲屋の独特の保存家屋を観た。南部曲屋は川崎市立の民家園にもあり、そこの囲炉裏の火に当たるのを筆者は毎年の楽しみにしているので珍しくはなかったが、庭の巨石には興味をそそられた。早池峰山を中心とする山塊の下に巨大な岩盤があって、底がどこまで続くのか判らないくらい深いその岩盤の先端が地表に露出したものではないか、と想像してみたのだ。巨大な磐座が地下のあちらこちらにあるのではないかとの夢想である。遠野は『遠野物語』の六五話に「早池峰は御影石の山なり」と書かれているように、安定した地盤にある。先の東日本大震災のときにも被害は少なく、交通の要衝として、三陸沿岸の被災地へ派遣される自衛隊や消防・警察による救援活動の拠点となった。その救援活動の記録が本田敏秋市長により美麗な遠野市の報告書としてまとめられている。

早池峰山をはじめ遠野市一帯にお社のある瀬織津姫の名前を商標登録した者があり、特許庁が受理したらしく、そんなことが許されていいのかという怨嗟の声を聴いたのは、その見送りの車中だった。帰京後に少し調べてみると確かにそんな愚劣が実行されているらしく、東北の安倍一族の子孫の係累の方が、瀬織津姫にちなんだお香を造ろうとしてそれが商標登録に抵触することになるとのことであきらめたことなどがあったようだ。とまれ、車中の会話からは、遠野の住民が崇敬の対象としてきた女神の名前が商業主義の利権の対象となって私物化され、しかも日本の国家機関がそれを咎めるどころか、その不届きを助長していることに対する遣り場のない憤懣が感じられたのであった。それでは、その商標登録の遙かな昔から瀬織津姫をお祀りする神社が発行してきたお札は、商標登録に違反しないのだろうかとの辛口の批判も聞いたが、図星の反論である。

柳田國男の『遠野物語』は、その第一話に遠野の地理を説明している。山々に取り囲まれた平地であると書いて、南部家一万石の城下町であり、花巻から北上川を渡り、その支流猿ヶ石川の渓を東に十三里で遠野に至るとして、大昔は一円の湖水だったが、それが流れ出たのだろうとする。「遠野郷のトーはもとアイヌ語の湖といふ語より出でたるなるべし、ナイもアイヌ語なり」と書いている。内は沢または谷のアイヌ語である。第二話では、まず遠野の町が盆地となった平地に川が南北から合流する地点にあると描写し、続けて、「四方の山々の中に最も秀でたるを早池峰と云ふ、北の方附馬牛の奥に在り。東の方には六角牛山立てり。石上と云ふ山は附馬牛と達曽部との間に在りて、その高さ前の二つよりも劣れり。大昔女神あり、三人の娘を伴いて此高原に来り、今の来内村の伊豆権現の社ある処に宿りし夜、今夜よき夢を見たらん娘によき山を与ふべしと母の神の語りて寝たりしに、夜深く天より霊華降りて姉の姫の棟の上に止まりしを、末の姫目覚めて窃かに之を取り、我が胸の上に載せたりしかば、終に最も美しき早池峰の山を得、姉たちは、六角牛と石神とを得たり。若き三人の女神各々三の山に住し今も之を領したまふ故に、遠野の女どもは其妬を畏れて今も此山には遊ばずと云へり」とある。ライは、アイヌ語で死ぬこと、と註釈も加える。第三話以降には「山々の奥には山人住めり」と始めて、山男山女、神隠し、数十年の間独り山に住む人のこと、などの奇談を連ねている。

『遠野物語』では姫神の名前を記載していないが、伊豆権現の社、現在の伊豆神社の由緒書には、御祭神を瀬織津姫命、俗名「おない」と明記している。早池峰神社の御祭神は瀬織津姫である。瀬織津比咩・瀬織津比売とも表記される。『古事記』『日本書紀』には記されない神名である。遠野では、瀬織津姫が「お滝さま」として親しまれている。瀬織津姫は、勢いよく流れ落ちる谷川の瀬に坐す神で、罪科や穢れを大海原に持ち出してしまう神様であることが大祓詞に書かれている。川の流れや滝の神様で、河口で速開津比咩に水の流れを引き渡す神である。瀬織津姫は、伊弉諾尊が禊ぎをしたときに生まれたあまたの神の総称であるという説があり、天照大神の荒魂で、伊勢の内宮の別宮である荒祭宮であるとする見方がある。伊勢神宮の表示板には、天照坐皇大神荒御魂（あまてらしますすめおおみかみのあらみたま）、と書かれる。賢木厳之御魂天疎向津（つきさかきいつのみたまあまさかるむかつ）媛命である。本居宣長は、瀬織とは瀬下（せおり）で、伊弉諾尊の中津瀬に降りたって潜ったとの意味があり、禍津日神という悪神である、としている。遠野の伊豆権現には熱海の伊豆山神社との繋がりもあって、温泉が海にほとばしる熱海の走湯から修験者がはるばる来て御神体を祀ったので、伊豆権現という名がつけられたとの伝承にも驚かされる。遠野の伊豆権現の場所に一夜の宿りを構えた大昔の女神は、はるばる海を渡って来た神様であることは間違いない。熱海の走湯権現、今の伊豆山神社は役小角や空海が修行した場所でもあり、女神は、列島沿岸の各地と海路で結ばれていることが想像できる。余談であるが、伊豆山神社に残る北条政子の切り落とされた髷をみると、北条政子は妹背を誓う源頼朝と一対になるべく、瀬織津姫の化身になることを祈願したのではなかったかと想像を逞しくする。兵庫県の西宮の地名由来の大社である廣田神社は天照大神荒御魂、つまり、瀬織津姫を主祭神とする。廣田神社の御領地だった六甲山は元々向津峰（むかつ）と呼ばれ、それが武庫（むこ）となり、江戸時代から六甲（むこ）と表記され「ろっこう」と訓まれた。余談だが、六甲山の国産第一号のロープウェイを建設した阪急の技術者は、徳之島・亀津出身の川浪知熊氏である。黒潮の民が秩父セメントや函館のロープウェイを設計して、イタリアの技術を凌駕したことは知られていない。祇園祭鈴鹿山の御神体も、鈴鹿山で悪鬼を退治した鈴鹿権現、即ち、金の烏帽子をかぶり大長刀（なぎなた）と中啓（ちゅうけい）を持つ一七六センチの長身の瀬織津姫である。ちなみに、修験道の始祖ともいえる役小角が活躍したのは、大化の改新、白村江の戦、壬申の乱と、大動乱の時代であった。瀬織津姫は記紀には記載されなかったが、大動乱の時代に大祓の記録として登場した大昔の神様であることが特徴である。天智天皇の重臣であった中臣金連が瀬織津姫を祓の神として、大祓詞に登場させているが、金連は後に天武天皇に斬首されている。明治天皇の伊勢行幸に至るまで、伊勢に行幸したのが女帝の持統天皇のみであったことは謎に満ちている。

遠野物語の第一四話の註釈に「オシラサマは、双神なり。アイヌのなかにも此神あること蝦夷風俗彙に見ゆ」とある。続けて「羽後苅和野の町にて市の神の神体なる陰陽の神に正月十五日白粉を塗りて祭ることあり。之と似たる例なり」とあるが、アイヌの神様にも繋がり、それが、男女・陰陽一対の神様であることは興味深い。記紀の以前にあった文書には、瀬織津姫は、男神である天照大神の后神であると記録されているという。確かに、記紀の記載は、太陽神を尊重するあまり、月読尊の世界など女性につながる世界を省略しているのではないかとの指摘もなされ、また、『日本書紀』には天照大神はもともと男神であったが、道鏡が権力を得ようと古書を焼き、天照大神を女神に改竄したのではないかとの説すらある。天白信仰という、信州や駿河を中心として、伊勢志摩を南限、岩手を北限とする民間信仰で、特に伊勢に天白信仰が多かったとされるが、それが、天一神（天一星）と太白神（太白星）との二神を祭るものであり、天一星が北極星で、太白星が金星であるとすれば、早池峰山の北方に輝く北極星とまっすぐに、瀬織津姫の星の社が直線上に連なることで、遠野の北辰の道の謎解きが解決するし、伊勢神宮の内宮の荒魂が、瀬織津姫であることにも納得がいく。しかも、陰陽道からすれば、太白星は凶星であるから、瀬織津姫が禍の神に比定されたことも容易に想像できる。古来、養蚕は女の仕事とされ、紡がないと天下は凍えるから、継体天皇は、農桑の思想、男は農業、女は養蚕と衣食の基本を明らかにしている。遠野の養蚕の神はオシラサマで、柳田國男は、アイヌの神にも通じる二神の片方の女神であると見ぬいている。

三陸の宮古から金華山に向かって知人のヨットに便乗して航海したことがある。このときに海上から早池峰山を遠望した。早池峰山は、列島の南北を往来する海の民にとって死活を制する目印、澪標の山である。三陸の陸前高田の北方にある五葉山の頂きからは、六角牛山、鶏頭山に続いて早池峰山が一直線上に山並みを連ねて眺めることができる。海の民は、岸近くを航海するときには、早池峰山は隠れて見えないから五葉山を眺めて航海するが、早池峰の頂きを遠望するときには、はるばる遠くに来たことを実感させると同時に、山の頂に舳先を向けさせすれば、必ずふるさとの港に戻れることが保証された。山の見えないところでは、北極星を目指すが、山頂と星との二点が判れば、自分の位置すら特定できる。今回の遠野訪問で聞いたことだが、三陸沿岸の漁業関係者に、早池峰の女神は広く信仰されており、早池峰丸との名前をつけた漁船が数多くある。明治三九年に就航した気仙沼初の焼玉式発動機船の船名も早池峰丸だったし、今も早池峰丸というサンマ漁船が親潮の海を頻繁に往来する。福島県大槌町の安渡漁港の第十八早池峰丸（二〇メートル、一〇〇〇馬力）は七回の津波を二時間全速で走って乗り切ったが、船主は早池峰の神の御利益だと言い切る。『大槌未来新聞』（二〇一三年八月二日号）掲載の五十嵐大介氏の記事はいう。

亡くなった父も漁師で、父の乗っていた船も『早池峰丸』。父の代から、安渡の港には漁の道具を置く番屋がありました。その番屋の壁に、津波に関する昔からの言い伝えが張ってあり、私も小さい頃から見ていました。陸でイワシが見えたり、普段捕れない魚が捕れたりしたら津波が来る。オヤジが言っていたことは当たったなあと思いました。震災の前の年には、港近くの排水溝でイワシがいっぱい見え、子どもたちがタモでイワシをすくっていました。震災当日の朝は、カモメもカラスも一羽もいなかった。

瀬織津姫の社のいずこにも剣の形代が貼られ、蝦夷（エミシ）の優秀な製鉄技術と関連して、祇園祭の姫の像の大長刀（なぎなた）の意味合いを直感させる。

22　大和朝廷の北限と南限

『万葉集』の歌の南限と北限とを調べれば、大和朝廷の統治の辺境が奈辺にあったかが判る。まず、北限の地には、天皇（すめろき）の御代栄えむと東（あずま）なる陸奥山（みちのくやま）に金花（くがね）咲く（四〇九七、巻十八）という大友家持の歌が残る。今の宮城県涌谷町である。天平二一年（七四九）陸奥国小田郡（涌谷町）からの黄金が、東大寺の大仏を鍍金するため、聖武天皇に献上された。越中国守として高岡にいた家持は、聖武天皇の「陸奥国より金を出せる詔書」を賀ぐ長歌と反歌を詠み、その反歌が「須賣呂伎能　御代佐可延牟等　阿頭麻奈流　美知乃久夜麻尓　金花佐久」という前掲の歌であり、長歌は、その一節に

うみゆかば　みづくかばね　やまゆかば　くさむすかばね　おおきみのへにこそしなめ　かへりみはせじとことだて（海行者　美都久屍　山行者　草牟須屍　大皇乃敝尓許曽死米　可敝里見波勢自等許等大弖）

（四〇九四、巻十八）

とある。この涌谷の産金を祝った長歌が昭和の国民歌謡「海ゆかば」の本歌である。

南限の地には、『万葉集』の編纂に関与した大友家持の父である大友旅人と長田王とが、いずれも、鹿児島県の西北部の長島町と阿久根市の間の黒之瀬戸という海峡を詠った歌が二首ある。八代海と東支那海を繋ぐ幅五〇〇メートル、長さ四キロと狭い海峡で、急流のため干潮時に渦潮が発生して、薩摩の隼人の瀬戸と知られた。「帥大伴卿、吉野の離宮を遥かに思ひて作る歌」との詞書がある大伴旅人の歌は、

隼人（はやと）の瀬戸の巌も　鮎走る吉野の滝になほしかずけり（九六〇、巻六）

とあり、長田王の歌は、

隼人の薩摩の瀬戸を雲居なす遠くも我は今日見つるかも（二四八、巻三）

とある。大友家持は、藤原仲麻呂暗殺計画に加担した疑いで、天平宝字八年（七六四）に薩摩守に左遷され、薩摩国府が置かれていた、新田神社のある、今の薩摩川内市に赴いた。父大伴旅人も薩摩にゆかりのある人で、養老四年（七二〇）隼人が大和朝廷に反乱を起こしたときに、征隼人持節大将軍に任命され、鎮圧のため薩摩に赴任した。大伴旅人が黒之瀬戸を訪れ歌を詠んだのはその時

だ。

『万葉集』の北限の歌に東とあり、南限の歌の長田王の歌に薩摩の表現があるのは、「ア・つま（あそこの端）」と「サ・つま（そこの端）」（黒之瀬戸が南限であるとすれば狭い海峡となる。神武天皇はご幼名を狭野尊というが、狭をさ、と読む狭野神社もある）とを対とするとする西郷信綱の説を補強しているようだ。南限の地を詠んだ大友旅人の歌に薩摩という字がないのは、海峡周辺をもともと支配していたのは隼人で薩摩ではなかったことを示している可能性もある。

北限の地を詠んだ、大友家持の歌も東と詠みながら、東の枕詞の「鳥がなく」を省略してあるのは興味深い。「鳥がなく」については万葉仮名で書かれているものと、鶏鳴と表記されている場合とがあるが、柿本人麿のように漢文の素養がある詠み人の場合には、鶏鳴は、鳥鳴けり、夜が明けた、朝だ、暁だ、曙光の出る一瞬だと、理解することが必要で、東国の言葉は都人に理解し難く、鶏が鳴いているようだからとする説、鶏が鳴くぞ、起きよ吾が夫の意で、吾夫になったとする説、鶏が鳴くと東から日が昇るからだという説などは荒唐無稽でしかない。南島では暁を「ハートゥキ」、夜が明けてからを「シトゥムイティ」（しののめ）とはっきり時間を区切っていた。鶏が鳴くのはまだ夜のとばりの中で、天には星が瞬いている時間だった。あけぼのは、しののめの太陽が出て、ぱーっと天地が明るくなる一瞬を想わせるが、『枕草子』が春は曙と言い切っている。そうなると『万葉集』の北限の歌は、殊更に夜が明けたなどと枕詞を並べずに、黄金が出て大仏殿に使われることを慶賀して、夜が明けるどころか、東国が燦々と日光を浴びている昼間の光景を想像させる歌ではないだろうか。東国を侮蔑するような内容は微塵もない。鳥と鶏とは異なる。『万葉集』の読みには鳥（とり）三例、鶏（かけ）一例、鶏鳴（アカトキ）一例がある。暁に鳴くのは鶏で、燕雀は鳴かない。

東（あずま）の用例は、景行天皇が日本武尊に東征を命じた際に「山の東の諸国を号けて吾嬬国と曰ふ」と伝えた例と、『常陸国風土記』に「古は、相模の国足柄の岳坂より以東の諸の県は、惣べて我姫（あづま）の国と称ひき」との例が見える。『万葉集』では東歌を東海道の遠江と東山道の信濃より東の国々の歌とする。天武天皇が壬申の乱で「東国に入りたまふ」とされたのは、東海道の伊賀以東を示す。時代が下がるに従って、東国の隆盛と範囲が広がっているようにも感じられる。大和朝廷が東西の二方面に起用した指揮官の命名が、征夷大将軍と征隼人持節大将軍となっているのも興味深い。隼人は朝廷の衛兵となったが、征夷大将軍は江戸幕府が終わるまで大日本の権力と実力組織を担った。薩摩藩が征夷大将軍徳川氏を倒すべく大政奉還を画策したのは、薩摩藩こそ朝廷に派遣された征隼人大将軍を淵源とする正統の守護大名であるとの自負からではなかろうか。

23　大倭豊秋津島とトンボ釣り

秋津島とはわが日本の列島のことである。形がトンボの秋津あかねに似ているからとされる。『日本書紀』では「大日本豊秋津洲」、『古事記』では万葉仮名で大倭豊秋津島と表記される。トンボにあてる漢字は蜻蛉で、カゲロウとも読む。筆者のふるさとの徳之島の松原集落では、トンボをイージャンボーラという。同じ島の別の集落では、大日本（おほやまと）の古語のあきつに繋がることをはっきりさせて、トンボをあけずと呼ぶ処もある。『与論方言辞典』には、「ベール　トンボ、トンボ類の総称。トンボの種類には、二ボー、カバーシ、ピング、トーグイ、ドゥーガンマ、マッコー、ナベーラ、ノーダキ、ウイカバー、アーカンジャなどの種類がある」と書かれている。与論島では、トンボをベールという。トンボを捕ることをベールクヮーシャーとしているが、魚を釣る人をイュー（魚）クヮーシャーというから、トンボを捕る感覚は、素手や、とりもち、網で採る感覚ではなく、魚を釣る（クヮーシ）感覚と同じであることがわかる。

珊瑚礁のかけらで白い棒状の石を二本用意して一メールくらいの感覚を置いて糸の両端に結ぶ。それがトンボ釣りの道具である。トンボが飛んでいる時に空中に放り投げると、虫の餌と見間違って飛び込んで来て、糸に絡まって落ちてくる。トンボ釣りの小石を何度も根気よく空中に放り投げなければならないから、そのうち疲れ果ててしまうが、トンボが糸に絡まって、文字通りのキリキリ舞いで落ちてくるのには驚かされる。調べてみると、ヤンマなど大型トンボを捕る方法として、日本の各地で似た方法が伝承されている。

京都では、トンボ釣りのことをブリというらしいが、狩猟用具のスペイン語起源のボーラ（Bolas）の発音に似ている。ボーラとは、複数のロープの先端に球状のおもりを取り付けた狩猟用具である。投擲武器でもある。複数の石または金属球またはゴムや木の錘を、革紐やロープや鎖やワイヤーなどで繋いでいるが、トンボ釣りと仕組みの基本は同じである。エスキモーが野鳥を捕るために使い、南米のインディオは、ダチョウ狩りのために使っている。インカ帝国ではスペインから持ち込まれて野生化した馬を捕獲するために、三個の錘が付けられたボーラが使われている。インカ帝国では、武器としても使用された。日本では分銅鎖がついて、忍者が用いた隠し武器がある。敵の骨を木っ端微塵に打ち砕く威力があるので、微塵（みじん）という名が付けられている。近距離で投擲して小動物を捕獲するための長い革紐上の道具を、ゾラというと、十五少年漂流記は記録する。

在京の松原集落の出身者は、桜が満開の季節を見計らって東京の洗足池で、花見会をしている。満開予想の当たり外れはあるが、第七十八回目の花見会が今年（二〇一六）も開かれた。その席で、幼稚園の同級生の香焼節子氏から松原集落誌のＤＶＤを頂戴した。平成二七年二月十五日の日付と、「松原上区　松元勝良」とラベルに書かれている。フンジュとは大きな溝という意味だとのことや、グスク山があり、琉球のノロ神を祀り、琉球王国の按司（あじ）がなしの話が続く。矢竹（やーでー）がわざわざ植えられているとのことや、生きマブイ（魂）のことも説明される。外便所は、屋敷の入口の左側にあり、ケンモンなどの魔物に追われたときには、外便所に逃げ込めばいいとの話が語られるが、ビデオでみると、現代の外便所は、もはや南島雑話に図示される不潔な構造ではなく、水洗座式の清潔なトイレになっている。集落の背後の山の名前も興味深い。地図には天城岳（あまぎ）となっている。島では、イカ釣りの豊饒の海をイキャウン（烏賊海）と云った。イカ釣り漁に、手こぎの船で出漁するが、ハーラと呼ばれる丸い編カゴのような形の雲が山頂にかかったら、天候が悪くなるので、港に引き揚げる目印にしたから、雨気岳が本当だろう。命からがら逃げずに済ませる山が雨気岳で、そこには、ノロの拝所もしっかりとあった。伊豆にも天城山があるが、海上天気予報の山に違いない。雨気岳の麓に大城（ふーぐしく）があり、ノロは、集落を回った。ノロが回ったウントニとシュントニという拝所が今も集落に残り、アクチの木が植わっている。何百年経っても大きさも太さもそのまま変わらない木で、植えた人も判らないと解説している。トニというのは、筆者は、古代朝鮮語にもある、谷、窪みのことではないかと推測するが、豚（ワー）の餌を入れる丸太を削ったものをワン（豚の）トーニということはもう書いた。七貝浜の浜降り（はまうぃ）は懐かしい。芭蕉布（ばさぎん）の新衣（みーぎん）、新築の家（みーや）、草履（さば）、赤ん坊に至るまで、全ての新物（みーむん）を、海辺の潮で浄めた。赤ん坊に砂を踏ませる行事はミーバマ（新砂）クマシだ。浜降りで、ブンブン凧を揚げた。川に橋はなく、水を掛け合う禊ぎをしながら渡った。東南アジアのタイの水掛（ソンクラーン）の祭りと同じだ。松元氏が収集したミニ資料館に、カニ採り籠のアローや籾を擦って玄米にするシルシという道具も残る。法螺貝が、猪を追う犬を呼ぶ笛としても使われていたのだ。

さて、子供の頃に楽しんだブランコを島口でなんというか首をひねってようやく、ウジラギといぅと思い出した。都会の陋巷で、忘れられかけた島言葉を保存する生きた化石の役回りの年になるとは思わなかった。

24 自立・自尊の先駆者たち

二〇〇三年一一月三日から九日まで、故正垣親一氏の三周忌を兼ねて銀座の澁谷画廊で「追悼のロシア展」が開催され、筆者も参加したことを記憶する。それから一〇年以上の月日が経過して、故正垣親一氏と行動を共にした片岡みい子氏に、東京の郊外のレストランでお会いしたのは、二〇一五年五月五日のことだった。早いもので、正垣氏が逝去されてから一五年が経っていた。御墓参りに行けずに義理を欠いていると感じて、沖縄大学で教鞭をとる共通の友人である緒方修氏がわざわざ沖縄から東京に出かけてきて、これまたお互いに共通する知り合いが経営する田園都市線沿いのレストランで会食をすることになり、図らずも、故正垣親一氏を偲ぶ会になった。死ぬ五日前に令夫人となった片岡氏は『たいへんよく生きました』と題して、正垣親一という「90年代ロシアの支援に奔走し、ロシアとともに生きた男の半生を、パートナーの視点から描いた胸に迫る追悼のドキュメント」を二〇一五年二月に単行本として出版しているので、詳細を委ねたい。

モスクワの独裁政権が国際共産主義の中枢であったときには、全体主義のソ連を正面から批判して闘う日本人はほとんどいなかった。どちらかと言うと、社会主義体制礼賛勢力が幅を利かしており、日本の大方の反体制左翼知識人はソ連全体主義の暴虐を見て見ぬふりで追従するかあるいは沈黙するばかり。そのなかで、故正垣親一氏は国際サハロフ委員会のメンバーとなって、正面からソビエト全体主義の抑圧機構と真っ向から対峙した。ソ連が崩壊した後の混乱の中では、いわゆる組織に頼ることをせずに、私財を投じあるいは募金を集めて、無料食堂などの救援活動を実行した。「日本円が一〇円あれば、一食が可能になる」とも言っていた。片岡みい子氏による新刊書は、壮絶な闘病生活はもとより、並外れた行動力をもった故正垣親一氏を追悼するばかりではなく、愛の賛歌ともなっている。（ソビエトウォッチャーのひとりロバート・コンクェストのことを書いたら、米国で自由勲章を受章されたとの記事が目にとまった。比較するわけではないが、故正垣親一氏の功績は、人間の自由を守った英雄と呼ぶに値すると思う。絶え間なく発信され続けた膨大なファクシミリの記事などは日本のどこかに残っていないだろうか。もし残っていれば、ロシアの地下抵抗活動についての貴重な記録になり、日露友好のための証拠になることは間違いない）

二〇〇〇年八月三日、ロシアの文豪ソルジェニーツィンが逝去した。ソルジェニーツィンは独裁者スターリンの体制下で逮捕されたが、収容所生活を描いた文筆活動が注目され、七〇年にはノーベル文学賞を受賞した。外国に追放され、米国ヴァーモント州での亡命生活を余儀なくされたが、スラブ民族主義者として、ソ連崩壊後の祖国の再建のためにロシアの伝統を大事にすべきだと主張して、欧米の市場原理主義の移入を厳しく批判した。ロシアが第三世界化される可能性についても批判を加えた。むしろロシア復権を強調するプーチン大統領を称賛するソルジェニーツィンの晩年であった。アンドレイ・アマルリク氏や正垣親一氏が存命だったら、プーチン政権にどんな論評を加えただろうか。

アンドレイ・アマルリク氏は「一九八四年までソ連は生き延びれるか」という論考を書いて、一九七〇年にニューヨークのダブルデイ社から単行本となって刊行され、その名が知られるようになった。アマルリク氏は反体制の知識人として、一九七〇年一一月にソ連の官憲に逮捕され、カムチャッカのコリマの収容所に送られている。五年の流刑を終えて、モスクワに帰った。イスラエル行きをソ連官憲は勧めたが、拒否して同年九月に再度逮捕される。七六年にオランダ行きのビザを入手して、ユトレヒト大学で教鞭をとることとなり、その後米国に移った。アマルリク氏はまず高校を卒業する前に放校され、五九年にモスクワ大学の歴史学部に入学している。大学では九世紀のロシアにおいて果たしたスカンジナビア人とギリシャ人の役割をスラブ人よりも評価するとする論文を書いて、大学当局の逆鱗に触れ退学処分を受けている。六五年五月に逮捕され、トムスク近郊の村に送られるが、父の死があって、モスクワに帰ることが許される。タタール人芸術家、ギューゼル・マクディノーバと結婚したのはこの頃である。弁護士の支援もあってか、二年半の刑が短縮され、六六年二月には、またモスクワに帰ることとなった。六八年のチェコスロバキアに対するソ連侵攻の事件後、いよいよ弾圧が強まるなかで、六九年五月と七〇年二月には、アパートの捜索を受けている。ダブルデイ社から刊行された『一九八四年までソ連は生き延びれるか』は、むろん、ジョージ・オーウェルの全体主義批判をもじった名著からとった本の題名であり、一種の文学的預言書としては受け入れられたが、当時まともにソ連が崩壊することになるなどと考える者は、ソ連の内部にはもちろん、外部の欧米世界にもいなかった。ソ連の政治経済の体制について、西側は過大評価して強固な物であると判断しており、それが一気に崩壊することになるなどとは誰も考えていなかった。アマルリク氏の預言は的中したのだ。アマルリク氏は一九八〇年一一月一一日、マドリッドで開催された、ソ連崩壊の仕組みを作った、情報の自由に関するヘルシンキ合意の見直し会合に赴く途中、自動車事故にあって死んだとの報道がインターナショナル・ヘラルド・トリビューンの記事で見かけた。ギューゼル夫人と同乗していた二人の亡命者は軽傷だったというが、アマルリク氏の死亡事故は、ソ連の秘密警察によって仕掛けられた事故死だとの説は根強く残った。筆者が、ボストンで同氏に出会ったのは、一九七七年の秋だったと思う。夫人は文字通りの奔放な芸術家で、普通の米国人であれば、敵対しないように猫なで声で、学生の絵を誉めそやすばかりであるが、夫人は好悪をはっきりさせて、絵の上手下手を明快に、遠慮なく批評した。ハーバード大学のあるケンブリッジの大学生協の裏にある、芸術講座の講師としての批評は、辛辣を極めた。アマルリク氏ご本人は、こげ茶色のブレザーを着こなして本当に穏やかな話し振りの紳士で、胸もとのポケットに挿した赤いバラが良く似合った。シャーリーテンプルの息子が同級生にいたので、筆者の安アパートに招待したら、その学生がタキシード姿で現れたのには驚いたが、アマルリク氏は、それにもまして、しゃれた出で立ちであったことが記憶に残る。アメリカの摩天楼文明のビル街よりも、ニコライ・ベルジャーエフのパリのカテドラルの伽藍の方が似合う夫妻だったから、その後に米国からフランスに渡り、スイスに近い国境の町に別荘のような自宅を構えたと聞いていたが、夫の事故死のあと、令夫人はロシアに戻られたのだろうか。

日本でロシアの地下・反体制運動に呼応して活動した、正垣親一氏のことも忘れないで記述しておくことが必要である。正垣氏は一九四七年七月二〇日、両親の疎開先の長野県で生まれている。成城高校時代は水球の選手とした活躍した。東京外国語大学のロシア語の学生となり、アルバイトとしてはじめてソ連へ行ったという。そのときに、社会主義礼賛一辺倒の日本国内の動向とは裏腹に、ソ連の全体主義が実は陰鬱な抑圧の国家体制であることに正垣氏は初めて気づいたという。商社に就職して、いよいよソ連の体制の矛盾に気づいたと聞いた。筆者が正垣氏の著述に触れたのは、ソ連の国際短波放送を用いた政治宣伝について書いた論文で、西側の放送を自国民に聞かせないためのジャミング（電波妨害）の仕組みなどを解説した、中央公論に掲載された論文であった。当時すでに国際サハロフ委員会の委員で、良心の囚人を救出するための葉書を出す運動などを実行されていた。ソ連で発行される地下出版物などを編集して、それを邦訳して出版する活動もされていた。一九八三年からはソ連の地下出版物、サムイズダートの発行、二年後の一九八五年からは、ロシア専門家としての正垣氏自身の論評を加えたニュースレターを精力的に発行して、ソ連の圧政の実態について、日本の内外の読者に知らしめた。ファクシミリ送信でそのニュースレターは頻繁に送られた。まだインターネットの時代ではなかったから、相当の手間暇がかかっていた。政府の息のかかったラジオプレスの情報を凌駕するような内容を惜しげもなく配信した。筆者が、後にミュンヘンの「自由ヨーロッパの声」の放送局に視察に行ったことなどは、やはり、正垣氏の影響を強く受けたことは間違いない。ゴルバチョフ政権になり、ソ連入国が正垣氏にも認められることとなり、頻繁に訪ソ取材して、雑誌や新聞の記事として発表した。日本の左翼の国会議員が、モスクワの集中暖房のシステムを誉めそやしていた頃に、正垣氏は石油ストーブや白金懐炉と自由の関係を説明し、無料の医療が注射針の使い回しにすぎない拙劣な状況にあること、食料の無料配給が欧米では家畜用の穀物がロシアでは黒パンとなって配給されている実態を明らかにした。ソ連崩壊後の混乱の中では、組織に頼らず、個人の力でモスクワで、無料食料運動に取り組んだ。家業で、乳酸菌飲料を製造販売しておられたから、小田急線の南新宿駅の近くにご自宅があり、駅前の中華料理屋で、さんざんおいしい料理をご馳走になった。筆者が沖縄に赴任したときには、片岡みい子氏共々尋ねてこられて、那覇空港の近くのアパートに泊まって頂いたこともあった。沖縄で浅いプールに飛び込んで、鼻骨を折って血を流したことも後で聞いた。正垣氏は強度の近眼で、トルクメニスタンの深い温泉洞窟で眼鏡泥棒を追いかけたそそっかしい話も聞いた。正垣親一氏が共著者の一人となった単行本『ソ連と呼ばれた国に生きて』（JICC出版局、一九九二）の「あとがき」に泥棒に眼鏡を盗まれた話が詳述されている。

チベットやモンゴル、トルキスタン、そして台湾や支那など、圧制に苦しむ諸民族の人士が来往し、日本の力に期待を寄せているのを最近はひしひしと感じる。自立・自尊を確立するため、ソルジェニーツィンやアマルリク、そして正垣親一の軌跡をたどることは決して無駄ではない。ソ連の全体主義と同様、郵政民営化を謀る新自由主義の虚妄と、拝金・抑圧・膨張を旨とする帝国主義の圧政がいずれ崩壊することは、単に時間の問題であると筆者は確信するからである。

25　光通信ケーブルを南米まで敷設せよ

マレー半島南端の貧しい漁村でしかなかったシンガポールが大発展したのは、海上貿易の中継地として、インド洋と太平洋とを結び、インドと支那との貿易の交換地点として、地理的に有利な場所だったからだ。タイ南部のくびれたクラ地峡に運河が掘削されれば、その地位は直ぐに危うくなるから、シンガポールは、クラ地峡の開発には神経を尖らしている。南部タイにゲリラが展開していることを良しとした気配すらある。マレー人の土地に支那人が大量に移民して、英植民地体制の崩壊の後、李光耀（リークワンユー）が指導して分離独立した都市国家である。中国共産党が海外で武力闘争路線を展開する一環として、マレーシア北部とタイ南部で共産ゲリラを蠢動させたのは、シンガポールの発展を維持する為の同床異夢と言えなくもなかった。

日本が大東亜戦争に敗れ、米軍が沖縄を占領すると、嘉手納に大飛行場を建設・整備し、フィリピンのクラーク基地が火山爆発で使用困難と見るや、スービック海軍基地もろとも早々に閉鎖し引揚げて、沖縄に基地を集中したのも、極東の要石（キーストーン）としての沖縄の地政学的な特性に着目したからだ。観光客の増大もあり手狭になった共用の那覇空港を拡張して航空自衛隊の機能を高めることは、北の守りの千歳空港と同様の重要性があるが、なぜか空港拡張計画は中断され、宙に浮いている。米国が南支那海における支那の拡張主義に無関心を装い続けるのであれば、国交省の管理する訓練用長大滑走路のある伊良部島に日本が独自の航空兵力を展開することが必要になることも考えて良い。キッシンジャー氏がパキスタン経由で北京を秘密裡に訪問し米支国交回復を画策した際の信号(シグナル)は、渡嘉敷島にあった基地を廃止して、大陸に向けられた中距離弾道弾メースBを撤去する提案であったことはよく知られている。今もその基地の跡は渡嘉敷島の北部に残り、青年の家とかの研修施設になっている。ジェット機の航続距離が短い時代にはアラスカのアンカレージが中継地としてドル箱の免税店などで栄え、特に日本人向けのうどん屋があり、売り子のほとんどは日本からの戦争花嫁さんが採用されていた時代もあった。飛行機の航続距離が伸びてからは、シカゴやニューヨーク、ロサンジェルスに東京から直接飛べるので、すっかり廃れてしまった。港湾施設にも競争があり、釜山がどんどん大きくなって、日本の港湾施設が米国の死命を制する施設ではなくなった。あまり港湾のリストが長くなるといけないとのコメント入りで千葉港が除外される公電がウィキリークスによって表に出た。空港も、嘉手納は勿論のことであるが、横田も三沢もあるので、米国の死命を制する施設のリストに飛行場は入っていない。韓国の仁川に大型空港が整備され、その勢いに押されて、成田や関西空港はアジアから米大陸への乗り継ぎ空港として一時低迷したが、東南アジアから米大陸向けの乗客の利便と信頼を漸く回復した。羽田空港も国際便を強化し、米大陸に直接乗り入れる便を開設している。羽田発は便利で人気がある。台北に桃園と松山の二つの空港があるが、羽田から松山空港に飛ぶと、さながら国内線に乗った気分にすらなる。

海運と航空路線の結節点としての地理が国運に関連することを指摘したが、今は、情報通信回線を確保できるかどうかが生命線となる。ブッシュ大統領が来日して体調不良で倒れたときに、東京発の大ニュースでテレビ画像を送るための衛星通信回線が大東で必要となり、難なく確保されたことに胸をなで下ろした。東日本大震災でも、地上三万六〇〇〇キロの静止軌道にある人工衛星を介して行なわれる通信回線は容量が小さく、僅かながら時間の遅れもあるので、寸秒を争う経済情報の送受信には海底ケーブルが有利である。東日本大震災のときには、幸いにして西日本にある、日米間あるいは東南アジア向けの海底ケーブル陸揚げ地点には損傷がないことが確認され、日本が地震で崩壊しないことを確信した。インターネットなどの情報交換も東京では電源問題を別にして途絶した例はない。グーグル社はサンフランシスコに司令塔を置いて日本支社と連動してすぐさま復旧活動を開始している。ちなみに、米国と支那との間の通信回線は、ケーブルの直通回線がなく、日本の中継が切断されると中米間の通信も遮断されることになるので、日本に陸揚げされる海底ケーブル施設は米国の死活的なインフラと見なされている。日本から中南米に直通する海底線はない。日本を中南米との全ての通信が北米を経由して行なわれている。支那は米国の影響の強い中南米に進出し、グァテマラに第二パナマ運河を建設中である。わが国は対抗策として日本からチリかペルーまで光通信海底ケーブルを敷設し、さらにアンデス山脈を越えてブラジル等と直結する策を講じるべきである。

ちなみに、日本は放射能対策のヨードの大生産国である。黒潮の民は昆布などの海藻食品から日常的にヨードを摂取しているが、陸封の民には殊更にヨード錠剤が必要となる。関東の地下ガス田には世界最大級のヨード資源も眠っているのだ。

26 グローバリゼーションの虚妄

グローバリゼーションと称し、地球がどんどん小さくなって世界が一つになり、国境が無くなったなどという、流行（はやり）の袢纏（はんてん）の言説がある。煽り立てている連中が、自らの言語や制度を優位として押しつけているだけのことだ。これは選民の思想、あるいは唯我独尊の中華思想であり、いつも損をする役回りの諸国民や周辺民族からは抵抗が起きている。米国ではトランプ候補が出現し、欧州では英国の欧州連合離脱が現実の課題となった。世界はどんどん内向きになり、外界の影響から自らを遮断しようとする。外国人が地下鉄や電車の中で大声を張り上げていても、遠慮深い日本人は注意をしようともしないが、江戸時代の鎖国ならずとも、音楽から映画や横文字に至るまで何とか外国勢力と関わりを持たずにいたいとの思いが強くなってきているようだ。

実際、英文学も独文学も仏文学もどんどん全集の出版点数も読む人も減り、女子大学の看板学部も外国文学からはどんどん遠ざかっている。邦画を観る人の数が増えており、ハリウッド映画を観る人の数は増えていない。テレビ局が韓流ドラマを流しても、勧善懲悪に留まらないで陸封文化の政治宣伝の匂いがついた瞬間に隣国への関心は潮が引くように消えていっている。もはや若い日本人はハリウッド映画に近親感を持っていないようで、むしろ欧州の古い伝統文化に、親しみを感じる向きが増えている。音楽だってそうだ。いまだに何々音楽事務所とやらがテレビ番組などを仕切ってはいるが、現実には外国のタレント歌手が全国の会場を回る数はめっきりと減っている。それよりむしろ、日本の漫画が外国を席巻して、「おにぎり」なる食物を食べてみたいと、イタリアの子供が言ったとの話もある。ドラえもんがタイでドラモンとなって子供の贔屓を得たのは、もう二昔以上前になる。フジモリ大統領の娘はペルー大統領選挙に挑んだ。

日本の大企業は外国への留学制度をさっさとやめてしまった。折角カネをかけて留学に送り出したのに、外資企業に引き抜かれてしまう者が続出し、裁判をしてカネ返せと主張した証券会社が出たことも一因であろう。確かに外国礼賛で凝り固まり買弁のようになって帰国する者もいる。なかには洗脳されてエコノミック・ヒットマンと化す人物がいたりするのも、深刻な現実の話である。中南米に起きたシカゴ・ボーイズや、インドネシアのスタンフォード・マフィアのような人士が外国勢力に操られて手先となり、内紛を起こしたことは有名であるが、最近の日本の大企業の社外重役に、外資コンサルのＯＢが続々と就任しているのも気になるところである。まして外国の保険会社の代表が、露骨に国策企業の役員に就任するという隷属・利益相反も発生している。政治家にも、外国留学帰りで、外資コンサル、あるいは外資金融機関のOBが増えているのは気になる。大企業の経営者などは、英米に行くと、英語を喋ることがこれから必須になる、グローバリゼーションを乗り切るためには、英語教育を必須にする必要があるなどと説教する反面で、東南アジアに行くと、なぜ日本語を使わないのか等と急に横柄になることもまま見られる。最近は、欧米への留学など無駄だ、特に一般教養を欧米に行って学ぶことなど無駄だ、留学させるならその経費で上海や北京やバンコクで、あるいはニューヨークで現場実務の研修の方が役に立つと託宣する内向きトップ経営者が多数を占めるようになり、たかだかロンドンやジェノヴァで日本からの輸出品の通関や苦情処理をしただけで、後は本社幹部の豪遊を接待する能力が長けていて出世したような話が、外国駐在話の典型となった。ニューヨーク駐在員や外交出先も、旅行業者顔負けの観光案内に時間をとられていることも事実である。役員会議で英語を使うことにしたとか、会社のロゴマークを横文字にしたとかの大企業もあるが、成功例は見当たらない。パナマ文書に名前が載っていたことから判明したように、外国金融勢力のコンサルとブローカーの薦めに従っていただけという杜撰な話である。これからは、ものづくりの製造会社も部品を外国に注文して、組み立て合体する企業に脱皮するのだと豪語した日本の代表的な電機会社の社長は、自らの発言の甘さと誤りに気付いて、早々と憤死してしまった。ニューヨークに上場した企業の社長などは、相手が接待上手で、自家用の飛行機を使ったり、フラッシュを焚いた大記者会見を開いたり、あるいは、キャデラックの後席に対面ソファがあるリムジンの車を用意して歓待するものだから、自分が世界に冠たる経営者にでもなった気分がするようで、ＩＲ・投資家対策と称し、単なる外国の物見遊山にドルの大枚をはたいて散財を重ねた例が多数ある。日本でカネが余ったとて、外国に上場する必要など更々なかった。島国根性は英国では嘲りの対象ではない。今もグレイトブリテン島と北アイルランド連合王国が正式国名だ。ドバイ、インド、シンガポール、豪州、カナダやカリブに総督を置いている。日本もグローバリゼーションに対抗できる、世界の情報に通じた八紘為宇の大日本（おほやまと）の島国に戻ろう。

27　相模タブノキ紀行

関東平野の洪積台地から相模湾に流れ出す河川のひとつが引地川である。神奈川県大和市の泉の森公園にある湧水を源流として、藤沢市の湘南海岸から相模湾に注ぐ、全長二一・三キロの川である。上流の川縁には千本桜の並木と遊歩道が整備され、中流部には今も水田地帯が残る。下流ではウナギの稚魚（シラス）が獲れる。古代には河川が交通の要路であった証拠に、川沿いに点点と古社が残る。小田急江ノ島線の桜ヶ丘の駅を下車して、引地川沿いに歩くと右岸に田中八幡宮がある。新道下、善光明、札の辻、代官庭という近隣集落の鎮守で、代官庭の田畝の中に鎮座したので、田中神社と呼ばれる。ご祭神は応神天皇だ。そもそも、八幡神社が、源氏が八幡神、応神天皇、百済崑支王を祀った社であるとすると、田中神社も、開拓民が波涛を越えて、引地川を遡って辿り着いた地点を記念する故地であると想像することは、これまで訪れた、霞ヶ浦の高浜神社の近くの台地の崖や、品川の鹿島神社近くの台地の崖にみられるように、引地川の段丘にも古くからの墓地が残ることから、上陸地として納得できる推論である。桜ヶ丘駅の隣駅の名称が高座渋谷駅であるが、相模国の高座郡の東側の中心地であったからである。高座郡の西部の海老名には国分寺があったし、寒川には一の宮として寒川神社が建立されている。引地川と、富士山麓山中湖を源流とする大河の相模川の豊饒の流域が高座郡となったから、相模国の中心として発展した。神社の密集地帯である。当初の高倉郡から後に高座郡に名称が変わっているが、高倉郡は高句麗を表す「高倉」の地名から採用されている。クラとは崖である。ちなみに、武蔵国の新座郡は、新羅人が中心になって郡が置かれたから新の字がついて、当初は新羅郡、「にいくら」としたことは、高座の場合も同様である。藤沢市に高倉という地名の町域が今もある。

田中八幡宮の背後の河岸の段丘の上の私有地にタブノキの巨木が屹立している。樹高一七メートル、幹廻り三・七八メートル、樹齢約五〇〇年であり、大和市の重要文化財・天然記念物に指定されているとの標識がある。桜が丘駅から歩いて約半時間の距離である。高座渋谷駅からも同じような距離にある。地番は、「大和市代官一―十九―七」である。自然な枝振りで、枝も剪定されずに繁茂して、側道に垂れ下がっているほどだ。枝葉を観察するには、最適の木であり、名木と呼ばれるにふさわしいたたずまいである。坂を下ると、鬼子母神の御堂があり、神社ではないから柏手をうって参拝してはいけないと張紙がされていたが、日蓮宗の信徒の多い土地柄にもなっているのだろうか、田中神社にもお寺の影響があり、神仏混淆の気配が強いとの記述があるのは、土地柄がそのせいかと想像した。

高座渋谷駅の駅前のビルの五階にはスーパー銭湯があって、夏の散歩の後に汗を流したいところだが、鎌倉に急いで向かうことにして、片瀬江ノ島行きの電車に乗った。鎌倉に行くためには、藤沢で江ノ電に乗り換えるのが便利であるが、終点まで小田急線に乗ったから、小田急線の終点から江ノ電の江ノ島駅までかなりの距離を歩くはめになった。江ノ電の長谷駅で下車して、線路にそって極楽寺方向に戻るようにして歩くと御霊神社がある。御霊神社には樹齢三五〇年。高さ約二〇メートル、幹の回り四メートルのタブノキが社務所の隣に聳えている。御霊神社の近くの長谷寺にもタブノキがある。鎌倉の長谷寺は、奈良の長谷寺の開基を招請したと伝えられ、本尊は奈良の長谷寺と同じく、十一面観音像である。タブノキは山門の左側にあり、大きなコブの幹があるが、枝葉は短く奇麗に選定されている。根元の近くには、若い芽がもやしのように生えて来ていた。寺域の中にもタブノキがあるかどうか、寺守の婦人に聞いてみると、境内入口の左隣にもう一本、タブノキがあるという。紫陽花寺として有名であるから三〇〇円也の拝観料を支払うと、確かに「椨の木」と札のついた木が寺務所の脇にすぐ見つかった。本堂からの帰りの坂道の出口の崖にある樹木もタブノキではないかと思ったが、逆光で判別できなかった。

長谷寺から歩いて五分の甘縄神明宮にはタブノキが繁茂している。祭神は天照大神で、行基が草創し、豪族の染屋時忠が建立した、鎌倉で一番古い神社だという。長谷の集落の鎮守で、公会堂があり、神輿が二基保存されている。甘縄の「甘」は海女で、「縄」は漁をするときの縄だろうとの説があり、源頼義が祈願をして義家が生まれたと伝えられ、後に義家が社殿を修復し、源頼朝も社殿を修理し、荒垣や鳥居を建てたといわれる。北条政子や実朝も参詣したと伝えられ、石段の下には、「北条時宗公産湯の井」がある。近くに作家の川端康成の旧宅があり、小説「山の音」に登場する神社がこの甘縄神明宮だとのことだ。御霊神社、長谷寺、尼縄神明宮のそれぞれのタブノキは、相模の国の海岸段丘の崖に黒潮の民が手ずから植えたのだ。神明宮の高さが昔の津波の波頭が到達した高さを今に伝えているのではないかと想像することしきりであった。

28 鎌倉長谷寺十一面観音像は天武天皇

鎌倉の長谷寺は、奈良桜井の長谷寺の開基を招請したから、奈良の長谷寺と同じ十一面観音像を本尊とする、と先回書いたが、案内書によると、養老五年に二人の仏師により巨大な楠の霊木から二体の観音像が三日三晩にして造顕され、一体は奈良の長谷寺の本尊となったが、もう一体は行基菩薩によって海中に投じられ、その後十五年が経った天平八年に相模国長井浦の洋上に忽然と顕れた。その報を受けた奈良桜井の長谷寺の開基、藤原房前（ふささき）によって鎌倉に遷座された、という。

ところが、奈良の長谷寺そのものが、九州の筑紫から藤原氏の手によって移築されたとの説もある。建物は解体して運ばれたが、本尊の仏像は像高三丈三寸（九・一八メートル）にも及ぶ木彫仏であるから、筑紫の観音山から引き出し、筏にして筑後川を下り、有明海へ出て、そこから九州を南に回って薩摩半島を過ぎて黒潮の流れに乗せて運んだのである。しかも、もともと筑紫にあった観音像は、天武天皇が崩御された年に造られたから、奈良と鎌倉の長谷寺の観音像は、天武天皇に生き写しの像であり、仏像を納め観音経を説いた大官大寺は、今の福岡県朝倉市秋月近くの長谷山にあった観音堂に比定される。鎌倉の長谷寺に筑紫の長谷観音がはるばる筑紫の隠国の泊瀬から遷座して奇跡的に鎌倉に残り今日に至っているとする説である。鎌倉において日蓮は法華経を唱えて外国からの侵略の危険を説いたが、その法華経の「普門品第二十五」が観音経である。鎌倉幕府は文永の役、弘安の役という再度の蒙古襲来を辛うじて防いだ。唐の占領軍を九州から追い払った天武天皇が鎌倉に長谷観音として鎮座されていることは先回のタブノキ巡りの際にも気付かず、知識となっていなかった。

北九州市の八幡市の出身で、横浜市役所に長年勤務した作田正道氏が、平成二一年から現地調査を開始して、四年の執筆期間を経て、平成二七年一二月に東京図書出版から出版した『あをによしの発見』は、筑紫にあった朝廷が八世紀の初めの西暦七二〇年に藤原不比等によって滅ぼされたのではないか、大和朝廷は長谷寺の観音像のように筑紫から移設されたものではないのか、『日本書紀』、『万葉集』、『続日本紀』の歴史記述は改竄されていて、壬申の乱の真相とは天武天皇による唐からの日本国の独立戦争であったこと、柿本人麿の『万葉集』の歌には、朝鮮半島で戦死した舒明天皇を偲ぶ歌があること、藤原鎌足は不比等の出自を隠すための架空の人物である、大宝律令の制定は、筑紫にあった朝廷により太宰府で行なわれた、等の真実をすべて消し去ったとしている。養老四年九月二八日の『続日本紀』の記述として陸奥国で反乱が起きたとするが、これを作田氏は「反乱ではない。反乱を起こしたのは藤原氏である。筑紫朝廷の持つ神性に忠誠を誓い、その優れた文化に心酔し、自ら日本国の一員であると認識していた東北の人々による、天皇への反逆者であり野蛮な文明破壊者である藤原氏に抵抗運動が起きたのである」とも書く。

『あをによしの発見』は四〇三頁の大著で、第一章から第七章までである。第一章は「御井(みい)とは何か」

と題して、筑後一の宮の高良大社の御井の地名に着目し、『万葉集』に現われる御井という言葉を全て拾い出し、合計八ヶ所が出てくることを発見して、これが福岡県中西部の高良山の鳥居前町の地名ではないか、高良大社とはどんな神社なのかを明らかにする。第二章「御井から見える伊勢神宮」では、『万葉集』の歌三首に基づいて、御井から伊勢神宮が見えることを明らかにし、筑後川河口付近の古代の有明海に、神風の伊勢の海の景色があったのではないかとする。吉野ヶ里遺跡が伊勢の斎宮であり、「山辺の御井にして作れる歌」の、海の底奥つ白波立田山いつか越えなむ妹があたりみむ、の有明海の大きな干満の差から生じて眼下の筑後川を白波を立てて遡る海嘯を詠ったとする。第三章は「万葉集五二番の歌」と題し、四つの山を検証し、大分県九重町後野上に吉野神社を発見して、柿本人麿の歌う吉野川とする。通説はこの歌を藤原宮の御井の歌としているが、四つの山が示す都は藤原京ではなく、かつて大分県日田盆地にあった都を示しており、その都こそ、「あをによし奈良の都」であるとの結論を纏めている。第四章「天孫降臨」、第五章「神武東征」においては、葦原中国とは有明海北岸から筑後川流域を指し、天孫降臨とは現在の福岡市西区金武から背振山を越えて吉野ヶ里へ赴いたこととして、神武東征も天孫降臨の再現をしようとしたのではないかと論じる。第六章では、唐の占領軍が太宰府に駐留しており、天智天皇が筑紫都督として唐から帰還する前の西暦六七〇年に天武天皇が日田に奈良の都を建設し、壬申の乱は天武天皇による唐からの独立戦争とする。第七章は朝鮮半島における唐・新羅・高句麗・百済・倭国の関わりを支那の王朝変遷と共に観察し、舒明天皇の新羅との戦いでの戦死と白村江の敗戦、中大兄皇子の投降を三国史記等から推理、中臣金連の子藤原不比等が西暦七一五年に志貴皇子を暗殺し太宰府を侵略したと断じている。

29　相模のタブノキを巡って

『万葉集』の東歌で「相模嶺の雄峰見過ぐし忘れ来る妹が名呼びて吾を哭し泣くな」と詠われる大山（おおやま）が相模の国にある。山頂には磐座があり、阿夫利神社の本社とされる。中腹に阿夫利（あふり）神社下社、大山寺が建っている。今では山麓から下社までケーブルカーで楽に登ることができる。小田急小田原線伊勢原駅からバスに乗って山麓のケーブル駅に行き、そこから大山寺駅を経由して下社最寄りの阿夫利神社駅に登るが、下社からの相模平野の眺望は絶景である。下社から大山山頂までは徒歩で一時間半ほどだ。その大山の北東の山麓に清川村がある。昭和三一年九月末に煤ヶ谷村と宮ヶ瀬村が合併して清川村となるが、平成一三年に宮ヶ瀬ダムが完成して、ダム所在地としての交付金が約八億五〇〇〇万円あり、村の財政は健全で、地方交付税の交付がない富裕な地方自治体となっている。神奈川県唯一の村だが、人口三五〇〇人規模を維持している。タブノキの巨木があるのは清川村の古在家という集落の茶畑の中だ。村役場の近くに道の駅があり、その駐車場に車を停めて、そこから主要地方道伊勢原津久井線（六四号線）沿いに次の集落の古在家に歩いて行くのが便利だ。古在家のバス停を過ぎ北の方角に歩くと、一級河川の子鮎川にかかる中川橋があるが、その手前に（株）山口製材の看板があり、更にその少し手前の路地になった急坂を登り、「二八〇〇」という地番のついた人家の庭の脇を通り抜けて、茶畑に辿り着く。その先の斜面に、かながわ名木百選の一つ「煤が谷のシバの大木」がある。左側には墓地があり、墓碑には山口家と刻まれているところを見ると、山への入口という土地の由来が窺える。古在家の次のバス停は坂尻であるから、相模湾から川を遡って最奥で、山がいよいよ急斜面となるとっかかりの地形にタブノキが植えられたことになる。水が染みだすような湿り気のある土地で、古木には洞ができていて蜂の巣があるらしく、枝の下を、特に蜂を刺激する黒い半袖シャツを着て通るのは恐怖を感じる程の夥しい数の蜂が羽音を立てて飛び回っていた。私有地の中にあり、ほとんど訪れる人もなく、今は地元にも知らない人が居るほどであるが、タブノキの上の山の斜面にバイパスの車道工事が進んでいるから、そのうちに道路際に車を停めて車窓から楽に眺めることができるようになる。煤が谷には、八幡神社の社叢林もあるが、カシの大木はあるがタブノキは見当たらない。八幡神社の近くに村立「ふれあいセンター別所の湯」があるが、沸かし湯で天然の温泉ではない。入場料は三時間七〇〇円で、食事をすると一時間延長になり、タブノキ巡りの汗を流すには便利だ。

清川村の隣の愛川町にもタブノキがある。戦国時代に、甲斐の武田信玄と小田原の北条氏康とが山岳戦を愛川町三増で繰り広げられたとされるが、北条氏の田代城のあった場所が今は愛川中学校となり、その校内にタブノキが屹立して残る。校舎の建物の間を抜けると、田代八幡神社があり、その脇にタブノキの巨木がある。清川村のタブノキは古木の風格であるが、中学校の校舎の裏にある巨木は、若々しく空に枝葉を延ばし繁茂する。その全容は、八幡神社の急階段から眺めることができる。愛川町角田にも八幡神社があり、竹囲いのタブノキの巨木が残る。

相模川・道志川流域の山間部になる清川村と愛川町の一町一村が相模国愛甲郡を構成する。歴史的には、現在の厚木市の一部も含まれ、郡衙は今の厚木市内の平野部にあったとの説もある。中世に、厚木市付近に毛利荘が成立し、鎌倉時代初期に幕府の創立に貢献した大江広元の所領となり、後に安芸国に移転して戦国大名・近世大名の毛利家に成長している。愛甲の甲は、河（こう）のことだろう。北部の山間部は「奥三保」と呼ばれ、三浦半島にある地名を名乗る津久井氏が今の相模原市に城郭を築いてから平野部一帯の地名が津久井となって、愛甲郡から分離したという。清川村と愛川町のタブノキは、海から遠く離れた場所に植わっているが、相模国の山に分け入る谷川を遡るときに、その上陸地点の目印に植えられたのではないかと想像するが、その他の海岸沿いのタブノキの巨木が航海の標識のようにもなっていることと同じである。

愛川町の中津神社の夏祭りの一つで、神輿を担いで川に禊ぎに入る行事がある。列島の沿岸で繰り広げられる浜下りの儀式と本質的に同じである。相模国の一の宮は寒川神社であり、茅ヶ崎の西浜海岸では夜明けとともに茅ヶ崎市と寒川町の神社から三九基の神輿が集まり、海に入る浜降祭として有名である。南島における浜下りは旧暦三月三日の祭りとなっているが、これは、旧暦三月三日が潮の干満の差が一年間でもっとも大きい大潮に当たり、この日の干潮時に浜や干瀬がもっとも広がり、磯で魚貝を捕ったり海草を採ることが容易になるからである。愛川町の中津神社の前の小さな水路には豊富な水が滔々と流れていた。洪水になれば社殿を押し流してしまうことにもなるが、またの再生を期して、流れる川の杭となるような樹木を撰んで植え、営々と育ててきた歴史も偲ばれる。

30 「府馬之大楠」というタブノキ

浜松町の貿易センタービルの一階に、房総半島の各方面に向かう高速バスのターミナルがある。「府馬之大楠」というタブノキの巨木を見るため早起きして、銚子行きの高速バスに乗った。酒々井（しすい）のアウトレットに寄り、利根川の堤防に出て、神崎（こうざき）の道の駅に停車、利根川から香取神宮へ参拝する入口である津宮（つのみや）に寄り、筆者は、小見川（おみがわ）で降りた。鉄道の駅とバスの停留所は離れており、成田線の小見川駅まで歩いてタクシーを拾った。府馬までは歩くと一時間半はかかる。日頃は自分の足で歩くのだが、初めての土地でもあり、カンカン照りの真夏日だったから、往路は楽をすることにした。メーターが二〇〇〇円を超える遠距離だったから、タクシーに乗って正解だった。府馬は、標高四〇メートルの台地の北端の小高い丘の上の集落で、天然記念物の標識と共に、根元に注連縄（しめなわ）が張られた巨木が宇賀神社の神木として鎮座している。千葉県香取市府馬二三九五番地の宇賀神社には小さな社殿があり、その前に、訪問者の名前を書く記帳台や説明書などが置いてある小屋がある。宇賀神社は宝亀四年（七三二）宇氣母知（うけもち）神を勧請したことに始まるとされる。地図で見ると、宇賀神社のある府馬は、香取神宮の真南に位置する。「大楠」が大正一五年一〇月二〇日に国の天然記念物に指定されたとする碑には「府馬之大楠」と刻まれ、「山ノ堆（だい）の大楠」とも呼ばれてきたのだが、実は日本有数のタブノキの巨樹である。なにゆえにクスノキと間違えたのか判らないが、近くの香取郡神崎の神崎神社に大楠があり、もともとタブノキはイヌクスと呼ぶ地方もあるので、同じ楠として区別をつけなかったのだろうか。それが昭和四四年に至って、本田正次博士による調査により、クスノキではなく、タブノキであると確定している。樹高約一六メートル、幹周約一五メートル、根周はなんと約二八メートルにもなり、樹齢は一三〇〇年とも一五〇〇年ともいわれている。北側には、小グスと呼ばれているタブノキがあるが、元は「大楠」の枝が地上に垂れ根を張って成長したもので、元々は繫がっていた。その証拠に、江戸時代後期の『下総名勝図絵』（宮負定雄・

川名登編、国書刊行会、一九八〇年）に大楠の図があって、大小の「楠」の枝が繋がって描かれている。平成二五年の台風第二六号で大きな被害を受け、香取市が本体幹の治療などを施して、倒れた太い枝も移植して保存している。「大楠」の北西部は整備されて公園となっており、展望台もある。展望台からは「麻績千丈ヶ谷」とよばれる谷津を眺めることができる。大地の間に枝のように入り組んだ細長い地形の低地を谷津というが、海水面が今より一二メートルは上昇していた縄文海進の時代には、その谷津が海であったことが想像できる。近くの台地の集落である、田部の沖、竹ノ内、小見、高野の各集落を島になぞらえ、「陸の松島」と呼んでいることにも納得がいく。帰りには小見川駅まで一時間半の距離を歩いたのだが、「大楠」のある台地を遠望すると水平線の上に出た島影のように見えた。利根川堤防から地平線が見えたかと知人に聞かれたが、なるほど、関東平野は海が徐々に干上がり淡水湖の霞ヶ浦とともに大平原を成したことが分かる。

麻績と書いて、「おみ」と訓むことは筆者には新発見であった。長野県の筑摩郡の奥に、麻績村という美しい村が今もあることも知った。府馬之大楠を拝観するために高速バスを下車した小見川の小見は麻績と同じなのである。霞ヶ浦航空隊跡地に建てられた記念館を訪ねた際に麻生町があったことを覚えていたが、その麻生町は茨城県行方市の一部となり、府馬のある香取市の霞ヶ浦の対岸に位置する。府馬の高台から望む麻績千丈ヶ谷の名も、麻との関係を証明しているから、この一帯が麻織物の一大生産地であったことを想像させる。辞書には「おみ【麻績】〔「おうみ（麻績）」の転〕

青麻(あおそ)を績むこと。また、それをする人」と解説し、「打麻(うつそ)やし麻績(をみ)の子らあり衣の宝の子らが」と万葉長歌を引く。『延喜式』伊勢神宮神衣祭の項に、「右和妙(にぎたえ)の衣は服部氏、荒衣(あらたえ)は麻績(おうみ)氏。各自潔斎して、祭日一日より始めて織り造り、十四日に至りて祭に供ふ」とあるから、近辺の麻績の谷津の村々では、香取や鹿島の神宮に献上する荒衣が紡ぎ織られていたことは間違いあるまい。

香取市の周辺に大古墳群が散在する。国道沿いにバスの窓からも前方後円墳が眺められた。利根川南岸の自然堤防上に分布する古墳群には、前方後円墳が五基、円墳が六基あるという。江戸時代以前は、香取神宮の前に広がる内海は香取海(かとりのうみ)と呼ばれ、関東平野の東部に湾入して下総と常陸の国境をなし、鬼怒川等が注いでいた。内海、流海、浪逆海(なかさのうみ)などの名があり、鬼怒川が注ぐ湾入部は榎浦と呼ばれ、黒潮の海民の住む浮嶋もあった。神栖神社の巨樹が元は砂地に植樹されたことは書いた。大化の改新の後、匝瑳(そうさ)郡の一部を香取郡とし、香取神宮の神主は大中臣氏(おおなかとみうじ)が務め、奈良の春日大社には、鹿島の武甕槌(たけみかづち)大神と香取の経津主神(ふつぬしのかみ)が勧請されており、藤原氏と深い関係のあることも想像させるのだ。

31　名寄高師小僧と名寄鈴石

北海道の旭川を往訪した。北海道には、台風と梅雨はないと考えていたが、今夏は立て続けに台風が上陸している。（平成二八年）八月の夏の終わりの土曜日に羽田を出発して、一泊ではもったいないので二泊することにして、月曜の午後には帰京する予定を組んだ。台風の接近で月曜夕方から欠航になる可能性があったから、午前中の便に急遽変更して難を免れた。台風は予想通りに翌日北海道に上陸した。内陸の名寄や富良野辺りはもともと低湿地の盆地で、開拓時代以来、土を入れ替えて水を抜く作業を続けて来たというテレビ番組を観たばかりだったが、台風が上陸してジャガイモ畑が水浸しになり、芋は一昼夜で腐ってしまった。予想しなかった台風の来襲で人被害を出した。一方で、稲作が天塩川の流域の名寄盆地で可能になって来ている。稲作の北限はじわじわと拡大している。地球温暖化が喧伝されているが、縄文時代の海進の時代に戻っているだけだとの見方もある。

旭川は屯田兵が開拓した町だ。薩摩の黒田清隆が初代の開拓史を務めた場所だ。酒の勢いで妻を殴り殺したのではないかとの疑惑があり、大久保利通の庇護で助かっているが、開拓使官有物払下げ事件にも関与した人物であり、不平等条約の交渉にも失敗して、何と条約改正案に反対した井上馨への鬱積から、酒に酔って井上邸内に忍び込むという珍事件を起こしたほどの直情短気な怪人である。征韓論をめぐって、西郷南洲とも対立したとされる。旭川の資料館の黒田についての記述は人物論としては省略され、むしろ大蔵喜八郎の鉄道敷設事業等のインフラ整備事業を特別に慫慂する説明となっている。北海道道庁となってからの払い下げ事件の展示は、むしろ肯定的に捉えているらしいのだが、民営化という私物化の収奪が北海道開拓の過程で大ぴらに実行されたことは、近年の構造改革論という収奪と破壊政策と同質同根にあると指摘されて然るべきだ。

石狩国と天塩国の国境にあるから塩狩峠である。『塩狩峠』は三浦綾子による小説およびそれを原作とする映画の題名である。塩狩峠で発生した鉄道事故の実話を元に、三浦綾子氏が日本基督教団の月刊雑誌『信徒の友』に小説を掲載した。塩狩峠にある駅近くに、塩狩峠記念館および文学碑が建てられている。今年（平成二八年）は『塩狩峠』が書かれて五〇年になり、三七〇万部が読まれている。新潮文庫の三浦綾子『塩狩峠』は税込で七六七円である。

「結納のため、札幌に向った鉄道職員永野信夫の乗った列車は塩狩峠の頂上にさしかかった時、突然客車が離れて暴走し始めた。声もなく恐怖に怯える乗客。信夫は飛びつくようにハンドブレーキに手をかけた……。明治末年、北海道旭川の塩狩峠で、自らを犠牲にして大勢の乗客の命を救った一青年の、愛と信仰に貫かれた生涯を描き、生きることの意味を問う長編小説」と紹介している。塩狩峠の記念館には、三浦綾子氏の旧宅と教会堂の一部が移築されている。三浦綾子氏を支えた夫の三浦光世氏が残した流麗な書で、「全世界をもうくといえども己が生命を損せば何の益かあらん春水」と揮毫して掛軸になっているのが深い印象を与える。駅のプラットホームには雑草が生い茂り、鉄道会社の経営の悪さが判る。長野政雄殉職碑は駅近くにある。

宗教宣伝の匂いがするとして嫌悪する向きもある小説だが、福島第一原発の暴走を停めた東京電力の吉田所長以下の現場の人士や、樺太真岡郵便局の電話交換手のように、人命を救うために自分の命を投げ出すという英雄的な行為が現実に起きることを確認する場所としては、塩狩峠は実に美しい場所である。かつて、旭川には大日本帝国陸軍第七師団が置かれ、北辺の守りを担う重要師団として「北鎮部隊」と呼ばれていた。第七師団は日露戦争では旅順攻略戦と奉天会戦に参戦し勝利しているが、先の戦争では北辺の守りに専念従事すべき師団から一木支隊を編成、ミッドウェイやガダルカナル島という南冥の地にまで派遣せざるを得ない戦況にあった。北方専門の山下奉文将軍がマレー半島攻略戦により英国植民地帝国の終焉をもたらした勲功を称えられる間もなくフィリピンに転戦させられ、マニラでの戦勝国による報復裁判で絞首刑となったのは無念である。

旭川から名寄の北国博物館に行って名寄高師小僧を見た。国指定の天然記念物である。愛知県豊橋の高師ヶ原台地で産出するからその名がついているが、褐鉄鉱に近い湖沼鉄である。アイヌはトイチイとかカニトイと呼んで、嘔吐下痢症の薬としても用いたという。要は、たたら製鉄以前に蝦夷地で鉄が湖沼鉄から生産されていたことを今回の北海道行で確認した。北国博物館には名寄鈴石も展示されている。中空になっていて、振ると音がするから鈴石で、岐阜や奈良にも産する。北海道産の褐鉄鉱の固まりが名寄鈴石である。それぞれの標本が箱に収めてあり、手に取ってみることもできる。黒潮の民は、縄文海進の川辺や沖積地に生い茂る蘆葦の原の湖沼鉄を原料に鉄を生産したのだ。列島の鉄は陸封文明が祖ではないとの歴史の重みをずしりと掌に感じる旅になった。

32　わがふるさと徳之島の今昔

ふるさとの徳之島の天城（あまぎ）町出身者で構成する在京の親睦団体が六〇周年を迎えるとのことで講演を頼まれ、「シマッチュの物語」と題して、島の言葉で昔話をすることにした。島の言葉を使って話すこと自体が、自分が「生きた化石」になったことを痛感する次第で、言語は六〇年で入れ替わることがあるとどこかで読んだことを実感したことだ。講演の後に確かめたのだが、言葉が通じずに、講演内容がまるっきり分からなかった人もいた。島出身者でも、聞いて判っても話すことはできない人もいた。島を出たのが小学校の卒業式が終わって一週間後のことだったから、それからあっという間に五五年の月日が経って、島言語保存会の老人会員になってしまったようだ。筆者は、徳之島の三町のひとつである天城町北部の松原（まちやら）の集落の言葉を使った。篤志の知人である岩井克己氏は、黒潮の民の言語の音声標本（?）としてネットに掲載して下さった。

持ち時間は一時間だった。「うっさんげーぬ、ちゅーぬめーなんてぃ話ぐぁーさーゆかや（そんなに多くの人々の前で話ができるかな）」と始めたら、拍手をしてくれた人もいた。まず、天城町の地勢を説明して、天城岳（五三三メートル）、三方通岳（四九五メートル）、美名田山（四三七メートル）、井之川岳（六四四メートル）の山嶺があり、子から、港川、湾屋川、真瀬名川、秋利神川などがあることを説明して、縄文時代の遺跡は、高さ八〇メートル以上の海岸の台地上にあり、弥生時代以降の遺跡は、海岸の二十五メートル以下の砂丘にあると説明した。海から、徳之島の陸地を見ると、海岸はほとんど絶壁で、台地が並んでいるように見えるが、徳之島の南部にある伊仙町に大きな遺跡があり、どちらかと言うと、天城町には、水田などが開けて、岡前田袋とよばれるような水田が広がっている景色があるが、島尻の伊仙町では、天水を当てにする畑作が中心だった。サトウキビ作りが盛んで製糖工場が複数あった。徳之島には、琉球王国の地方行政区分である間切が三つ、東間切、西目間切、面縄間切があった。慶長一四年の島津氏の薩摩による琉球征伐により、与論島以北は、薩摩の直轄領となり、亀津に代官所が置かれた。明治四一年になって天城村が成立したが、そこから、今は徳之島町の一部となったが、徳之島の北東部の集落が東天城村として分立している。大正五年のことだ。西目間切の北部は岡前噯、南部は兼久噯という行政区分に細分化され、今は、徳之島町に属している最北部の金見と手々は、琉球王国の時代には岡前噯に属していた。手々は、石垣を積むことに勝れた技術があり、王国の首里に招かれて築城に携わった。蘇鉄を奄美大島から移植したので、その名残が金見の蘇鉄のトンネルとなっている。天城町の中央部に位置するのが、阿布木名（あぶきな）の集落だ。東部が天城で、海岸部が平土野（へとの）と呼ばれる港町だ。沖縄本島北部に辺土名という集落があるが、同じ名前だ。沖縄の恩納（おんな）と徳之島の面縄（うんのう）も、あてている漢字が違うだけで、南島語では同じ地名だと思う。奄美大島に阿木名（あぎな）という地名があるから、徳之島の阿木名は西阿木名（にしあぎな）と呼ばせるように区別してあるし、徳之島町下久志（しもくし）は、奄美大島の久志と区別するために下（しも）をつけた。兼久に至ってはあちらこちらにある、奄美市の名瀬金久町は、奄美を大島郡として旧大隅国に編入した際に郡役所を置いた場所だ。

徳之島一の大河が秋利神川で、ダムが間もなく完工する。徳之島の水の問題が解決するから、サトウキビの生産力は大幅に伸びる可能性が高い。今は、大きな橋が架かっているが、秋利神川は深い峡谷を海岸に刻んでおり、難所の一つだった。わざわざ谷底まで降りて行ってまた昇らなければ、瀬滝（したき）の集落から、隣の天城町の最南部に位置する西阿木名には行けなかった。船で黒糖の樽を運んだ方が、よっぽど簡単だった時代が長かった。秋利神川に、発電所を作ったのが、浅松啓良技師だ。徳之島出身の先駆者をネットにリストにして公表しているので、ご関心の向きは、「徳之島先駆者の記録」を検索して頂きたい。六甲山や函館ロープウェイの設計者は徳之島出身の人物である。秋利神川の奥の盆地に三京（みきょう）の集落がある。三京には海が見えない場所があり、亀津に来て初めて海を見たという人に会ったことがある。那覇の識名公園は冊封使を接待する際に、琉球王国が大きいことを見せるためにわざわざ海が見えない場所に築いているが、三京は、徳之島の大きさを体験する為にはいい場所だ。昔は不便だったが、今は立派な道路が整備されて直ぐ行ける。平土野から浅間への海岸部には、風葬の跡といわれる洞穴の墓があった。阿布木名の北隣が浅間（あじやま）だ。浅間には、湾屋湊がある。文久二年西郷隆盛が流人として上陸した所だ。浅間には空港があるが、陸軍浅間飛行場とは別の場所だ。浅間の北が、岡前（わーじん）だ。岡前には、海側に川津辺（こうちぶ）と塩浜（しゅうはま）の集落がある。山側は前野（めーぬ）という。西郷隆盛は岡前に寄寓していた。岡前の北が松原だ。上区（うぇーく）、西区、播州（ばんしゅう）、宝戸（ほうどう）に分かれる。銅山があった。北側が与名間（ゆなま）だ。与名（ゆな）は細かい珊瑚が砕けた白砂だ。沖縄の与那原、与那国島の「与那」に繋がる。

33 「島」は「しま」である

徳之島の山の名前のほとんどに、岳（だけ）が使われている。美名田山（やま）の場合は、井之川岳（だけ）、天城岳（だけ）等と異なり、弥生時代の農耕民の新しい島人が付けた名前だろう。古川純一『日本超古代地名解』（彩流社）は解説する（八二頁）。

沖縄本島の山は、岳が三〇で、山が四のみであるが、対馬では岳は七で、山が四二となり、佐渡島ではついに岳は○となり、山が四一、山が六、峯が三になる。津軽半島ではまた岳が多くなる。日本の中央部で後続の人種によって岳が消され山や山に変えられたのであり、岳が山より古いことを意味している。これは山と岳は日本に渡来した時期が異なっている証明である。

山の呼び方は、古い順に、峯、根、嶺、岳、山、峯、山になる。古い峯、根は少ない。先に『遠野物語』に関連して早池峰山のことを書いたが、ハヤチは疾風のことであるから、風の吹きすさぶ嶺の山という意味になる。「ね」は日光や草津、そして南アルプスの白根山の「ね」となって残っている。細かい議論をすると、峯は尖った形状を示しているが、岳はなだらかな傾斜地の連なりを示しているのではないか。たとえば、錦江湾の入口にある開聞岳の秀麗さが岳であり、高千穂の峯となると逆矛が立てられているかのように尖って屹立する山のことである。霧島山はアイヌ語で山のことをキリ、シリなどともいい、シマとは石のことだから、火山岩の山を形容しているに違いない。なるほど、日本国中に霧や桐の字をもつ山や峠がある。徳之島の松原集落では人間の後頭部の尖った部分を「みにしゅし」というが、「みに」は峯に繋がる。一説に、岳は西アジアのウル語のダカンから来ているとあり、語源がペルシアにあるとも説く。

天城町西阿木名には阿木名泊があった。泊とは湊のことだ。沖縄本島那覇の港は泊港である。南の島の地名と北のアイヌ語に、湊を泊とする共通性が認められる。フクロウを北のアイヌ語でも南の島でも、共通してチクフと呼んできたことは、既に証明した。

山と相対している言葉が島である。「し」は衆であり、人である。薩摩の串木野辺りでは、島の人々のことを、シメンシと呼んでいた。「ま」はトポスであり、何処という意味で、沖縄では、どこから来たのか、「マーからチャンが」と尋ねるが、クゥオ・バ・ディス・ドミネ、というような深刻な意味ではなく、マが所と場所を示しているだけのことである。島とは単に水に囲まれた陸地のことではない。県庁所在地の福島や鹿児島は島がついている地名であるが、鹿児島の場合のカゴは、世界一の菱刈金山や、鹿児島市の南にある谷山の錫山の例を引いて、鉱山と関連する地名であると指摘した。勿論、ヤクザの世界でのシマは端的に場所のことを示している。長野の上高地に行く松本電鉄の終点に島々という駅がある。この地名はアイヌ語の石と場所という意味が合わさっているとの説がある。群馬の四万、四万温泉、高知の四万十川、伊勢志摩の「しま」もアイヌ語を語源としているに違いない。

尊敬する作家の明石散人氏は、築地の明石町に居住しておられる。事務所の本棚に群書類従が並べられ、博識に圧倒されるのだが、雑談をしている間に、島の話になった。島を島と呼んでいる間は、どこかよそよそしさがあって、日本人の土着の度合いと関連しているかも知れないとの話になった。確かに、南島論といえば、東京のインテリの流行の袢纏、浅薄な議論でしかない。なるほど、日本海の島でも、隠岐の島であり、佐渡ヶ島であり、飛島であるが、北海道に行くと、渡島はあっても、奥尻島だし、焼尻島であり、利尻、礼文も島をつけて名前にしているのではないかとの話になった。蛍の光の四番の歌詞は、千島のおくも　おきなわもやしまのうちの　まもりなり　とあるが、宮古島、石垣島とあっても、千島全体はそれなりに島と親しく呼称していても、歯舞・色丹から、国後、択捉、そして北千島に至るまで、個別には島であるのは、距離感が残り、近代国家の領有権問題となったことを示している。千島の島々の名前のほとんどはアイヌ語に由来しており、ロシア側より日本列島に近かったのは明らかだ。さらに付け加えると、南島でもアイヌにも、半島という認識はなかったのではないのか。沖縄で今では勝連半島などと呼称している地域があるが、極めて新しい時代に名付けたもので、岬や崎はあっても、半島という定義は、南方同胞にも北方同胞のアイヌにもなく、島の観念があっただけなのではないか。しかも、ロシアでは樺太が島なのか半島なのか知る関心もなかったのではないのか。だから、間宮林蔵が韃靼海峡の瀬戸を探検して「間宮の瀬戸」を確認、樺太が島であることが明確になり、樺太島と千島との交換が日露間で平和裏に成立したのではないか。

　天皇陛下が、平成二九年八月八日に発せられた「おことば」のなかで、「日本の各地、とりわけ遠隔の地や島々への旅も、私は天皇の象徴的行為として、大切なものと感じて来ました」と仰せになられている。辺地や離島などではなく、万民を分け隔てなく、はっきりと島々と定義されておられる。

34　大隅半島紀行

大隅半島への小旅行を敢行した。大隅国が、日本国家の成立と深く関わっているに違いないと、隼人の故地である霧島市隼人町にある鹿児島神宮を初めて参拝したときから気になっていて、いつかは大隅半島中を巡りたいと思っていた。八世紀初めに律令国家が成立するが、隼人が反乱を起こして、日向国は、日向、薩摩、大隅に三分割されていく。余談であるが、種子島と屋久島の二つの島と口永良部島が大宝二年（七〇二年）に多褹嶋（たねのしま）の一国となり、種子島の北部が能満郡、南部に熊毛郡が設けられ国司も任じられたが、後に大隅国が七一三年に成立して、天長元年（八二四年）に多褹国は廃止され、大隅国に編入されたことを書き留めておきたい。それは、多褹国こそが最南端の律令国家の国であり、薩摩や大隅よりも古い歴史を持つことを記憶するためである。隼人の住む大隅や薩摩の半島地域は、南北の律令国家の国に挟まれ、征隼人将軍が任命されて派遣されて結局は隼人は律令国家に組み込まれていった。九州には九国三嶋が置かれ太宰府の支配下に組み込まれた。ちなみに種子島には、旧石器時代の遺跡、九州には見つかっていない古い時代の遺跡もある。また、国の史跡となっている広田遺跡があり、出土品は国の重要文化財である。種子島と太宰府との往来は海路で確保され、島々は栄えていたのである。天武天皇八年（六七九年）に朝廷は種子島に使者を派遣して調査しているが、二年後に帰朝した使者は「多褹人は短髪で、草で作った裳を着ており、粳（うるち）の稲が豊富で、二期作であり、産物は支子（くちなし）・莞子（がま）や海産物も多い」と報告している。蒲は藺（ゐ）のことだが、十島藺草が最も高級な畳表であることは今でも知られている。

　ラ・サール高校で同級生だった日高雄一君は、大阪の設備会社で働いていたが退職して、今は霧島市隼人町に住んでいる。今回は車を貸してくれたばかりか、運転手もしてくれて二人旅となった。大隅半島東串良町にある唐仁古墳群と肝付町の塚崎古墳群に行き、そこから九州最南端の佐多岬を目指すことにした。大崎町の横瀬古墳群には行けなかった。唐仁古墳群は鹿児島県最大の古墳群で、肝付川下流の左岸に一四〇基以上の古墳が点在する。宮崎の西都原古墳群、肝付町の塚崎古墳群、大崎町の横瀬古墳群につながる。唐仁古墳群のうち大塚古墳が最大で、全長一八五メートル、高さが十一メートルの前方後円墳である。古墳をご神体として大塚神社が鎮座している。神社正面の階段は、小さな石を積んだもので歩幅が小さく、苔むしているので滑りやすく、雨の中を上り下りするのは危険なほどであった。国東半島でみた小石を積み上げて参道を作ったようにも見えた。ちゃんとブロック積みの脇道が作ってあったので、帰り道はその楽な方を通った。国の史跡にしては保全が悪く案内板もなく、昭和九年に国の史跡になっているから翌年に建てられた石碑が町外れに建っているだけで、古墳の全貌を知ることはできなかった。あいにく日曜日で東串良町の役場も休みで、色々尋ね回ることもできなかった。塚崎古墳群は、肝付町にあり、五基の前方後円墳と三九基の円墳がある。最大の古墳は前方後円墳の花牟礼（はなむれ）古墳で、長さが約八〇メートル、高さ約十メートルである。日本最南端にある前方後円墳である。古墳群内に肝付町立歴史民俗資料館があり、展示物がちゃんとしている。たとえば、須恵器で、現在の愛媛県伊予市で焼かれたものや、現在の大阪府堺市で焼かれたものが出土品として展示されており、五世紀前半から交流があったことを示している。塚崎古墳群の墳丘配置図も配布され、また、全貌を示す航空写真もあった。資料館の方の説明では、今でも人骨が至るところで発掘されるから、古墳築造の以前の弥生時代から、墓地の気配があるとのことだった。河岸の段丘の縁の近くに築造されていることは霞ヶ浦の舟形古墳なども同様である。資料館で見た興味深い資料は、副葬品としての鉄の鏃（やじり）であった。鉄器を製造することと、古墳築造という大土木工事を可能にすることとが、どこかで繋がっている。鉄の原料として褐鉄鉱の固まりである高師小僧が、近辺に産するかどうかは分からなかったが、古墳の時代に至って鍛冶炉が作られ鉄器が普及したのであるから、志布志の湾に注ぐ河川の蘆原で、製鉄原料が採集されていたに違いないと想像する。最近まで、町や村の鍛冶屋さんが鉄を溶かして細工をしていたのだから、資料館の一階の出口には、近年廃業したと思われる鍛冶屋のふいごが展示されていた。

資料館に、勝海舟の書が無造作に置かれていたのには驚いた。「終日虚心待鳳来」の揮毫が表装されている。松方正義が鹿児島市の大久保利貞に宛てた書状もあった。海舟の書に加え、西郷南洲の書も二幅あった。琉球国の氏族、名護親方を務めた程順則（ていじゅんそく）の流麗な筆跡も展示されていることには驚かされた。程順則は、琉球最初の公的教育機関としての明倫堂の創設を建議し、後に日本各地の寺子屋に普及する六諭衍義(りくゆえんぎ)を清から琉球に持ってきた人物である。ここにも、黒潮の民の往来交流の痕跡が色濃く残る。

35　大隅半島紀行　2

塚崎の大楠は、塚崎古墳群一号墳（円墳）の上に植わっている。日本最大の蒲生の大楠、同じ大隅半島の志布志山宮神社の大楠（天智天皇のお手植えとの言い伝えがある）に次ぐ巨木で、昭和十五年に国の天然記念物に指定されている。薩摩半島の川辺の大楠は、国指定の天然記念物だったが、落雷で上半分が損傷を受け県指定の天然記念物となった。塚崎の大楠と、南大隅町根占の雄川の河口近くの塩入橋の北岸にある南蛮船係留の大楠を実見したが、大隅半島の太平洋側の旧内之浦町南方小田集落の、熊襲親征のため大隅半島に上陸された景行天皇の杖が大木になったとの伝説がある小田の大楠と、志布志の大楠は、最終目的地となった佐多岬に行く方角と異なり、立ち寄れなかった。塚崎の大楠は、平成一九年からの樹勢回復工事で不要な寄生植物が取り除かれ、周囲には歩行橋が設けられて根が踏まれる事のないようにしてある。木の根元には小さな祠と鳥居があり、そこに昇る階段も取り付けられている。楠の木の葉の下陰には芳香が漂っている。蒲生の大楠よりも保存の施設が行き届いていると、同行した日高君は指摘していた。塚崎の徳ヶ崎辰矢氏の畑下に、鹿児島県で初めて弥生時代の住居跡が発掘されたのは、昭和二四年だ。磨製の完全な石鏃や弥生式土器の破片が出土した。昭和三三年にも近くに弥生時代の住居跡が発掘され、塚崎が古墳時代を遡る大昔から、人の住む土地であったことを証明している。

肝付町宮下（みやげ）にある宮富小学校の西隣にある桜迫神社は、神武天皇生育の地との伝承があり、近くの富山は遊行の地であるとされる。桜迫神社は、神武天皇の父鵜草葺不合命が亡くなったとされる西洲宮跡伝承地で、神社から南西方向の叢中に神代聖蹟西洲宮（にしのくにのみや）と刻まれた石碑が建っている。宮下は、宮気、宮宅の字が用いられたことがあり屯倉、三宅とも書かれたと伝える。屯倉とは朝廷の直轄領としての屯田に置かれた倉又は官舎のことであり、御宅、正倉、屯家、三宅、三家等の字を当てることもある。屯倉跡の石碑も肝属川（きもつき）沿いの畑に建てられている。近くに船着き場があって肝属川の水運を利用下に違いない。付近の小字名は、宮上、宮田、宮前、若宮田等と、宮とゆかりのある名前が多い。神武天皇は、鵜草葺不合命の第四王子として宮下の水神棚で誕生され、その胎盤が宮下の「イヤ塚」に埋められたと伝える。桜迫神社の鳥居の脇に、仁王像が残るが、もとは宮下にあった真福寺の門前にあったものが、廃仏毀釈で打ち捨てられて、後年発掘されたものである。ちなみに、薩摩藩では、廃仏毀釈は、明治の新政府が成立する以前からはじまっていた。薩摩藩には、文化三年（一八〇六）十九巻の『薩藩名勝志』が出版され、歴史ある寺社が多数存在していたことが記録されているが、廃仏毀釈で一〇六六の全ての寺がひとつ残らず廃され、僧二九六四人が還俗させられている。寺の石高が一五一一八石で、敷地や田畑、山林などは税金が免除され、堂宇の修繕や祭事などで毎年大きな支出となり、薩摩藩全体の寺院関係支出は十万余石であったから、幕末に薩摩藩は八七万石の大藩となったが、財政に占める寺院関連支出を節約して藩の財政改善を図ろうとしたのだ。藩主島津久光に廃寺の建言がなされた慶応元年（一八六五）に、毀鐘鋳砲（きしょうちゅうほう）の勅諚を発出して三年後の安政五年（一八五八）の夏に、島津斉彬は大小の寺院にある梵鐘を藩廳に引き上げ武器製造局に集めている。最近、鹿児島銀行本店の文化財としての名建築を惜しげもなく破壊しているが、薩摩藩は経済合理性を優先して文化と伝統を破壊することに無頓着であった、その習いが今も残っているのか。

肝属川が海に注ぐ波見の浦から、神武天皇は旧三月十日に大和に船出した。波見は倭寇の時代の根拠地の、油津、山川、鹿児島、波留、泊、久志、頴娃、根占、川内と並ぶ。伊能忠敬は、文化七年旧五月八日に波見に上陸して内之浦まで測量して引き返し、鹿屋から佐多岬を回って内之浦経由で波見に戻り、波見から錦江湾に出て薩摩の御城下に入っている。波見は栄え、文化一四年（一八一七）の諸国大福帳（長者番付）には、関脇に大隅波見政右衛門の名があり、全国二二八人の長者のひとりに数えられている。波見の浦の絶景を、歌人の斎藤茂吉は、大隅の高隈山に雲いつつ「ひむがし風は海吹きやまず　柏原の橋を渡りて相むかう　波見の港の古へおもはゆ」と詠んでいる。

肝属川の河口近くの牟礼権現山（標高約三一〇メートル）の九合目に約六〇〇年の樹齢を数えるヤクタネゴヨウマツの名木が聳えていたが、昭和四六年七月十九日の落雷で折れて、鹿児島県の文化財指定を解除されている。当時は日本一の五葉松で、樹高は三五メートルにも達していた。屋久島、種子島の特産種で、日本産の五葉松のうちもっとも大きくなる松の種類である。銘木の名残として製材して記念の衝立として残したが、衝立が飾られている旧高山町役場の道路を隔てた大田精氏の庭に、樹齢一〇〇年を越える二世の松が奇しき縁で植わっている。波見の民家にも樹形の整った五葉松二世が幸いに残っているとのことだ。

36　大隅半島紀行　3

吾平山上陵（あひらのやまのえのみささぎ）を参拝することも大隅半島の旅の目的であった。可愛山陵（えのみささぎ）、高屋山上陵（たかやまのやまのえのみささぎ）と共に神代三山陵のひとつである。吾平山上陵は、彦波瀲武鵜茅草葺不合尊（ひこなぎさたけうがやふきあえずのみこと）と玉依姫の陵とされる。鹿屋市吾平町上名の鵜戸山を流れる姶良川に沿ってある岩窟の「鵜戸窟（うどのいわや）」内にあるふたつの塚を、明治七年に陵として治定している。明治五年、明治天皇は鹿児島に初めて行幸されたが、維新の立役者西郷隆盛が陪席して、遙拝されたのがこの吾平山上陵であった。同時に遙拝した高屋山上陵は、空港近くの溝辺町にある明治七年に治定された陵ではなかった。大隅半島の山塊のひとつ国見山の高屋神社を高屋山上陵に比定して遙拝されたのは興味深い。吾平山上陵についても、治定後も異論がなお残り、明治政府は、明治二九年、日南市の鵜戸神宮の背後の速日峯山上にある古墳を鵜戸陵墓参考地としている。鹿屋市の吾平山上陵は小伊勢と呼ばれて、昭和天皇、皇太子時代の今上天皇皇后両陛下が参拝されている。神霊の気配を感じる風光明媚の地で、姶良川の錦鯉が泳ぐ清冽な流に禊ぎができる。宮内庁書陵部が管理しており、臨時雇用の作業員が倒木や枯れ草の除去を丁寧にしていた。その昔は山陵の東側に鵜戸六社権現の社があったが、旧吾平町の役場の南隣に遷座して、鵜戸神社となって賑わっている。六社とは、彦波瀲武鵜茅草葺不合尊とその姨で妃の玉依姫、その間のおば子、彦五瀬命（ひこいつせ）、稲飯命（いないい）、三毛入野命（みけいり）、の神武天皇（かんやまといわれひこ）の四王子を祀るからである。陵は「西洲宮に崩りましぬ。よりかむあがて日向の吾平山上陵に葬りまつる」（『日本書紀』）とあり、延喜式に「日向国に在って、陵戸（陵を世襲で守る人）はない」とある。姶良川を下れば肝属川に合流するから、神武天皇が幼少の頃を過ごしたとする桜迫神社にも近い。しかし、吾平山上陵の治定についても、特に宮崎県内だけでも日南市の鵜戸山をはじめ高千穂や佐土原町、西都市などに伝説地があり、強い反論があった。明治二九年六月二三日には、日南市・鵜戸神宮背後の速日峯山上を「御陵墓伝説地吾平山上陵」と定めるに至った。確かに日南市の油津は、古くは「吾平津」と呼んでいて、のちに「油」となまったという説もある。文久三年、飫肥藩が油津山上に砲台を築こうとしたところ、二ヶ所の廓室が発見され、銅、鏡、金環、玉、太刀などが発掘された。さらに近隣には吾平津神社（乙姫大明神）もあり、豊玉姫や玉依姫の伝承が多く、豊玉姫は、竜宮から海亀に乗って日南市風田の川上神社に留まったとされ、鵜戸山北側の宮浦神社は、玉依姫の住居跡とも伝える。

薩摩半島にある可愛山陵（えのみささぎ）のことについて書くと、可愛山陵はニニギ（天津日高彦火瓊瓊杵尊）の陵とされ、明治七年明治政府は、薩摩川内市宮内町境内の神亀山を「可愛山陵」と治定している。新田神社と同じ敷地内にある。吾平山上陵の場合と同様に、明治政府は、神陵を治定したものの、それは、維新政府内における薩摩の政治力を背景にして鹿児島県内に定められた可能性があるとして、特に宮崎県の関係者から活発な反論が提出されている。日高彦火瓊瓊杵尊」の御陵「可愛山陵」ににぎのみことについても同様に強硬な異論が出され、明治二九年、明治政府は、宮崎県延岡市北川町俵野可愛を「御陵伝承地」、西都市西都原の西都原古墳群にある九州最大の古墳である男狭穂塚を「男狭穂塚陵墓参考地」（可愛山陵参考地）と定めるに至った。明治一六年、可愛山陵について、当時の宮内省職員二人が記録した文献「日向埃山陵」が残存しており、そこに「（前略）今は薩摩国高城郡水引の宮内村八幡（川内市宮内・新田神社）を祭る山を御陵と定めているが、日向の人々の反論があった。（中略）「可愛山陵」は神代、ニニギノミコトの崩御で、筑紫の日向の可愛（可愛は埃（え）と読む）の山陵に葬ったもので、「諸陵式」には日向国にあって、陵戸はないとある。日向国臼杵郡長井村俵野門に一つの古墳があって、これが御陵に「射当（あたる）」のは明らかである。（中略）『日本書紀』

や延喜式に見える「可愛（え）」地名が明らかに存在していたことを示し、諸書の記述とも符合する。（後略）」等と書かれている。

　薩摩川内市を貫流する川内川の両岸は大古墳群が展開する地域である。天辰寺前古墳が平成二十年に発掘調査されただけで、他に横岡古墳、若宮古墳、船間島古墳、安養寺丘古墳、中陵・端陵、御釣場古墳、川合陵等がある。治定された可愛山陵はその一つである。ちなみに、天辰寺古墳からは、壮年女性の人骨一体が出土しているが、イモガイの腕輪（左腕に一六個、右腕に二個）を身につけ、神頭鏡一面が足下に、鉄製刀子一口（とうすいっこう）が頭上に副葬されていた。

　吾平山上陵を参拝し終えて、大隅半島を南下して佐多岬へ急いだ。道路は山の尾根道も整備されている。大隅半島の南部は深山幽谷だから、いくつか名爆がある。神川大滝へ立ち寄ろうとしたが、台風で土砂崩れがあり通行止だった。丘の上の展望台から、美しいコニーデ、開聞岳が錦江湾を隔てて遥かいもんだけかに望まれる。台地を下る道が海岸に至り左折する。道の駅で休憩。缶コーヒー一杯で喉を潤した。

37　ただ死ぬ為だけに飛来する蜻蛉

佐多岬への道路は、山が海に迫り、コンクリートの庇がついた巾の狭い道路が延々と続き、改良工事中の所も多かった。佐多岬の太平洋側の大泊にある小中学校は閉校になっていた。ホテルの従業員は、民間委託の経営がまもなく解消されて元の町営に戻るらしく、「ここは猿と老人ばかりだ」との捨て台詞で、ホテルの屋上階にある浴場も眺望は絶景であったが、温度管理が杜撰ですっかり人心が荒んでいるように思われた。もうひとりの従業員は、片道一時間半も運転して通勤していると初見の客に愚痴る程だから、立派な建物で壁に掛かる油絵も相当の水準の宿泊施設であるだけに、心が傷むことだった。北海道の宗谷岬から自転車を漕いでくる若者が結構いるらしく、達成感を誇らしげに記録した記念の旗や幕がいくつも掲げられているのは救いだった。ホテルから佐多岬への道は山越えの道があり、台風で通行困難になっていると表示していたが、ホテルの従業員は、町役場から連絡がないので知らないとの無愛想であった。迂回路を通って佐多岬の先端の灯台を目指した。展望台が新築中で、辺りの駐車場に車を停めて徒歩になった。叢林の中にある御崎神社を過ぎ、両側が絶壁の尾根道を歩き、あと少しで灯台に辿り着くところで、通行禁止となった。

風は、太平洋側から、東から西に吹いて、太平洋側にはうねりが残り白波が見え、貨物船がピッチングを繰り返していた。岬の西側の錦江湾側は、海が静かで、漁船が全速力で白波を蹴立てて、山川か枕崎への帰港を急いでいた。尾根道の、風が落ちた側の絶壁に無数の蜻蛉(トンボ)が乱舞する光景をみたのはその時である。ユスリカが霞のようになって川面を覆う光景は珍しくないが、視界を遮るほどの、無数の数の蜻蛉が滑空しながら風に乗って飛ぶのを見たのは初めての不思議な光景であった。その蜻蛉は薄翅黄(うすばき)トンボではないかとの指摘が茨城県の方からあって、調べてみると、日本だけではなく世界の熱帯亜熱帯に生息していて、毎年毎年、熱帯・亜熱帯から日本列島に大移動をしてくるとのことで、北は、カムチャッカでも目撃されているとのことである。驚異的な繁殖力があり、たった一ヵ月で卵から成虫になることで、移動途中に世代交代を繰り返しているとのことだ。しかも渡り鳥のように、日本列島に渡ってきても、寒い冬を避けて南の故地にもどることはなく、「ただ死ぬ為だけに北へ北へと飛行する不思議なトンボである」とのことだ。佐多岬の突端近くで見た蜻蛉の翅の色は、鮮やかなあかね色ではなく、むしろ直衣直垂の鈍い緑色に近かったから、まずは赤トンボではなく、薄翅黄トンボに間違いないようだ。記紀に秋津島というが、トンボの形からくるのではなく、南方から飛来するトンボが無数に生息する、大日本の列島の連なりだから、大八洲を秋津島と呼んだのではないかと新説(?)を提案したい気分になった。ホテルの近辺の山あいの空を、サシバのつがいが我が物顔でくるくる舞っていた。佐多岬は、南からの渡り鳥が初めて翅を休める岬だ。冬を凌ぐためにこれから南方に飛び立つ鳥にとっては、最後のえさ場でもあろう。佐多岬の森は、蜻蛉にとっても、渡り鳥のサシバにとっても、海を渡る蝶のアサギマダラにとっても、豊饒の森である。

佐多岬の御崎神社には由来がある。慶長一四年（一六〇九）、琉球出兵のときに、薩摩の総大将樺山権左衛門久高が渡海の前に祈願し、後に琉球国鎮護として、和銅元年三月三日に神託があり同年六月に創建された御崎三所権現を、火尾集落から遷して再建したとのことだ。周辺に繁茂する蘇鉄は、琉球から持ち帰ったものである。御崎神社は、約二十キロ離れた近津宮神社と姉妹の関係があり、二月の例祭には、神輿は田尻、大泊、外之浦、間泊、竹之浦、古里、坂元の大隅半島の七浦を巡幸するという。ちなみに、台湾の初代総督になった樺山資紀は、樺山久高の血族ではないが、樺山家を相続した人物であり、戦後占領政治のなかで活躍した白洲次郎夫人の白洲正子は、長男で貴族院議員であった樺山愛輔の次女だ。琉球征伐と台湾出兵とが、どこか見えない赤糸で繋がっているようだ。

ホテルで休憩した後、沈む夕日を眺める為に、錦江湾側にある島泊の集落に車を走らせた。漁港は、高い高いコンクリートの堤防が作られて、その堤防の壁の向こうには、テトラポットが積み上げられていた。鉄の梯子がかけられていたから、高所恐怖症気味であっても何とかよじ登れた。開聞岳が夕日の中に、薩摩富士のシルエットを描いた。水平線に、硫黄島などの三島が薄い島影を見せていた。水平線にはまだ厚い黒雲があったせいか、沈む夕日に光芒を放つ威勢はなかった。耽々と日が暮れた。港に釣り船が帰ってきて、漁師は何匹かの魚を岸壁にほおり投げた。夕闇迫る海岸線の奥の、昔は分限者が住んでいた瓦屋根の家に電灯が灯った。人が住んでいることは間違いないのだが、老婆をひとり見かけただけで、犬猫の気配すらなかった。大泊のホテルに帰って夕食をとったが、大阪から来た観光客夫婦ひと組と当方二人が寂しい食事風景だった。

38 日本最古のアコヤガイ真珠

佐多岬から、大隅半島を錦江湾沿いに北上して、出立した国分に戻ることにしたが、柊原(くぬぎばる)貝塚に立ち寄ることも目的のひとつであった。柊原遺跡は垂水市の市街地から南東側に五キロ離れた沖積平野と海岸線の間にある。標高は約七メートルで、今は海岸から約三百メートル離れているが、貝層が四、五メートルも積み上がった巨大な貝塚であるとされる。貝層はアコヤガイと魚骨とモクハチアオイガイからなり、特にアコヤガイとモクハチアオイガイからは、「貝の珠」が採取された可能性が指摘されている。垂水市に車が入ったところでアコウの並木が奇麗に整備されている公園があり、そこで小休止した。薩摩半島の指宿にもアコウの大木がいくつか残るが、アコウの木は、亜熱帯から移植された木で、黒潮の民の往来の証拠である。柊原は、地元では「くぬっぱい」と発音するらしく火山灰の台地の上にある集落が柊原である。そこから坂を下りた所が柊原下で、錦江湾の波打ち際に沿って貝塚が出来たのだろう。教育委員会が建てた表札のある貝塚跡は水源地であり、ポンプ場があった。豊富な湧水があり、錦江湾に潜って採集したアコヤガイなどの貝肉を腐敗させた後に、珠を採集する為に洗い流す作業をした場所ではなかったかと想像する。インドやアラビア海で見られた、貝の腐敗臭や採取の不潔さを伴う過酷な労働環境は、火山灰台地を濾過槽として海岸線で噴出する湧水のためにきっと軽減されたことと思う。柊原貝塚からいくつかの真珠が発見されたと読んだことがあったので、同行の日高君にわざわざ車を教育委員会に運転して貰った。事務所の職員にアコヤガイと真珠の出土品について質問したら、つっけんどんな「行方不明だ」との応答であった。柊原貝塚から、縄文時代から弥生、古墳時代、中世に至るまでの遺構や遺物が発見されており、一部が教育委員会の建物の廊下に無造作に陳列棚に入れられ並べられている。真珠の世界史に占める柊原遺跡の位置づけを考えると、「行方不明」とは残念至極であり、世界的な遺物への地元の無頓着には慨嘆すること禁じ得なかった。アコヤガイが出土した日本の貝塚は、長崎三、鹿児島七、熊本一、愛媛一と以外に少なく、鹿児島にその数が多いことが特徴で、海人である隼人と真珠との繋がりを想像するのだ。大隅半島には、柊原の他に、佐多岬の大泊貝塚、鹿児島神宮の宮坂貝塚、桜島の武貝塚がある。武貝塚からも真珠が発見されている。宮坂貝塚は、貝層の断面が崖に露出しており、ガラス板で囲って展示されている。隼人の社の西南の一角にある。ちなみに、薩摩半島の海岸線にも貝塚は多く、錦江湾側に草野貝塚、光山貝塚があり、東支那海側に北から、江内貝塚、荘貝塚、出水貝塚、波留貝塚、麦之浦貝塚、尾賀台貝塚、市来川上貝塚、小野貝塚、阿多貝塚があるが、最後の阿多は阿多隼人の居住地だった。種子島の南端には一陣長崎鼻貝塚がある薩摩隼人とは、薩摩にいる隼人という意味であることを再度強調したいが、貝塚は海人たる隼人の居住地を示して、長崎や愛媛の貝塚からの真珠遺物にもつながる。

桜島と大隅半島とが陸続きになったのは大正の大噴火だった。海峡を埋め尽くしたその溶岩の原を抜けて北上した。福山町は黒酢の生産で有名であるが、ドライブの休憩も兼ねて、宮浦宮に立ち寄った。「延喜式神名帳」に載る大隅国の式内社五社の一社とされる古社である。大隅半島の西の付け根の、カルデラの火口壁が錦江湾に迫る傾斜地の平坦部にあり、桜島を南に眺める。北北西に若尊鼻という岬があり、錦江湾の海底には海底火山があり、レアメタルの資源が確認されている。神武天皇が幼少期を過ごしたの故事は、都城の神武天皇の皇居の跡という場所や、高原町の狭野神社、前日に往訪した桜迫神社があるが、宮浦宮は、大隅国の都城への陸路と錦江湾の海路の接点にある。福山の黒酢も元は、琉球や南島との黒潮文明の往来の中で獲得された麹と醗酵の技術であり、焼酎醸造にもつながる。「夫婦銀杏」という大銀杏が南北に分かれて本殿前に屹立する。神武東征に際して手植えした銀杏を植え継いだと伝える。宮浦宮には硫黄の匂いが漂い、地下の火山のマグマの熱を感じることができる。

39　大隅半島——山と海とが出会う土地

宮崎県北郷町にある潮嶽神社は、海幸彦が祀られた社である。弟の山幸彦が起こした大波に呑まれて負け戦となり、磐船に乗って流れ着いたのが潮嶽とされる。山幸彦を祀る大社が鹿児島県霧島市にある鹿児島神宮である。山幸彦の霊力は、綿津見の神の宮で授かった潮盈珠（しおみつたま）と潮乾珠（しおひるたま）によるとされる。山幸彦と豊玉姫の間に生まれたのが、鵜草葺不合命（うがやふきあえずのみこと）であり、神武天皇の父となる。隼人の祖である兄の海幸彦が、后を海神の娘とし霊力の源泉を珠とした弟の山幸彦に服属することになる物語は、ジョン・スタインベックの名作『エデンの東』、あるいはカインとアベルの兄弟の相克の聖書物語にも似ている。後に大和朝廷をなす勢力が、東の蝦夷に対する西の辺境の隼人族を平定したことを示す物語として読むことができ、隼人は、御所の番人を務め、大嘗祭などの大祭においては隼人舞を奏し、宮中祭祀などでは、祓いの呪力として「隼人の吠声（はいせい）」が行なわれ、今に伝わっている。海人の隼人が狼の化身になったような唸り声を出すのは、山人の魂が海人に乗り移ることを示している。大隅半島を佐多岬から北上して、錦江湾が世界的な真珠の大産地だったとの想像を強くしたが、日向から大和に向かわせた力の源泉が、錦江湾からの真珠採集だった可能性はないだろうか。

日豊本線の隼人駅前に、平城宮址の井戸塀に用いられていて発掘された十六枚の板に描かれた逆S字型の渦巻き模様をデザインした旗がはためいていた。しかし、隼人駅から歩ける距離にある鹿児島神宮は、隼人族の社ではない。同じ隼人町に、海幸彦つまり火照命（『古事記』）・火闌降命（『日本書紀』）を祭神とする鹿児島神社があることを、大隅半島の旅から帰って来て、戸矢学『縄文の神』（河出書房新社）で知った。「鹿児島神社は兄神を祀っているので、こちらが上位となり、鹿児島こそは鹿児島の語源であると私は考えている。そして、『鹿』の由来は釣り鉤を納めたことに拠ったのではないかと」と書いている（同書一七〇頁）。また、海幸彦を祭神とする神社は全国に一一三余社あるが、東北と関東には、それぞれ二社のみで、ほとんどが中部以西の海岸に鎮座することを指摘して、隼人が海民であることを結論づけている。筆者は、どこかで幻の黒豚「鹿籠豚」のことを書いて、同時に薩摩半島にあるカゴの地名が豊富な金属資源と関係があるのではないかと推論したが（薩摩半島は世界有数の金の生産地である）、山幸彦が海幸彦から借りて失った釣り鉤は、代わりに佩刀を潰して作ったがそれでも受けいれられなかったとの筋立ては、それまで動物の骨や、稀には人骨でできた釣り鉤が金属製に変わるという漁業技術の進化と伝搬を示している物語であろう。

大隅半島の錦江湾側には貝塚があるが、古墳がないのが特徴である。大隅国の国府が置かれていた国分平野にもない。薩摩半島の川内川の中流域になる、薩摩川内市には古墳がいくつかあるが、そこから南の薩摩半島にはない。錦江湾の奥の火山灰台地上には上野原遺跡があるから、縄文・弥生の時代を通じて人間の生活があったことは間違いないが、古墳が見当たらないのは、海民である隼人は、死者を土に戻すだけの葬制だったことが想像される。畑作や漁撈を中心にしてコメを作る社会構造がなかったから、隼人は墓の大小で権力や身分を示す必要がなかったのだ。火山灰の酸性土壌のせいで遺体は溶けてなくなってしまう。沖縄本島でみられる亀甲墓は、大陸の福建辺りから伝わってきたもので新しい歴史だ。風葬の方が断然歴史が古いから、大隅半島の錦江湾側と薩摩半島南部に、黒潮の民である隼人が居住していたから古墳はないのだ。霧島市に例外的にある亀ノ甲遺跡は、大隅国司の墓だ。隼人の遺跡から土器は出土するが、武器となる刀剣は出ない。

大隅半島の旅を始めた国分に戻って、車を運転して同道した日高雄一君と別れた。翌朝、草野貝塚から発掘された日本最古の真珠を実見したことは既に書いた。今回の旅は大隅半島の錦江湾側をなぞって回ったに過ぎず、大隅国の全容は未だ判らない。佐多岬から錦江湾沿いの海幸彦を祖とする隼人の居住地と、大隅半島に巨大な古墳群を築造した山幸彦の末裔の居住地との境界はどこなのか、実地に調べる必要がある。大隅半島の太平洋側の内之浦から辺塚までの海岸線を辿り、また、トンネルが出来た国見山地にも分け入って、明治政府が比定した陵の真偽についても真剣に考えてみたい。平成三〇年は明治百五〇年にあたるが、政治権力によって比定された可能性のある神代陵も新たな発見があれば、比定修正も必要となろう。高山桜迫神社の手足をもがれた仁王像を見て、薩摩藩による廃仏毀釈の過酷さを思ったが、仏教伝来時のいわば廃神毀釈についても思いを馳せることになった。逆の視点からの公平を尽くすことも迫られたのだ。囎唹郡の大崎町の大古墳群にも行かなければならない。日向の西都原古墳群も巡って黒潮文明論の想像をいよいよ逞しくしたい。今回の旅行で、大隅半島が、山と海とが出会い鬩ぎ合った土地であることが判った。

40 薩摩と大隅との違い

霧島市に郷土研究会があって、「曽の隼人」という小冊子を平成二五年に出版している。「大隅国一、三〇〇年を迎えて」、と副題がついている。その一五ページに南九州の古墳分布図が掲載されている。奈良県立橿原考古学研究所附属博物館、特別展示図録「隼人」(一九九二)を一部改変した図表だ。南九州の熊本県側には、地下式板石積石室墓があり、宮崎県南部から大隅半島にかけては地下式横穴墓があり、熊本、鹿児島、宮崎の三県の境にあり、霧島山塊の麓の、えびの市や小林市あたりで混在している。薩摩半島の川内川の南と、錦江湾沿いには、指宿と山川の遺跡を除いては、石室墓は見当たらない。薩摩と大隅との間に微妙な葬制の違いがあり、石室墓がそもそもない隼人を加えると三類型になる。霧島市は、鹿児島気象台の天気予報では、薩摩地方に分類され、醸造酢で有名な福山町も薩摩地方となっているが、誤りだ。大隅地方とするか、せめて錦江湾の奥、湾奥地方とでも名付けるべきだ。肥薩線に、大隅横川駅の名が残り、大隅国の版図は明確だ。山ヶ野金山が薩摩国と大隅国の大隅側の国境の町であったことはよく知られている。国分の亀の甲遺跡は大隅国司の墓で、鉄製の大刀が六本発見されている。鹿児島神宮は、国分平野の西側にあり、東側には、韓国宇豆峯神社があり、この二社を二等辺三角形とする頂点に、霧島連山の韓国岳が聳えている。『続日本紀』によれば、豊前国から、半島出自の渡来人を移住させたとある。大和朝廷は、隼人の統治の困難を移民で補ったかのようである。分布図を眺めていると、亀ノ甲遺跡は、霧島連山のひとつ、天孫降臨のあった高千穂峰を真北にして背負うかのように築造されている。分布図の西端にある甑島にも古墳時代の高塚や石室墓はない。海民である隼人の文化の圏内にある。下甑島にある和田家が大隅半島の和田家に繋がりがあるとの話を最近耳にしたが、柳田國男を大隅半島の旅へと誘って案内したのが、垂水出身の洋画家の和田英作で、錦江湾沿いの土地の垂水、柊原遺跡や佐多岬と甑島との距離感が一挙に縮まることを感じた。

柳田國男は大正八年に貴族院書記官長の官職を退いている（昭和二一年七月一二日から、新憲法が発布される前日の翌年の五月二日まで枢密顧問官を務めている）。上司である徳川家達貴族院議長との軋轢が原因とされるが、柳田は折口信夫に対してもそうであったが、男色の気を激しく嫌い、議長の鶏姦癖を咎めたとの説もある。翌大正九年に朝日新聞社に入社して、日本全国の旅を始めている。同年八月から九月の東北への旅は、『雪国の春』という紀行文になった。十二月からは九州、奄美、沖縄への三ヵ月の旅に出発して、後に『海南小記』として出版している。十二月二九日は鹿児島の明治館に宿泊していた。正月を佐多岬に行って迎えると、東京の家族に葉書をしたためている。志布志を出て、大隅半島の錦江湾側の高須から船で鹿児島に渡り、そこから大隅半島に引き返して大根占から陸路佐多岬に向かっている。佐多岬の田尻という集落で大正一〇年の正月を迎え、「海南小記」には次のように書いている。田尻の除夜は波の音ばかりであった。戸を立てぬ縁側から月がさして、障子の紙が震えるほどの微風が吹く。時計を見ると、今まさに歳が替ろうとしていた。その後、柳田は鹿児島から奄美・沖縄に渡った。帰京したのは、大正一〇年の三月で、五月初旬には、新渡戸稲造の推輓を得て、国際連盟委任統治委員としてスイスに赴く。柳田の奄美・沖縄熱に啓発されて、折口信夫が沖縄に単身渡ったのが、その年の一〇月だった。娘の堀三千は、『父との散歩』(人文書院、一九八〇)に、柳田の奄美・沖縄熱について、「八重山」という美しいひびきを、私たちは幼い頃から耳にしていた。南の島、遙かな美しいところとして、印象づけられていたのである、と表現する。

前掲の古墳分布図の空白部分の南に、南北千二百キロにも及ぶ「美しいところ」がある。南西諸島は、奄美・沖縄を中部として、種子・屋久とトカラ列島からなる北部、宮古・八重山、与那国や尖閣からなる南部の三つのまとまりに大別される。隼人と南の島の習俗は産土など多く共通する。奄美や沖縄では最近まで、再葬、つまり洗骨の儀礼が残っていたが、仏教伝来以前にも、小さな人骨を装身具などと一緒に焼く習俗が既に存在しており、隼人の世界と共通する。火葬が八世紀からの外国仏教僧による葬礼だけではないことを、特段指摘しておきたい。

41　再びの熊野詣で

錦江湾の奥に、姶良（あいら）市と姶良郡がある。姶良は古くは「姶羅（しら）」と表記され、新羅（しら）が語源だ。姶羅（あいら）郡と混同されるが、大隅国「姶羅郡」は現在の鹿屋（かのや）市付近を指し、中世までに肝属郡に編入され、きもつき「姶良」とは別ものだ。統治が困難な隼人を制圧すべく、大和朝廷は多数の渡来人を大隅国に入植させたことは既に述べたが、姶良がもともとは姶羅で、新羅からの渡来人が居住したのだ。千年後、島津氏が朝鮮出兵した文禄の役（壬辰倭乱（いむじんうぇらん））と慶長の役（丁酉再乱（ちょんゆちぇらん））に、姶良からかなりの数の兵士が、故地である朝鮮半島に従軍する。軍船の安定をはかる底荷として使われた石製品が持ち帰られた。姶良市東部にある島津義弘公を祀る精矛（くわしほこ）神社には半島伝来の手水鉢と石臼が残る。姶良市帖佐の龍門司焼は、一六世紀末に渡ってきた朝鮮陶工により始められた古帖佐焼の流れをくむ窯である。苗代川焼など、朝鮮征伐の際に連れ帰った陶工が開祖となった窯の一群が薩摩半島一帯に残り、幕末のパリ万国博覧会には、薩摩焼と藩名をつけて独自に出品した。

大隅半島の陵と九州最南端の佐多岬、錦江湾沿いの柊原貝塚を駆け足で回って息をつく間もなく、熊野三山詣をすることにした。東日本大地震の直後、病み上がりの体だったから、ボランティアで奥州に赴く代わりに、再生を祈る巡礼の旅として杖をつきながら熊野本宮大社に往訪したときには飛行機で白浜空港から往来し、本宮大社を参拝したが、他の二社には行かなかった。今回は名古屋からバスに乗った。高速道路が延伸され、トンネルばかりで燦めくような紀州の海は見えないから、錦や紀伊長島の港を素通りするような感覚に囚われたが、山あいを抜けて紀伊半島を南下して、早い時間に熊野川を渡り、新宮を過ぎた。先ず熊野那智大社に詣でた。中禅寺湖の華厳の滝は夏冬となく見たことがあるが、那智の大滝は初めて見ることだった。熊野古道の象徴である大門坂のバス停で下車して、古道を自分の足で踏むことにした。南方熊楠が宿泊したという大坂屋跡があり、杉並木に入ってから、樹齢八百年を超える夫婦杉の巨木の間で記念写真を撮った。大門坂を登り詰め、仁王像のある大門をくぐって那智大社の境内に入る。高麗犬が仁王像の後ろに、門の外向きではなく、後ろ向きになっている。那智本社・拝殿の右側に如意輪堂と呼ばれる瓦屋根の建物があり、廃仏毀釈の時に破壊を免れている。現在の那智山青岸渡寺である。神仏習合の世界が長く続いたから、「那智大社と青岸渡寺の三重塔の屋根の高さは同じで、大滝の滝口に揃えている」とのことだ。滝を遙拝する那智大社の境内に、楠の巨木があるが、青岸渡寺の前に、タブノキの巨木が聳えるように植わっている。筆者はタブノキ巡りをして、幾ばくかの力を得た思いであるが、那智の瀑布を眺望する場所にこんなにも大きなタブノキがあることに驚いた。説明を要しないが、タブノキは根をまっすぐに地中深く生やして、あるときは海上からの目印ともなり、あるときには、防潮林として植えられている黒潮の民の木である。和歌山県の天然記念物で、樹齢は七百年をこえる。木の下に碑があるが、由来が書かれていると思うが苔むして判読できない。御滝本へ石段を下る。熊野那智大社別宮飛瀧神社の扁額が鳥居にかかる。飛瀧神社の祭神が、出雲を本拠とする大己貴命であり、那智大社の祭神の夫須美大神と異なるのは興味深い。

速玉大社に一本の梛(なぎ)の大樹がある。なぎ祭神の速玉大神と同体とされた伊弉諾尊の名前にも通じる。熱海の伊豆山神社には、源頼朝と北条政子の男女の結縁の強さを象徴するかのように梛の木が植わっているが、梛の葉からは、他の植物の生育を抑制する化学物質が分泌されているとの説があり、梛の葉が道中の魔除けとして重用されたのも故なしとはしない。

那智では、観音浄土を目指して補陀洛渡海が行なわれた。補陀洛(ふだらく)はチベット語でポタラ、港のことだ。渡海船と呼ばれる木造船に行者が乗り、浄土を目指し熊野灘に漕ぎ出す。難破を免れた船は黒潮に流され、いずこかの浜辺に漂着して、熊野の大神を祀ったのだ。本宮大社に全国熊野神社分布表が掲示されている。千葉二六八、福島二三五、愛知二〇九、栃木一八二、岩手一七六、熊本一五八、新潟一四八、山形一四二、宮城一三三、埼玉一一一、兵庫一〇七、静岡一〇二、福岡一〇二、群馬一〇〇、茨城九九、岐阜九一、和歌山八七、長野八六、山梨七八、高知七二、富山

七一、青森七〇、東京七〇、大分六九、鹿児島六九、三重五九、秋田五六、岡山五六、京都五五、石川五三、福井五一、山口四六、佐賀四四、島根四四、神奈川四三、広島三八、長崎三五、愛媛三三、香川二八、奈良二八、滋賀二七、徳島二三、宮崎二〇、大阪一九、北海道一五、鳥取一五、沖縄八。黒潮の洗う朝鮮半島、そして台湾等南方の岸辺、さらに太平洋を跨いで米大陸に熊野を祀った痕跡は残っていないのか、ふと気になった。原子力発電所が暴発した福島の浜通りの海岸にも熊野神社が多く集中して、黄泉返りならぬ、蘇(よみがえ)りを祈る場所となっているのは不思議である。

42 花の窟で乱舞するアサギマダラ

熊野の海岸には奇岩奇勝が連なる。鬼ヶ城という海岸もある。熊野川を渡り、国道を北上するバスの窓からは、天然の狛犬である獅子岩が見える。巨岩の山塊が七里御浜海岸に突き出しているのが花(はな)の窟(いわや)だ。花の窟は熊野三山の親神だと言われ、日本最古の神社ともされる。火の神・軻遇突智(かぐつち)を生み、産褥熱で亡くなった伊弉冉尊(いざなみのみこと)を鎮める陵が花の窟とされるからである。巨岩を御神体とする社殿のない古社である。お綱掛け神事は、稲藁で編んだ一八〇メートルの綱七本を一つに束ねて「お綱」として、高さ五〇メートルの御神体の巌の頂上から引っ張って、季節の花々をお綱の幡旗(ばんき)

に飾る。大注連縄(しめなわ)を、境内を越え国道を跨いで海岸の波打際まで引っ張って行くが、この「お綱」がさながら神々の領域の結界を示し、現世と海の彼方の常世とを繋いでいるかのようだ。一本一本では弱い稲藁が合わさって撚られると強度が上がり、注連縄になっていくことを、黒潮の民は知っている。その大綱を季節の変わり目毎に花で飾り、農耕儀礼の原初の姿を思い出して保ち続けるのだ。筆者は潜ってみた訳ではないが、花の窟の一キロ沖に、陸の窟と同じような巨岩が海中に聳えているという。海と山とを繋ぐ「お綱」だとの説明はいよいよ説得力が増す。七里御浜の海岸に出て波打際を歩くと、玉砂利の海岸で、カチカチと乾いた足音が響く。那智黒という碁石にするような濡れ羽色の黒い石が見つかることもある。固い灰色の丸石の玉砂利の海岸である。神武天皇が東征に出立したと言い伝える日向の美々津海岸が大きな玉石の海岸だったことを思い出す。白い砂浜が延々と続くわけではなく、波に濡れた砂が裸足にまつわりつくこともない。

熊野の海岸から内陸に入り、熊野川の支流の一つである北山川沿いの紀和町に、日本有数の銅山があった。奈良の大仏もその銅山からの銅で鋳造されたとの記録がある。昭和五三年に閉山するまで、無数の坑道が掘られた。坑道の中を走っていたトロッコ電車が、鉱山資料館前に展示されている。坑道から湧出した温泉が第3セクターの宿泊施設に引かれ、入鹿温泉と湯ノ口温泉となっている。観光客の為に両温泉の間を一〇分かけて今もトロッコ電車が走っている。紀和町の丸山地区には千枚田があり、山を駆け登るように稲作をした黒潮の民の開拓の所為を見ることができる。紀和町では、日本固有の鳥である雉の養殖をしているのは珍しい。旧紀和町の事業を引き継いで熊野ふるさと振興公社が日本雉を狩猟用に、高麗雉を食肉用に養殖している。雉肉は家禽としての鶏の肉よりも歴史は古い。流行のジビエの部類であっても、低カロリーの高タンパク質でさっぱりした美味である。天武天皇や聖武天皇の時代から、鶏は食肉禁止令の対象になったが、雉肉はむしろ狩猟の対象であったから、諏訪大社の鹿肉と同じように、絶対的な禁忌(タブー)にはならなかった。雉は、むしろ、カスピ海沿岸以東のアジア大陸から朝鮮半島を経て日本列島に至る広がりのある、ユーラシア大陸を舞台とする鳥である。雉は北海道には元々いない。台湾の山岳には帝雉(みかどきじ)がいるが、対馬や南西諸島の島々にはいない。丸山千枚田の棚田と力を合わせ、雉が海と山のふるさと振興を担っているのは面白い。「焼け野の雉子(きぎす)、夜の鶴」と言うのも宜なるかなである。日本列島のあちこちで優雅に舞っていた鶴が薩摩の出水や阿久根に飛来するばかりに減ってしまった。根釧原野の丹頂鶴も数は少ない。シベリアの環境保全をして、雉や鶴の鳥類の往来を助け、ロシアが北方領土を返還する気運を醸成をしてはどうか。

花の窟の神社への参道の入口にタブノキが植わっていた。那智の滝を遠望するタブノキのような巨木ではないが、参道の入口に植わっているのは、津波等の災いを門前のタブノキで花の窟を守ろうとした気配を感じる。

花の窟の巨岩の下にアサギマダラという蝶々が数匹ひらりひらりと舞っているのを見た。一〇月下旬だったから、そのアサギマダラは日本列島から南方に向けて旅立つ準備をしていたに違いない。夏に日本本土で発生したアサギマダラの多くの個体が秋になると南西諸島や台湾まで南下することが判明している。直線距離で一五〇〇キロ以上移動したり、一日当たり二〇〇キロ以上の速さで移動する例もある。大分県の国東半島の沖の姫島にはアサギマダラが集まり乱舞する場所があるという。毎年五月初旬から六月初めに南方から飛来して、姫島北部のみつけ海岸に自生するスナビキソウの群生地に何千という蝶々が集まる。五日から六日の間姫島に滞在し、さらに北に向かって列島各地に飛び立つ。信州の八ヶ岳にはアサギマダラが夏の間に繁殖する場所がある。同じ個体が渡りをする鳥とは異なり、この蝶は日本列島で世代交代して、新しい世代が南西諸島や台湾に向かって飛び立ち、また南方で世代を交代して、北の日本列島に飛び立つ渡りを繰り返す習性のようだ。神武東征の経路は、国東半島と熊野経由のアサギマダラの北帰行をなぞっているのではないかと、花の窟で出立準備をする蝶々を見てふと思った。

43 大隅半島の地質と地味

奄美群島復帰五〇周年を記念して、平成一五年一一月七日、料額八〇円の切手が発行された。意匠は、田中一村（日本画家）が描いた「奄美の杜～ビロウとブーゲンビレア～」からツマベニチョウ、ヒシバデイゴ及びブーゲンビレアが描かれている部分を採用し、一シートに一〇枚の切手がグラビア印刷された。田中一村は明治四一年に栃木県に生まれ、一八歳のとき、現・東京芸術大学に入学して将来を嘱望されたが、病気や生活苦のなかで中央画壇と一線を画し、昭和三三年、五〇歳のときに奄美大島に移り住み、六九歳の生涯を終えるまで奄美の自然を描き続けた。奄美空港近くの笠利町に田中一村の作品を集めた美術館が開館している。ツマベニチョウがデイゴの花に止まり蜜を吸う切手の構図は奄美と琉球との関係を象徴しているようで、美麗なばかりではない意味深な記念切手である。ツマベニチョウ（褄紅蝶、Hebomoiaglaucippe）は、日本列島では宮崎県を北限とし、奄美や沖縄等の南西諸島に生息するシロチョウ科の蝶だ。翅を広げると一〇センチほどになる大型の蝶である。ツマベニチョウの翅と幼虫の体液に、イモガイと同じ猛毒の成分が発見されており、鳥や他の昆虫等の天敵を毒で制して撃退する。ツマベニチョウの生息域は、インド半島を中心とする南アジア、支那大陸の南部を含む東南アジア、そして旧スンダ大陸に属したマレー半島から、フィリッピンやボルネオの諸島域、ウォーレシアと呼ばれるインドネシア東部のセレベス、ハルマヘラ等の島嶼の海島域にも広がっている。奄美の祖国復帰以前には、ツマベニチョウを追って、九州最南端の佐多岬に捕虫網を持った蒐集家が押し寄せたという。アサギマダラのようにツマベニチョウが今も大海を渡るかどうかは知らないが、その生息域の中心は海没した旧スンダ大陸にあったのではないかと思われ、黒潮の蝶を代表するようにも感じられるのだ。

大隅国の成立が、日本建国に深く関わっているのではないかとの推論を立てて、塚崎古墳から佐多岬、錦江湾沿いの柊原貝塚と駆け巡ったが、地質学の観点からも、大隅半島は、本州弧と琉球弧の異なる地質の接合部にあたるようだ。薩摩・大隅半島は、西南日本を南北に二分する中央構造線の南に位置する。阿久根や川内などの薩摩半島北部の小範囲には、古生界と分類される古い時代の地質があるが、大隅半島や薩摩半島の南部には、変成度の高い岩盤である片麻岩や結晶片岩はない。霧島火山帯が、薩摩半島と大隅半島を二分するかのように琉球弧の南西諸島の島々に沿って走り、霧島、桜島、指宿、硫黄島、口永良部、諏訪之瀬島など活火山、休火山が多いのも特徴である。霧島山の西側、薩摩半島の北部の山岳部には火山岩が広く分布する。更新世後半に、錦江湾の湾奥の姶良火山、湾口の阿多火山を形成する大規模な火山活動があり、両カルデラ火山から噴出した軽石質の噴出物がシラス・熔結凝灰岩として広く堆積している。凝灰岩は石材として切り出されてもいる。奄美大島、徳之島、沖永良部島、与論島には、世界的にも古い地層としての粘板岩などが分布して、その上部に琉球石灰岩や隆起珊瑚礁が堆積しているが、それに比べると、薩摩・大隅の地層は若い地質である。薩摩半島北部の紫尾山、大隅半島の高隈山、佐多岬、屋久島などには、中新世の花崗閃緑岩や黒雲母花崗岩が見られる。奄美大島と徳之島には、中生代の花崗閃緑岩が見られ、徳之島には、更に古い輝緑岩が見られる。土地利用を見ると、薩摩半島北部地域にはシラスの分布が割合に少ないところから、出水平野と川内川沿いに数珠状に形成された盆地には水田が分布している。薩摩半島の中南部は、西部の海岸の砂丘沿いに水田が細長く開けているが、シラスの影響を受けて生産力は高くない。開聞岳周辺の畑地は火山砂礫の礫土で、耕作の大きな障害となっている。大隅半島の北部は、桜島と霧島両火山の噴出物である軽石層があり、ボラと俗称されている。大隅半島の水田は肝属川の低地にまとまっている他、シラスの浸食された谷間に細長く存在する沖積地に屋地田がある。シラスの影響を強く受けて、土性が粗く生産力は低い。従来は、荒れ地として放置されるか桑畑等に利用されるのみであったが、近年、笠野原灌漑事業として長距離の導水が行なわれ、一部開田されているところもある。肝属川の中央部には、泥炭や黒泥土壌があり、谷間の水田が湿田となっていることは珍しい。神武天皇が幼少の時代を過ごしたとの伝説を語るにふさわしい稀な肥沃の土地が僅かに存在するのだ。高隈山地の北辺や大隅半島中央部のシラス地帯には、草地の原野が分布して採草放牧地となっている。大隅半島の海の玄関口である志布志港に、北米から輸入される家畜用の飼料が備蓄される穀物サイロが日本最大規模で林立するのは、日本では珍しい牧畜の渡来の伝統が背景にあることを想像させる。大隅半島南部の地味は比較的に良好であるが、

開発は遅れて過疎が進む。［本項は「国土庁土地局国土調査課監修、土地分類図（鹿児島県）昭和四六年」に依拠している］

44　天孫降臨と火山噴火

「散る桜　残る桜も　散る桜」良寛の辞世の句だ。どうせ散る桜のように人はいつかは死んでしまうのであれば、今を大事にして一生懸命生きようと読むか、良寛が「死にとうない」といった後に続けた句であるから人生の最後に及んで、世のはかなさと無情をかこつ句だと読むのか、読み人によって解釈が変わる。良寛の日記を読むと、妻との交接の回数を記録する位に生に対する執着が強い人物であるから、後者の解釈の方が当たっていると思うのも無理はないが、ここは穏便に「今どんなに美しく奇麗に咲いている櫻でもいつかは必ず散ることを心得ておくことが必要だ」と、良寛が盛者必衰の仏の教えを最後に受けとめた句であると理解する。親鸞聖人は得度したとき、「明日在りと思う心のあだ桜夜半に嵐の吹かぬものかは」と詠んだ。明日もまた咲いていると思っても、夜に大風が吹いてしまえば、桜は散って、明日の朝に見ることができるかどうか保証の限りではない、だから、今の時間を大切にして機会を逃さないようにして、人生を充実させて生きるのと諭している。桜の季節ならずとも心すべきことであり、親鸞聖人の覚悟の程は、良寛の度量才覚とは異なることを実感させる。

鶴田浩二の予科練の歌は、「貴様と俺とは同期の桜、同じ航空隊の庭に咲く、咲いた花なら散るのは覚悟、見事散りましょ国の為」とあるが、そうした決死の情緒を定める前に、零式艦上戦闘機の性能を敵機と科学的に比較して、大量生産に向くどうかをはじめとして、綿密な戦力の評定を行なっておらず、反省すべき点が多かったのではないかと、後知恵ながら考えることになる。桜の散り際の良さは、精神主義と滅びの美学を強調することになって、敗北主義に繋がる危険がある。兼好法師の徒然草には「花は盛りに月は隈なきをのみ見るものかは」とある。桜の満開の時だけを愛でず、月も望月の夜ばかりを観るのではなく、季節の移ろいを大切にして、三日月も、欠けた十六夜の月も、新月の暗い夜もあることを楽しむべきだと達観して、むしろ平常心の大切さを教えている。降る雨に向かって見えない月を慕い、すだれを垂らして家の内に籠もって春が移り行くのを知らないままにしていることなども情趣が深い、今にも咲きそうな桜の梢、花が散ってしおれた庭もまた観るべき価値がある等と続けて書いている。桜の名所の奈良の吉野は、桜の季節には全国から観光客が押し寄せるが、五月の新緑の頃には人数もめっきり少なくなり、桜の葉緑を後醍醐天皇の仮の御所があった吉水神社から眺望する吉野の山は、新緑の萌え出ずる「一目千本」ともなる。「桜の枝の花が散ってしまって観る価値がないとするのは趣のない人だ」と兼好法師は断定するが、四季折々を大切にして平常心を尊ぶのは図星である。

今年（平成二九年）の四月一日は旧暦三月五日に当たった。旧暦の弥生の節句の雛飾りをしまうと直ぐに桜は綻び始める。花が咲くのは、太陽の運行ではなく月の動きによる旧暦に従っているのだが、桜の開花も海潮の干満と同じく月の運行に従っている。桜はぱっと咲いて散る潔さがある華麗な花であるが、樹木としては決してか弱い樹木ではない。木花咲耶姫は桜の花を意味しているとされ、『古事記』では薩摩半島の阿多郷の姫君であるが、東国の富士山の浅間神社の御祭神ともなっている。桜の樹は火山の麓の溶岩の原野にしっかりと根を下ろし、岩をも砕いてしまう生命力旺盛な樹木として古代から知られている。秀麗なコニーデの富士山や薩摩の開聞岳も桜島も山肌は荒々しい砂礫の山であるが、そこにも桜がしっかりと根を下ろして咲き誇り大地を再生させる花樹であることを、コノハナサクヤヒメは教えている。桜に対する感懐は、地震や津波、原発の暴走に至るまで、天地異変があるたび毎に、逞しい桜の生命力について日本人の古い記憶を揺り起こして甦らせる。筆者は小学校を卒業しヤマトゥへと島を出たとき、船のデッキから朝ぼらけの中に開聞岳を遠望したことを記憶する。コノハナサクヤヒメという大日本（うふやまとぅ）の火の山の神との出会いだった。

開聞岳は、阿多カルデラの中に噴出した成層火山である。阿蘇、霧島、桜島と続く九州の脊梁の火山帯の延長線上にある。その南は、硫黄島や諏訪之瀬島など霧島火山帯の活火山に連なり、南西諸島の西縁に沿って、徳之島の西方海上の硫黄鳥島から、台湾の近くの西表島の近くの海底火山に至る世界的な大火山帯を構成している。開聞岳の近くには、九州で一番大きな淡水湖である池田湖があり、大鰻が生息する。古代の噴火口に水が溜まった湖である。山川湊は噴火口の壁が崩れ海水が浸入した天然の良港である。指宿温泉の近くにある鰻池などはまん丸の噴火口に水が溜まって池になっているから周りは絶壁が続いている。池畔の僅かな平地にある集落では、瓦斯(ガス)要らずで、噴気孔からでる高熱で煮炊きをしている。典型的な活火山地帯である。月面のような太古の姿を想像させるのか、英国の007の映画が撮影されたこともある。ジェイムス・ズボンドの相手役として日本人女優の浜美枝が起用され撮影影されたが、阿多カルデラの、特に霧島火山帯の金銀銅の鉱物資源の重要性を感じ取っていたのかも知れない。連合艦隊の艦載機が、真珠湾に見立てて空爆する飛行練習をしたのが錦江湾の池田湖等の火山地形であった。火山活動で阿多カルデラができたのは一〇万年から一一万年前とされ、錦江湾奥の桜島を中心とする姶良カルデラが噴出したのが三万年前であるが、桜島の誕生が二万年前で、開聞岳は僅かに四千年前である。西暦では紀元前二千年前に過ぎない。その頃、大山(だいせん)や三瓶山を中心とする出雲の活火山も噴火を繰り返していたことも知られている。縄文時代に生き埋めにされた杉の大木が、三瓶山近くの深さ十三メートルの地中に残っていて一九八三年に発掘されている。最近、屋久島の近くの口永良部島の火山が爆発したが、阿多カルデラの南方の海底には鬼界カルデラがある。鬼界カルデラが出現した巨大噴火が、七三〇〇年前（四三五〇ＢＣ）にあり、海面に顔を出している海底カルデラの外輪山の一部が竹島と硫黄島である。硫黄島から産出される火薬の原料である硫黄と平清盛が主導した日宋貿易との関連については以前に書いた。開聞岳は、鬼界カルデラの大爆発の後、約三三〇〇年後に出現した新しい山であるから、桜島と比べると妹に当たる。見るからに美しいのは開聞岳であり、桜島は磐長姫（いわながひめ）と同じく美しくはないが、桜花のように薄命とはならず、煙と岩を今も活発に噴出し続けている。天孫降臨として火瓊瓊杵尊（ほのににぎのみこと）を遣わされたが、開聞岳と桜島の両火山の噴火を鎮める為に高天原から派遣されたと理解することもできる。鹿児島と宮崎に広がるシラス台地は厚さ一〇〇メートルにも達する場所があるが、その上に後の時代のカルデラ噴火に伴う火山灰が降り積んでいる。水田の場合には〇・五ミリ、畑の場合には二ミリ、灰が降ると収穫が一年間出来なくなるという。また健康被害は二ミリの降灰で生じる。一〇センチもの降灰では、道路・鉄道などのインフラが完全に停止するばかりではなく、森林等の植生にも壊滅的な被害が出るとされる。

天孫降臨の舞台は、宮崎県の神楽で有名な高千穂町なのか、霧島山塊の第二峯である高千穂峯か議論のあるところであるが、「高千穂のくしふる岳」との『古事記』の定義は、火山が誕生して噴火を繰り返して居る状況を示しているのではないか。霧島火山群は日本最大の火山地帯であり、新燃岳は最近も噴火している。高千穂峯は一万年前に出現して、鬼界カルデラの噴火の後の縄文時代中頃まで噴火をしたことが判っているが、今は溶岩ドームが残っているだけで噴火活動をしていない。静かな美しいコニーデの山嶺となっている。筆者は、まともな登山装備もなく秋晴れの高千穂峯に一人で登り、最後は這いつくばるようにして急峻な峯に登り詰めたことがある。都城に下山して、大隅半島北部の岩川を訪ね、八幡宮の弥五郎ドンの夜祭りの笛と太鼓囃子を楽しんだ。熊曽の国の巨人伝説の夜祭りの音色が耳元に響いて残る。

一九九七年、鹿児島県霧島市の姶良カルデラの外輪山の縁の台地上にあり、南の正面に桜島の噴煙を望む位置にある上野原で。縄文時代初期の約一万年前の遺跡が発掘された。上野原に繁栄した縄文文化はその後に発生した鬼界カルデラの大噴火で壊滅したが、数百年をおいてまた集落として復活していたことが判っている。上野原遺跡は、「上野原縄文の森」として博物館を併設した歴史公園となり、火山灰が四〇センチは積もったことを地層の一部を切り取って展示している。鬼界カルデラの大爆発の時には、まだ開聞岳は噴出していないから、鬼界カルデラからの火砕流は、桜島を除いて遮るものもなく、姶良カルデラを横切って上野原を直撃したことが想像される。鬼界カルデラの火山灰は、関西や瀬戸内海でも二〇センチ、関東や朝鮮半島南端部でも一〇センチは積もっているから、その被害の甚大さは容易に想像できるが、その時に縄文人は、どのように被害を回避したのか、山の陰に潜むことはもとより、丸木舟を操って東西南北に民族大移動のようにして海に遁れたのか。スサノオが海を支配する神となった意味あいに繋がる気配が濃厚だ。

巨大な火山の爆発で地球規模の寒冷化が生じたことが世界各地で報告されているが、日本列島における火山爆発による日照障害から縄文人が壊滅的な打撃を受けたことが背景となって。岩戸隠れの神話が成立したとする説がある。一七八三年にアイスランドのラキ火山が爆発し、食糧危機でフランスに革命が起こる引金となり、一八一六年にはインドネシアの火山で巨大噴火があり、夏のなかった年として世界史の中で記録されている。日本における天皇の根源が地震や津波、大雪洪水その他の天変地異を含め、荒ぶる大地、特に火山をなだめ鎮める祭祀の力にあり、天孫降臨がその具体的な行動であるとの解釈は説得力を持っている。弥生の時代の水田の稲作の力が淵源ではない。二二ギが降り立ったのは、峨々として荒涼たる火の山「高千火(ほ)」だったし、コノハナサクヤヒメとの間に生まれた子供の名もまた、火照命であり火山とほの関係の方が重要だ。日本列島に辿り着いた稲作水田の弥生の民が、火を穂と読み替えた可能性すらある。縄文の昔からの火山を鎮める祭祀こそが、時代を区画する澪標(みおつくし)として伝承されてきたのではなかろうか。

45 桜の辞世と火山噴火と国體の危機

桜を題材にした辞世について書いたら、複数の読者から早々にご意見が寄せられた。まず「散りぬべき時知りてこそ世の中の花も花なれ人も人なれ」の細川ガラシャの辞世の句については、「潔さを感じる！　良寛（の辞世）は未練たらたらさを感じる」との感想があった。細川珠子の辞世は、キリシタンという終末論に敏感な宗門に帰依した、戦国大名の妻の凜とした風格が滲み出ているのはもとよりであるが、井尻千男（いじりかずお）先生の名著『明智光秀』（海竜社、二〇一〇）を再び手にとって、日本の現下の危機について沈思黙考する機会になった。細川ガラシャは、明智光秀の三女である。名著の冒頭部分を引用する。わが国における保守思想の清き流を、戦国乱世という危機の時代の只中にあって身を挺して守ろうとしたのが、明智光秀ではなかったのか。戦後六十余年間はほぼ一貫して「革命児信長」を賞賛する時代であった。だから当然、光秀は敵役として貶められてきた。（中略）平成十八年の正月、小泉純一郎総理が皇室典範の改正を決意したと思われたころ、市川海老蔵演ずる『信長』（新橋演舞場）を観劇していたく感激したということがメディアで報じられた。そのことを知った瞬間、私は光秀のことを書くべき時がきたと心に決めた。思うに人間類型としていえば、戦後政治家のなかで最も信長的なる人間類型が小泉純一郎なのではないか。言う意味は、改革とニヒリズムがほとんど分かちがたく結びついていると言うことである。そもそも市場原理主義に基づく改革論がニヒリズムと背中合わせになっていると言うことに気づくか、気づかないか、そこが保守たるか否かの分岐点なのだが、今日のわが国の政治家でそのことに気づいている者は極めて少ない。その意味で、小泉氏は時代の危機の象徴的存在なのである。ならば、その危機に鋭敏に反応する明智光秀的なる政治家は誰か、いるのか、いないのか。事情は昭和の御代よりもはるかに深刻だったといわねばならない。朝廷を守るべき幕府が崩壊したまま再建の気配がなく、武の頂点に立ち、「天下布武」と号令する信長に朝廷をお守りする意志がないとなれば、否、正親町天皇に退位を迫っているとなれば、信長を討つ以外に国体を護持する道はないのである。「君側の奸」か「君側の逆臣」かといえば信長はもうはっきりと逆臣といわなければならない。だとすれば、誰か何時討つかだけのこととなる。「侍精神の最後の光芒」明智光秀は、その討つべき時を待っていただけのことである。ガラシャの辞世を光秀の有名な連歌の発句「時は今天が下知る五月哉」と読み併せると、室町幕府を打倒した信長が朝廷との対立を深めるばかりになるという国体の危機を現前にして遂に決起する戦国武将「明智光秀」の姿が、皇統の危機に際し正統を護った武将として現代にも甦ってくる感を強くした。

郵政民営化で、豪州に投資した六・一〇〇億円のうち何と四〇〇〇億の巨額が損失となったことが、奇しくも逓信記念日の四月二〇日に露呈したが、近因は平成の信長と喧伝された前記政治家の不始末である。「稲村さん、良寛は堂島米市場にコメを出した佐藤甚兵衛のネットワークで最大手だった越後の甚兵衛ですよ」とは落合莞爾氏から頂戴したコメントだ。筆者は浅学で佐藤甚兵衛のネットワークの意味を検証する力がないが、良寛が日本海の北前船の交通と物流の繁栄のなかで生まれた人物であることを初めて知った。北前船で栄えた富山の新湊の夜祭り、当時の日本海の泊湊の賑わいと今の港のさびれ具合を比べた。経済学徒の若い友人からは、「桜はやわくない」という主張に呼応して、岩手県の盛岡地方裁判所の構内にある石割桜の写真が送られてきた。花崗岩の巨岩の割れ目に生えた桜の巨木の写真だ。国の天然記念物に指定され、樹種はエドヒガンザクラで、散るを急ぐソメイヨシノではない。

阿多の姫君である神阿多都比売の夫たる瓊瓊杵尊の天孫降臨については、「雪国越後にもある」との情報提供があった。越後の刈羽黒姫山と呼ばれる標高八九一メートルの山頂近くに、機織りの神様を祀る鵜川神社があり、新潟大学地質学部の調査から、黒姫山と米山、弥彦山は太古には一つの山で、世界的な伝承となっている大洪水の際に、避難した太古日本人が舟で最初に戻った場所として港の跡があり、そこまで海であった形跡もある。大洪水前の太古の時代から稲作がなされ、十日町市笹山出土の縄文の火焔型土器群は国宝に指定され、しかも東北系・関東系・中部系・畿内系と日本各地の縄文土器が出土している等のご指摘を頂戴した。越後の刈羽三山は火山活動による山塊だから、火山噴火を鎮めた痕跡として天孫降臨が越後の山に残ることに何の不思議もない。最後に、天孫降臨と火山噴火についての拙論は、蒲池明弘著『火山で読み解く古事記の謎』（文春新書、二〇一七）に大いに啓発されたことを謝して記しておきたい。

46　大穴持神とは　大穴＝火口を持つ神

『火山で読み解く古事記の謎』で、蒲池明弘氏は「神武天皇の東征で出発した熊襲の故地と上陸した熊野に熊という字が重複しているのは何だろうか」という疑問を提起されている。川の流れが淀んで深くなっている場所を島の言葉でクムイという。籠もるという表現にも繋がるのだが、窪みがあってそこに何かが潜んでいるような怖ろしさがある。「目に隈ができる」とは、陰りがあって眼が窪みになっている様子を表現している。広島県に熊野町という町があるが、役場のホームページは「標高約二二〇メートルの高原状の盆地」と解説している。ここからも分かるように、熊野とは盆地のことなのだ。熊本県熊本市の熊は、阿蘇の大カルデラの盆地の形状をさして「熊」ということになる。漢字の熊は、「能はねばり強くて長く燃え獣のあぶら肉のこと。熊は、『能＋火』の会意文字で、肥えて脂肪ののったくまの肉が良く燃えることを示す。熊は、昔、火の精である獣と考えられた」であり、熊の字の下にある四つの横に並んだ点は、漢字を部首で列火と言い火の燃える形を示している。神武天皇が、熊野に上陸したときに出遭った熊の形をした化け物は、熊野の近辺に日本の最大級の死火山があるから、熊襲の熊と同様に火山との関係があったのではないかと指摘して興味深い。熊野は蘇(よみがえ)りの聖地だ。現在は活火山はないにもかかわらず、近隣に、川湯温泉、湯の峰温泉、北山温泉と名泉があり、熊野の地下には今もマグマ溜まりがあることを示しているのだ。

さて、「熊」が大カルデラ盆地だとすれば、熊襲あるいは熊曽の「そ」は何であろうか。まず、大隅国にあった曽於郡のことが想起される。七一三年大隅国が設置された当初から存在した郡であるが、贈唹郡と大変難しい漢字で表記がなされてきた（現在は大隅市となった岩川で内科医を開業していた中内四郎医師は、難しい漢字を簡略化して曽於郡と表記しても歴史的にも問題がなく、却って適当であるとの主張を展開した。昭和四〇年代に至ってようやく曽於郡と言う簡便な書き方が鹿児島県内外で広く普及することになった）。古くは『古事記』では「曾」、『日本書紀』では「襲」と一字で書かれ、於の字は、紀伊国の伊の字と同じように助字で読まれることなく「そ」と発音され、しかも、「そ」は「せ」の古い形で霧島連山の東側を日向と言うのに対して西側を背と呼ぶことから曽に転化したのだとの説が有力である。「熊襲」とは、阿蘇の火山を由来とするカルデラの住民と霧島山の曽の高千穂峯を北限とする曽於郡の住民とを合わせた呼び名であると考えられる。

国文学者・民俗学者だった益田勝実が一九六八年に筑摩書房から出版した『火山列島の思想』は美しい緑色の抽象画がデザインされた紙函に入る単行本だったが、今は「講談社学術文庫」にも入っている。その六三ページから八一ページにかけて、日本人がどこから来たかを考える問題と日本の神々がどこから来たかとは繋がっているから、オオナモチの神、出雲で大国主と呼ばれる神は日本固有の神であると指摘して、『続日本紀』の記述を引用している。七六四年の一二月に最後のオオナモチの神が出現した様を書いている。つまり、薩摩と大隅の国境近くで火山活動による天変地異があり、その七日の後には、三つの島ができて、民家六二軒、八十余人の人が埋まったこと、翌々年にこの島がまた鳴動して、降り続ける火山灰から逐われて逃げる者が続出したと書き、その一二年後、大和朝廷はこの猛威を振るう火山の神様を官社に列したとの『続日本紀』の記事を引用している。「大隅の国の海中に神ありて、島を造る。その名を大穴持の神と曰ふ。ここに至りて官社となす。」大穴、すなわち、火口を持つ神様がオオナモチで、火山列島に出現する共通の神の名前である。延喜式の大穴持神社は、錦江湾の湾奥、姶良カルデラの海底から噴火してできた三つの島、辺田小島・沖小島・弁天島の対岸の霧島市国分広瀬に遷され現存する。しかもこの神社に、津軽の火山を鎮めた社を遷座させたとの伝説が残ることは、興味深い。大隅国成立後の僅かの時間に奥州で火山が噴火したことと繋がりがあることの証拠だ。出雲の伯耆大山の山頂にいます神もオオナモチであり、有史時代には噴火した形跡がなくとも考古学的に火山であったことが確認されており、噴火で埋まった森林も発掘されているから、出雲神話の祖型もやはり大山や三瓶山の火山としての山体であると考えられる。出雲の休火山が、大分の九重山から阿蘇の大カルデラを経て、霧島と姶良カルデラの錦江湾に浮かぶ桜島、開聞岳、海中の鬼界カルデラに連なる。南西諸島の海中から硫黄鳥島を噴出させ、遙かに西表島の近くの海底火山と延びる。フォッサマグナ南端の富士山から本州を縦貫して北海道から千島列島に至る大火山帯にも木花咲耶姫がおられた。神武天皇は活火山の日向から死火山の熊野への東遷を経て、荒ぶる日向から安寧の大和(やまと)へ抜け出されたとも考えられる。

47 火山と建国神話の神々

日本列島の火山帯は、北から南まで一筆書きのように繋がる。日向の霧島火山の麓を発って、カルデラの形跡すら判然としない紀伊半島の死火山の熊野を経て、もっと安定した盆地の大和に民族の中心を移動させたことが神武東征の物語ではないだろうか。火山の神々が日本神話の中枢にいるのだとすれば、興味と関心は、近隣の済州島や朝鮮半島の神話はどうなっているのかに移る。朝鮮半島の代表的火山は、白頭山（支那では長白山と呼ぶ。吉林省延辺朝鮮族自治州、同省白山市と北朝鮮の国境にある標高二七四四メートル。頂上に「天池」と呼ばれる直径約四キロのカルデラ湖がある）であり、神話は壇君神話である。桓因という天帝の庶子の桓雄が白頭山に降り立ち、そこに居た虎と熊との夫婦がいたが、虎を追い払い、祭壇の上で人間に化身した熊女と結ばれる。檀君王倹が生まれ、檀君は支那の堯帝が即位して五〇年目の庚寅の年に白頭山を下り、平壌を都と定め朝鮮を建国したとする神話である。桓雄は、日向の高千穂峯に降臨した瓊瓊杵尊に似て、熊女もコノハナサクヤヒメに近似する。熊が火山の化身であれば、コノハナサクヤヒメも同様に火山の女性神だからである。

さらに白頭山は、満洲族にとっても民族の発祥と深く関わる聖山で、白頭山の池に水浴びをしていた天女が身ごもり、始祖となる布庫里雍順を産み、その子孫が清の初代皇帝ヌルハチへと続く物語がある。清の皇帝、康熙帝、乾隆帝、嘉慶帝は、祭礼を執り行なうために、祖先発祥の地の白頭山へ足繁く運び、禁忌の山としていた。白頭山は九四六年に壊滅的規模の噴火を起こし、火山灰は一〇〇〇キロ以上離れた日本列島に降り注いだ。北海道や東北地方で白頭山火山灰の真下に十和田湖の平安噴火（九一五年）の火山灰があることが確認されているから、先ず日本列島で大噴火があり、その後に朝鮮半島の活火山の活動に影響を与える順序があると考えられる。白頭山の大噴火は文献には残されていない。支那では唐が滅亡して「五代十国」と混乱の時代が続き、渤海が亡び契丹が起こった。高麗は版図を確立していなかったので正史の中に大噴火の記録は残らなかったが、大噴火の存在は考古学によって証明確認されている。

済州島は典型的な火山島で中央に漢拏山（一九五〇メートル）があり、側火口が三六〇余りもある。噴火口跡が残り、島の西側には海底火山もある。済州島の火山活動は、七三〇〇年前の鬼界カルデラの大爆発の火山灰が済州島に残っており、その上に火山灰が積もっていることから、その後も継続したことが判り、特に一一世紀には数度の大噴火があったことが朝鮮の王朝の記録として残る。

火山と鉱物資源とは密接な関わりがある。火山地帯には豊富に鉱物資源があることが常であるから、白頭山のある北朝鮮は、金・鉄・マグネサイト・無煙炭・銅を産出する資源大国である。特にウランの推定埋蔵量は、世界最大規模である。核兵器の製造のみならず、核燃料製造にも国内で自力調達できるから、国連の核物質の禁輸措置も北朝鮮には全く効果がない。ウラン鉱山と精錬施設は平安北道の博川、黄海北道の平山などにある。白頭山からは黒曜石も出る。北海道の十勝、本州の和田峠、伊豆七島の内の神津島が黒曜石の生産地となって日本列島の各地に供給されたのと同じ状況が朝鮮半島でも発生して白頭山が王朝発祥の地として地の利を占めていた可能性を想像させる。日本では人形峠にウラン鉱山が発見されているが、出雲の火山地帯の一部だ。石見銀山、佐渡金山、世界一の金山である菱刈鉱山はすべて、出雲から阿蘇、霧島へとつづく火山地帯の中にある。霧島火山帯は鬼界カルデラを経て、南西諸島沿いに西表島近くの海底火山に至るが、豊富な鉱物資源が海底に眠っている可能性は極めて高い。尖閣諸島の海底に石油資源があることが判ってから支那が俄かに領有権を主張して国際紛争が発生してるが、第一次列島線の海底には、豊富な鉱物資源が開発を待って眠っている可能性は極めて大きいから、今後日支間で国際紛争が拡大する可能性があり、目が離せない海域となっている。すでにメタンハイドレートの存在は確認され、支那は石油を採掘している。千島列島から北海道の山々、下北半島から十和田を経て、東北地方の蔵王などを縦貫して、関東北部の浅間山に至り、そこから箱根、富士山と連なり、更に伊豆七島から小笠原、遙かに鳥島、硫黄島に届く日本列島の東側の火山地帯についても、海底に稀少資源が豊富に眠っていることは間違いない。スサノオの神は、まずは出雲から朝鮮半島に降臨したが、白頭山の大爆発を逃れて出雲に戻り、出雲と熊野の古い死火山の鉱山地帯とを往し、遂に大和朝廷に服属する出雲のオオナモチという火山神の祖となったのだ！

アレクサンドル・ワノフスキー、鎌田東二ほかの共著『火山と日本の神話―亡命ロシア人ワノフスキーの古事記論』（桃山堂、二〇一六）は悠久の日本神話の本質を衝く良書だ。諸賢にご一読を勧める。

48　カンナビとヒモロギ

カンナビとは、神の在ます山のことである。漢字で、神隠、神奈備、甘南備、神名備、神名火、珂牟奈備、賀武奈備などと書かれるが、要するに純粋なやまと言葉の神の火の音に、漢字を充てたものである。神の火が、火山を連想させることは当然で、富士山のような活火山はもちろん、日本列島の至る所にある死火山、休火山の区別なく、秀麗な山を崇敬する山岳信仰が縄文時代からあったに違いない。社殿が造営されるようになったのが弥生の時代からにしても、社殿のない古い時代からの火山に対する畏怖・畏敬と信仰が今に続いて、各地の一宮はもとより、大きな神社が、神の居る山の麓に鎮まっている。社殿ができるようになったのはずっと後の時代であって、大和朝廷の成立とも関係していると思われるのは、その縁起にわざわざ「坂上田村麻呂が建立した」などと強調した記録が残っているからである。火山の噴火の記憶があれば、カンナビの山は、浅間（あさま）（アソ＋ヤマ）と呼ばれるようになったとの説がある。アソとは日本のもっとも活発な火山活動をしている阿蘇山として名前が残り、噴火を伴う活火山を象徴する。富士山も本来の山体の名前は「浅間山」ではなかろうか。であるからこそ、浅間神社本社が富士山麓にあるのも、無理はない。コノハナサクヤヒメの神話は、荒廃しきった火山の麓に新たに降臨して、大地を開墾する姫君による大地の再生の物語と考えれば納得がいく。青森の三内丸山遺跡や鹿児島の錦江湾の奥のカルデラのシラス台地の縁にある上野原遺跡は縄文時代に大集落として栄えたが、忽然としてある時代に姿を消した。前者の場合には岩木山、後者の場合には、霧島や桜島の活発な火山活動による深刻な降灰等が原因となる大被害が起きて、人口が離散したことが想像される。その後、天孫降臨が日向の地にあり、神武東征に至る建国神話が形作られたのだ。倭は國のまほろばたたなづく青垣山隠れる倭しうるはしとの歌は、『古事記』の景行記に倭建命が詠んだとして、「夜麻登波 久爾能麻本呂婆 多多那豆久 阿袁加岐夜麻碁母禮流 夜麻登志宇流波斯」と記し、『日本書紀』景行条では大足彦忍代別天皇（おほたらしひこおしろわけ）（景行天皇）の御製として、「夜麻苔波區珥能摩倍邏摩多々儺豆久阿烏伽枳夜麻許莽例屢夜麻苔之于屢破試」と記すが、いずれにしても火山活動による降灰などの災害を克服して山々の木々を繁茂させるべく、雄々しく起き上がる姿を詠んだ歌であろう。

さて、火山灰が降り積もった大地に植えた植物はなんだろうか。大麻の学名が、カンナビス・サティーバであることが気になる。語源は、ラテン語であり、ギリシャ語であるが、縄文時代からあると考えられるカンナビの言葉が語源である可能性もあり得ないことではない。大麻（おおぬさ）は神と人とを媒介する神道祭祀の根幹にあり、麻は絹よりも上位にあったのは、救荒植物としての麻を崇めてきた証左ではないだろうか。敗戦後、麻は麻薬にされてしまったが、全く別物で、麻薬は痲薬と書くべきもので、日本語では字を違えて書いて毒のある痲と有用植物としての麻とを区別していたことを強調しておきたい。全国に麻生の地名や姓が残るが、霧島や桜島の大火山の麓にある薩摩（さつま）とは、麻が生産される土地であることを漢字で表現している地名であることを再度明らかにしておきたい。

ヒモロギとは、神の坐（まし）ます森のことである。神籬とも漢字で充てている。伊勢神宮の別宮である滝原宮（たきはらのみや）はヒモロギの典型である。交通も便利となり高速道路も近傍を通過しているが、鬱蒼とした森は、縄文の森の典型で、皇大神宮の遙宮（とうのみや）と呼ばれるだけの荘厳な森である。社殿は簡素で黒潮の民との繋がりを体感できる荘厳な聖地であり、日本人ならば一度は訪れて欲しい鎮守の森である。能登国の一宮である気多（けた）大社の入らずの森、山城国の一宮である京都の下賀茂神社の糺（ただ）すの森も、典型的なヒモロギである。昭和五八年五月二二日、全国植樹祭で石川県に行幸された昭和天皇は、入らずの森に踏み入られ、御製を詠まれた。

斧入らぬみやしろの森めづらかにからたちばなの生ふるを見たり

奈良市街の東方に位置する春日山原始林は、春日大社の神域として狩猟や伐採が禁止されて人工的に原始性を保ってきたヒモロギであり、明治神宮の森が人工的に造られていることと本質的に同じで、いずれも神が宿(やど)りおられる場所である。お祓いをする道具の大麻(おおぬさ)は、ヒモロギ、つまり神が降誕する依り代の森を象徴化したものである。日本の原始の森の霊気で祓い浄めているのである。道具となったヒモロギは、生木の榊(さかき)の枝に、木綿(ゆう)や麻苧(あさお)などをぶら下げて森林を表現している。

最後に忘れないように、隼人のハヤが南という意味で黒潮の民の証拠ではないかと仮説を呈して書き残したい。マリアナの言葉でハヤは南の意味だ。確かに沖縄に南風原(はえばる)があり徳之島にも南原がある。「南風の吹く夜は眠られはいばるはえぬ」と奄美新民謡「島育ち」の一節を田端義夫が歌った。熊野速玉大社のハはやたまヤも南ではないか。

49　巨額ゆうちょマネー消失のカラクリ

日本郵政グループが豪州の物流会社トール・ホールディングスを六二〇〇億円で買収して子会社にしていたが、業績が悪化して約四〇〇〇億円の損失を計上するに至ったことが公表された。筆者は昨年の逓信記念日（郵政記念日、四月二〇日）に、金融経済学者の菊池英博氏との共著で『「ゆうちょマネー」はどこへ消えたか』（彩流社）を出版し、巨額損失の可能性について既に警告を発した。その中で、日本郵政の社長への進言を呈した（二五三頁）。買収した豪州の大手物流会社の売却が過大であり、その中に三〇〇〇億円規模ののれん代がある。その償却だけで「日本郵便」は赤字が継続する懸念がある。早期に売却すべきではないか。さらに、上場前の不可解なやりくりと不明朗な買収額について、共著で次のように警告していた（一〇四頁）。親会社である日本郵政が保有している「ゆうちょ銀行」の株式を、「ゆうちょ銀行」自身が買い上げる（自社株買）ことによって、ゆうちょ銀行の内部留保（一兆三〇〇〇億）を吸い上げたのである。上場後であればとても不可能な「離れ業」であった。この操作で日本郵政には六千億円の資金が残り、この資金で豪州の大手物流会社であるトール社を約六二〇〇億円で買収した。この買収は実態価格から考えると、二〇〇〇億円ほども高い買収であり、日本会計上この二〇〇〇億円は「のれん処理」をしなければならない（宮尾攻氏『文藝春秋二〇一五年一一月号）。さらにトール社には三〇〇〇億円規模ののれん代が内包されている。

巨額損失が表面化した時点で、菊池氏と筆者とはこの国損とも言える巨額損失の発生に対応して何ができるかを相談した。それで、長門日本郵政社長宛に辞任勧告書と題する書面を提出することとなり、原案を菊池氏が作成、筆者がそれに同意して菊池氏が配達証明で発送し、その際に写しを麻生財務大臣に送付することにした。その一枚の書面は以下の通りである。今般、日本郵政の二〇一七年三月期連結最終損益は四百億円の赤字になると報ぜられたことは極めて遺憾である。（中略）トール社の損失処理に使う原資は長年にわたり蓄積された国家の財産であり、国民資産である。それを無視して、貴殿は役員報酬をわずかに減額しただけで責任を取ったふりをする態度は国民として断固として許しがたく即刻辞任すべきである。

菊池英博氏と筆者のこの動きに関して、まず週刊現代五月二七日号が四頁にわたる記事を載せた。週刊現代は、電車の中に吊広告として記事の内容を大々的に宣伝する。中身を読む前に、電車の吊広告で、「スクープ！　日本郵便元副会長稲村公望氏が実名で告発する」と黄色の活字が踊ったのである。それを読んだ霞ヶ関ＯＢの友人からも激励の電話をいくつか頂戴した。「西室氏を推薦した安倍晋三首相、菅義偉官房長官にも任命責任がある」とのくだりは、記者の聞き書きの筆が滑った可能性もあるが、西室氏は、戦後七〇年問題懇談会の座長でもあり、日支関係のフォーラムの座長をも務めて官邸との関係は密接だと言われてきたから、修正する理由はなかった。「病気療養中というが、代理人を通じて責任についてコメントを発表することぐらいはできるはずです」との思いは今もあり、しかもウエスティングハウスの買収の当事者であるから、東芝という日本を代表する電機会社を崩壊に至しめた責任者の一人であることを勘案すれば、自らの意見を具申開陳することもなく事態を放置することは、日本郵政の関係者として、また『ゆうちょマネーはどこへ消えたか』を江湖に問うた共著者として、却って無責任になるのではないかと考えたのである。

五月一七日から米国ワシントンとボストンに行く用務があり、羽田空港の日本航空の待合室で、当日出版された週刊文春五月二五日号を入手して関連記事を読もうとしたが、間に合わなかった。『週刊文春』の記事を読んだのは、二三日のシカゴ発の日本航空の帰国便の機内だった。『週刊現代』の方はさすがにヌード写真を売物にしているところもあり、日本航空は搭載していなかった。『週刊文春』の記事は見開きの二頁で、麻生財務大臣に届いた日本郵政社長「辞任勧告状」と見出しをつけた。内容はバランスがとれ、筆者ばかりでなく共著者の菊池氏のコメントも多く引用して説得力を高めたように思われた。野村不動産をM＆Aするなどとの噂話が浮上するさなかで、筆者の次のコメントも載せた。ＪＰエクスプレス事業の失敗、トール社買収による損失と言ったことを顧みることなく新たにM＆Aに走るとは信じられません。本業に戻るべきでしょう。民営化路線を継承する長門社長の暴走を許せば、ゆうちょマネーは地方経済へ還流することなく海外へ流出し、日本の貧富、都会と田舎の格差は広がるばかりです。さらには、週刊朝日がコラムで採り上げ、『週刊金曜日』六月九日号が筆者のインタビューを載せ、『テーミス』六月号は、「給与カット」も甘い、西室社長（当時）については「責任逃れ」と書いている。

50　日本郵政民営化の闇を暴く　上

竹中平蔵氏による同僚の研究成果の盗用問題をはじめとして、長年にわたり同氏を取材対象に追い続け、その取材の成果の集大成として『市場と権力「改革」に憑かれた経済学者の肖像』（講談社）と題する単行本を佐々木実氏が世に問うたのは二〇一三年の五月のことであった。佐々木実氏は一九六六年生まれ、日本経済新聞記者を経たフリーのジャーナリスト。佐々木実氏のこの労作は同年の新潮ドキュメント賞と翌年の大宅壮一ノンフィクション賞を受賞した。出版界にとっては軒並みに取り上げて然るべき大きな英誉である。にもかかわらず、新聞各紙は何を怖れているのか一片の書評すら掲載しようとはしなかった。筆者の知る限りでは、共同通信の配信を受けて新潟日報だけが書評を出した。その『市場と権力』の第七章は郵政民営化の闇について詳述している。同氏による「郵政公社『資産売却』の闇民営化ビジネスの虚実」と題する記事が月刊誌に掲載されたが、閲覧が困難となっている。だが幸いにも、気鋭のジャーナリストによる渾身のレポートの要旨を筆者はメモしていた。佐々木実氏の快諾も得て、郵政民営化の無明の闇に光をあてる縁（よすが）にすべく、佐々木実氏の記事のメモを以下に転記することにした。豪州のトール社を買収して四〇〇〇億円を越える巨額の損失が確定したことが表面化したこともあり、民営化の開始早々から開始された不動産売買に対して、関係者からも指摘されて懸念の声が上がっていた。ただし、不動産売買そのものはすでに郵政公社時代からバルクセールとして始まっていたのだ。こうしたことを記録に残し、外国勢力が主力になった郵政民営化の闇に光を当てることは、日本再興を目指す者にとって必ずや貴重な参考情報となるはずで、時宜にも叶っていると信じる。

日本郵政が「かんぽの宿」をオリックス不動産に一括売却しようとしたところ、鳩山総務相（当時）はストップをかけた。白紙撤回に至ったことが大々的に報道されたことは未だに記憶に新しい。しかし日本郵政は、前身である郵政公社時代にも一括売却（バルクセール）の手法を用いて六〇〇件を超える大量の資産売却を行なっていた。このバルクセールの実態はどのようなものだったのか。転売先や資金の出所にまで視野を広げて追跡したところ、謎の有限会社や小泉政権時代に「勝ち組」としてもてはやされた企業の名前などが浮かび上がってきた——。民主党の城島光力氏に話を聞いたのは総選挙の準備に忙しい二〇〇九年七月のことだった。「いま思い出しても腹が立ってきますよ」。落選中の身の城島氏はそう言うと、六年前の出来事を昨日のことのように話しはじめた。きっかけは二〇〇三年五月の衆議院厚生労働委員会での質疑だった。民主党の「次の内閣・雇用担当大臣」でもあった城島氏は労働分野の規制緩和に強い懸念をもっていた。「派遣期間を一年から三年に延長し解雇もしやすくする法案でした。オリックスの宮内義彦さんが議長の総合規制改革会議から出てきた流れだ。それでこの会議のメンバーについて調べてみようと思ったわけです」

「最高権力者」

調べてみると、人材派遣に関わる経営者が委員のなかに二人いることに気づいた。ザ・アール社長の奥谷禮子氏とリクルート社長の河野栄子氏。ザ・アールのウェブサイトを見てみると、第二位株主がオリックスで、主要取引先はリクルートと記されていた。総合規制改革会議は首相の諮問機関。小泉総理が提言を尊重するので政策への影響力は大きい。ビジネスでつながりをもつ三人がそろって委員というのは問題ではないか。城島氏は厚生労働大臣に質した。城島氏は国会の外で思わぬ反撃に遭う。奥谷氏自らが議員会館の部屋を訪ね激しく抗議してきた。抗議は執拗で、面談のあとも、衆議院厚生労働委員長宛に内容証明郵便を送付し、「不適切な部分を速記録から削除」すること、城島議員を「悪質な場合は処分」することを求めてきた。だがこれで終わりではなかった。追い討ちをかけるように、総合規制改革会議議長の宮内氏も抗議文を送りつけてきた。「貴職の見解を問いたい」「総合規制改革会議に対しての大変な侮辱である」「到底承服できるものではない」……まるで目下の者を叱責しているかのような文章だった。憲法第五一条は国会議員に国会での発言の責任を問われないという免責特権を与えている。抗議を逆手にとって問題にしようと城島氏が考えていた矢先、後に大臣にもなる自民党の有力議員が声を潜めるように忠告してきた。「城島さん、あなたのいうことはそのとおりだよ。でもね、宮内義彦はいま日本の最高権力者だ。戦ってもいいことは何もない」。ぼくは「郵政民営化ビジネスは政官業の癒着よりひどいじゃないか」と指摘して、宮内さんや奥谷さんの猛烈な怒りを買った。ずばり本質を衝かれたから彼らはあんなに激しく怒ったんだと思いますよ。過剰反応の背後に利権の存在があるのではないか。城島氏は郵政民営化の利権について調べる決意を固めていたが、頓挫した。〇五年九月の「郵政選挙」で落選してしまったからだ。奥谷氏は郵政民営化後の日本郵政株式会社の社外取締役に就任している。郵政審議会委員を務めるなど郵政事業とは縁が深いが、奥谷氏が経営する人材派遣会社ザ・アールが日本郵政公社からマナー研修など総額七億円近い仕事を受注していたことが明らかになっている。オリックス不動産が「かんぽの宿一括譲渡」を落札したことに端を発したかんぽの宿騒動で、宮内氏が渦中の人になったことは記憶に新しいところだ。郵政事業にからんで両氏が仲良く登場してきたのは偶然だろうか。かんぽの宿一括売却はまさに郵政資産の民間市場への放出だが、郵政資産の売却には前史がある。日本郵政公社（郵政公社）時代の不動産の大量売却だ。郵政公社は二〇〇三年四月に発足した。政府が全額出資する国営企業で、郵政事業庁から郵便、郵便貯金、簡易保険を引き継いだものの、郵政民営化が蒸し返された「郵政選挙」で小泉政権が大勝して、郵政事業は分割された株式会社にゆだねられて短命に終わる。日本郵政株式会社にとって替わられる形で郵政公社は〇七年九月に解散した。活動期間はわずか四年半だったが、この間、保有する不動産を大量に売りさばいていた。売却した不動産は優に六〇〇件を超える。北は北海道から南は沖縄まで、土地や建物を短期間に大量に売れたのは、「バルクセール」という売却手法に依るところが大きい。たくさんの不動産をひとまとめにして売る方法だ。もともと不良資産を大量に抱えた銀行が不良資産の処理を迅速に進めるために用いた方法で、買い手の付きにくい不良物件と資産価値の高い物件を抱き合わせて売りに出す。米国でも日本でも、不良債権問題が深刻化した時期、不良資産を金融機関から早く切り離すための資産流動化策が打ち出され、バルクセールなどの取引がしやすくなるよう制度的な環境が整えられた。もっとも、郵政公社がバルクセールで売却した不動産は全国各地の社宅や郵便局舎建て替え用地などで、東京や大阪あるいは地方都市の一等地もたくさん含まれる。不良資産の処分と同じ方法を逃んだのはなぜか、その経緯はいま一つはっきりしない。二〇〇四年一〇月、郵政公社は唐突に「不動産売却促進委員会」なるものを立ち上げている。郵政公社の高橋俊裕副総裁（トヨタ出身）が委員長、執行役員七人が委員という構成だ。初会合の議事録に、委員の奇妙な発言が記されている。「この委員会で何を決めるのか。バルク売却することを決定するのか。なぜバルク売却するのか」。こうした発言が出たのは、初会合で「バルクセールの必要性」を説く資料がいきなり委員に配られたからだ。資料を作成した事務局は不動産売却を批当する施設部門。「売れ残しをなくすために行なう。資料の売れ筋欄にあるようになかなか売れない物件もある。これを売れやすい物件と併せて売却する予定」と説明。しかし別の委員だちからも、「情報公開はどうするのか」「売却物件の全体額はいくらか。データとしてないのか」などの声が相次いでいる。ちなみに高橋委員長は出張で欠席している。リクルートコスモスが三回落札。結局、郵政公社は大型バルクセールを三回実施する。ひとまとめで売りに出した不動産は〇五年三月が六〇件、〇六年三月が一八六件、そして〇七年三月に一七八件。合計四二四件で売却総額は五〇〇億円近くにのぼる。驚くことに、すべて同じ企業グループが落札している。リクルートコスモス（現在はコスモス・イニシア）を代表とするグループだ。郵政公社から一括購入した不動産は落札した企業グループ内で分配される。どの企業に何件渡ったかを調べると、リクルートコスモスは大きな不動産を収得してはいるものの物件数は少ない。残る多数をほかのメンバーが購入しているわけだが、転売しているケースがほとんどで、二回三回と転売が繰り返されている例も珍しくない。不動産の流れを追いかけると、奇妙な事実が顔を覗かせる。郵政公社から物件を購入したメンバー企業が購入直後に会社ごとファンドに買収されていたり、転売リレーに登場する実態不明の会社を追跡すると有名企業が後ろに控えていたり、複雑怪奇な取引関係は民営化ビジネスの虚実を物語る。〇五年三月の初めてのバルクセールから見ていく。入札にはリクルートコスモス、ゴールドクレスト、長谷工コーポレーションをそれぞれ代表とする三つの企業グループが参加した。売却される不動産は六〇件。リクルートコスモス・グループが一六二億円で落札した。メンバー企業と購入件数は次のとおり。株式会社リクルートコスモス（一件）、株式会社リーテック（五件）、株式会社穴吹工務店（一件）、株式会社穴吹不動産センター（五件）、有限会社CAM5（リクルートコスモスとの共同購入、二件）、有限会社CAM6（四六件）、グループ代表のリクルートコスモスは当時リクルートグループに属する不動産会社。実はこのバルクセール直後にリクルートグループから独立する。リーテックはリクルートコスモス出身の社長が二〇〇〇年に設立した会社。穴吹工務店は香川県高松市が本拠で、全国でマンションの建設・販売や不動産売買などをしている。穴吹不動産センターはグループ会社だ。残る二つの有限会社、CAM5とCAM6はリクルートコスモスが出資した特別目的会社（SPC、特定の不動産取引のために設立された会社）。リクルートコスモスは大型物件を獲得してはいるものの、購入物件数は少ない。物件数でいえば、主役は全体の七七%にあたる四六件を単独で手に入れたCAM6だ。CAM6について、リクルートコスモスは「弊社が設立したSPCに相違ない」という関係証明書を郵政公社に提出している。ところが郵政公社から不動産を購入した直後に、ケネディクスという企業に出資持分の五〇%を取得されている。ケネディクスの関連会社になったわけだが、まもなくケネディクスはCAM6を「スティルウォーター・インベストメント」と改称し、郵政不動産を次々と転売している。ケネディクスは米国の大手不動産会社ケネディ・ウィルソン・インクの日本の拠点として九五年に設立された。不動産や不良債権への投資を行なっている。CAM6はバルクセール前に設立されたが、設立時から取締役（代表者）はケネディクスの中堅幹部社員で、郵政公社のバルクセールにケネディクスが投資することはあらかじめ決まっていたとみていい。CAM6の取締役には後に米国穀物メジャーのカーギルの関係者も就任している。カーギルからも出資を受けた可能性がある。

資金源はオリックス

CAM6が購入した不動産を調べてみて意外なことがわかった。購入した不動産四六件のうち二二件がオリックスの担保に入っていた。福岡香椎用地（郵政公社の評価額約二七億円）、神奈川県葉山用地（同約一八億円）、北海道函館用地（同約九億円）はいずれも極度額二八億八〇〇〇万円の根抵当権を売買日に仮登記。小さな物件はまとめて共同担保にしている。CAM6が郵政公社の不動産を大量に買い付けることができたのは、オリックスが資金を提供していたからだった。落札した企業グループにオリックスは入っていないが、全体のスキームのなかにあらかじめ参加していたとみなしていいだろう。表には顔を見せない資金提供者だ。いずれにしても、かんぽの宿問題の四年も前から、オリックスは郵政資産ビジネスと関わりをもっていたことになる。リクルートコスモスは郵政公社の初めてのバルクセールを落札した二ヵ月後、リクルートグループからの独立を発表する。ユニゾン・キャピタルが運営する三つのファンドが九〇億円を出資、ユニゾンはリクルートコスモスの六〇％強の株を保有して筆頭株主になり、経営権を掌握する。ユニゾン・キャピタルの創業者で代表の江原仲好氏はゴールドマン・サックスで活躍した経歴をもち、同社勤務時代に日本人として初めてパートナーに選ばれている。ところで、オリックスがリクルートコスモスと資本関係をもつのもリクルートグループから独立したときからで、優先株を引き受けて二〇億円を出資している。ユニゾン・キャピタルの方とも接点がある。ちょうどリクルートコスモスの経営権を握るころ、ユニゾン・キャピタルは経営への助言機関「エグゼクティブ・カウンシル」を社内に設け、メンバーの一人として宮内義彦氏を迎え入れた。リクルートコスモスはリクルートグループから独立したあとも、郵政公社のバルクセールを立て続けに落札していく。参議院で郵政関連法案が否決された後、「郵政民営化の是非を問う」と訴える小泉総理が衆議院を解散、〇五年九月の総選挙で大勝した。郵政関連法案の作成を一手に取り仕切った竹中平蔵郵政民営化担当大臣は総務大臣も兼任、郵政公社を所管する総務省に乗り込む。大臣は郵政公社の資産売却に関する権限も持っていて、二億円以上の資産を売却する場合、郵政公社は総務大臣の認可を受けなければならない。完璧な郵政民営化体制が敷かれるなかで実施された二〇〇六年三月の郵政公社バルクセールは、最大規模のものとなった。一括売却された不動産は一回目の三倍を上回る一八六件。当時郵政公社で資産売却を担当していた関係者は、売却リストにたくさんの社宅が入っているのを発見して驚いた。「どうしてこんなに社宅を売るのかと同僚に聞いたら、社宅売却計画があるとかで、その初年度なんだと言ってました。いつそんな計画ができたのかはわかりません」。郵政公社の当時の内部資料を見ると、二回目のバルクセールの核となる目玉物件が記され、たとえば東京では「国分寺泉町社宅用地」、「旧赤坂一号社宅」、「旧中目黒三丁目社宅」などが挙げられ、いずれも地価が極めて高い。入札前から問い合わせが殺到、実際の入札には一一社が参加、住友不動産、野村不動産、丸紅などのほか、オリックス・リアルエステート（現オリックス不動産）なども参加している。結果は、リクルートコスモスのグループが再び落札。落札額は二一二億円だった。

郵政民営化とは、駅前の一等地を財閥がぶんどり合戦をすることだと揶揄する向きがあった。東京駅前は三菱地所とJR東日本、札幌は三井不動産名古屋は名工建設、博多はJR九州との合弁で高層ビルが建った。大阪は、住友が勧進元になってビルを建て、東京でディズニーランドを経営するオリエンタルランドが協力してカナダのサーカスの劇場を入れる話もあったが、まだ更地のままである。

51　日本郵政民営化の闇を暴く　中

株式会社リクルートコスモス（三件）有限会社CAM7（一三七件）株式会社穴吹工務店（一件）
株式会社穴吹不動産センター（七件）有限会社G7―1（二〇件）有限会社G7―2（リクルートコス

モスと共同購入）（二八件）がその内訳である。

郵政資産転がし

ＣＡＭ７はリクルートコスモスが出資するＳＰＣ、Ｇ７―１とＧ７―２は一回目のメンバーだったリーテックが出資するＳＰＣ。全体を見渡すと、ＣＡＭ７が大量購入していることがわかる。ところがＣＡＭ７はこの後、会社ごと買収され、リサ・パートナーズという投資ファンドが全出資持分を買い取り、会社を丸ごと買い取ることで一三七件の不動産を手に入れた。そして、リサ・パートナーズは一三七件のうち一件だけを個人に売却したあと、一三六件を別の会社に一括売却している。購入してからわずか三ヵ月のちに再びバルクセールで転売しているわけだ。リサ・パートナーズが一括売却した先は有限会社ティー・ジー・ファンド。聞きなれない名前の会社だが、有限会社ティー・ジー・ファンドはさらに法人や個人に転売し、ほぼ全物件を売り抜けている。まるで「郵政資産転がし」といってもいいような見事な転売リレーが成立している。リサ・パートナーズは旧日本長期信用銀行出身の井無田敦氏が九八年に設立した投資ファンドで、取引直前の〇五年一二月に東証一部に上場している。〇六年一二月期の中間決算書をみると、不動産の主要販売先として有限会社ティー・ジー・ファンドが特記されていて、販売額は一三億七八〇〇万円とある。謎の有限会社リサ・パートナーズは、ＣＡＭ７を会社ごと買収し、手に入れた郵政物件一三六件を有限会社ティー・ジー・ファンドに一三億七八〇〇万円で転売した。この売却額は、郵政公社の評価額を基準にすれば、破格の安さだ。郵政公社の評価では一三六件の合計は約二三億円。有限会社ティー・ジー・ファンドは四割引きで購入した計算になる。転売でかなり儲けたのだろうか。そもそもこの有限会社は何者なのか。連絡をとろうにも、会社のウェブサイトもなくＮＴＴの電話帳にも記載はない。

ゴールドマン・サックスのファンド

そこで、同社から不動産を購入した人を訪ねてみた。東海地方の郵便局用地を買った個人宅に電話をすると、「実は、こんな田舎の不動産を東京の名前を聞いたこともない会社が本当に所有しているのか不安になりましてね。うちの主人が東京に出張したおり会社をこっそり見にいったんです。きちんと表札が掲げてあったのでうその話ではないんだなと」。東北地方の不動産会社の担当者は、「値段は妥当だけど、郵政公社が売った土地の転売ですよね。会社が匿名を希望しているみたいな変な名前だし、なにか事情があるのかなとは思いました」。話を聞いてわかったのは、東急リバブルが仲介したケースが多いこと、不動産を買った当人も売り主ティー・ジー・ファンドについての情報はほとんど持ち合わせていないこと。あらためてティー・ジー・ファンドの代表者を調べた結果、ゴールドマン・サックス・リアルティ・ジャパンの社員であることがわかった。有限会社ティー・

ジー・ファンドは米国の大手投資銀行ゴールドマン・サックスの会社だった。正確にいえば、投資のための資金はゴールドマン・サックス・グループの不動産投資ファンド「ホワイトホール」から出ている。有限会社ティー・ジー・ファンドは不動産投資する際の受け皿にすぎないので、資本金三〇〇万円で専属の社員はいない。なぜゴールドマン・サックスが郵政資産の転売リレーなどに参加したのか、問い合わせてみたが、個別取引については答えられないとのこと。事情に詳しい金融関係者は郵政資産の転売では大きな利益はあげていないともいうが、正確なところはわからない。リサ・パートナーズ経由で購入した理由もよく判らない。ファンド関係者に意見を求めると、「ゴールドマン・サックスは何か事情があって表に名前を出したくなかったんでしょうね。リサはゴールドマンへの転売を前提に買っているはず。この世界はみんなお友達みたいなもので、貸し借りがありますから」。「ティー・ジー・ファンドから不動産を買った人で売買時に「ゴールドマン・サックス」の名前を耳にした人はいない。ライブドア事件の余波でファンドや外資への風あたりが強かったからだろうか。それにしても、不動産を売る相手にさえ正体を明かさないのだから不思議としかいいようがない。オリックスについても触れておかなければならない。不動産の分配状況をみると、G7—1とG7—2が目玉物件を多数手に入れていることが目を引く。郵政公社は内部資料でバルクセールの核となる優良物件一四件を特記しているが、そのうちG7—1が四件、G7—2が六件を購入している。リーテックの子会社二社が一四件の優良物件のうち、何と一〇件までを抑えているわけだ。不動産登記を調べてみると、ここでもオリックスが顔を出す。じつは、G7―1とG7―2は郵政公社から不動産を購入してからおよそ半年後の一〇月一日、リーテックに吸収合併されている。オリックスは合併直前に、G7―1が郵政公社から買い入れた優良不動産を担保にして、リーテックに融資している。オリックスが共同担保の形で担保にとったのは「旧赤坂一号社宅」「旧中目黒三丁目社宅」「旧沼部三号社宅」など。優良物件リストの不動産ばかりだ。リーテックに吸収される前、G7―1の保有物件には三井住友銀行や東京スター銀行が担保権を設定していた。融資を肩代わりしてオリックスが入りこみ、優良物件を担保にしたのだ。

赤坂六丁目プロジェクト

オリックスとリーテックはこのあと関係を深めていく。オリックスが資金を提供しリーテックが土地を購入するという共同作業で進めたのが赤坂六丁目のプロジェクトだ。郵政公社から手に入れた旧赤坂一号社宅周辺の土地買い集めに動いたのである。旧赤坂一号社宅は日本銀行氷川寮に隣接する都心の一等地。「（オリックスはリーテックに）赤坂だけで五〇億円以上出してくれている」（リーテック）というから、相当力を入れたプロジェクトだったのだろう。二〇〇七年九月に企業が所有する三七六㎡の土地、〇八年三月には独立行政法人水資源機構が所有していた二四五㎡の土地といった具合に、リーテックはオリックスから資金提供を受けながら次々と近隣の土地を買い進めた。

リーテックによると、赤坂六丁目のこれらの土地は不動産市況が冷え込む前は一〇〇億円以上の鑑定評価が出ていたという。旧赤坂一号社宅の郵政公社の評価額は五億円あまりだから二〇倍以上の金額だ。現場を訪れてみると、リーテックとオリックスが組んで進めてきたプロジェクトがどこの土地かはすぐにわかった。郵政公社が売った旧赤坂一号社宅はすでに建物はなく原っぱのような空き地。水資源機構からリーテックが購入した土地には寮のような建物は建っているが、人の出入りはない。旧赤坂一号社宅前で近所の住人に聞いてみると、「リクルートが買ったんですよ」。リクルートコスモスと思い違いしているようだが、リーテックとオリックスについてはまったく知らないようで名前を聞いてもきょとんとしていた。

民営化ビジネスの虚実

会社の関係図を見ながら改めて考えてみると、影の部分、ゴールドマン・サックスやリサ・パートナーズやオリックスが取引している領域はまるで不可視領域であるかのようだ。ティー・ジー・ファンドから不動産を買った人はゴールドマン・サックスが見えていないし、赤坂六丁目プロジェクトの隣に住む人はオリックスもリーテックも知らない。郵政公社が一八六件の不動産を引き渡し、六社グループが二一二億円を支払う。二本の矢印であらわされた動きだけを「官から民へ」と捉えると、全体像は見えない。ビジネスの領域は影の部分まで広がっているからである。「郵政利権」

が醸成されるのなら、不可視の領域にこそ目をこらさなければならない。

高橋副総裁の懸念

実をいうと、二回目のバルクセールが終わった直後に、郵政公社幹部が懸念の声を洩らしている。三月二〇日に開かれた「不動産処分検討委員会」の席上だ。委員長を務める郵政公社の高橋副総裁は「昨年のバルクでは、リクルートは転売して相当儲けたと聞いている。グルーピングの方法やもっと高く売れる方法を考える必要がある」と発言している。「昨年のバルク」とは一回目、「リクルート」はリクルートコスモスのグループのことだ。どのような意図で発言をしたのか、高橋氏に直接たずねてみると、「郵政公社の内部では『バルクセールはうまくいった』という話になっていたんですよ。しかし外部の不動産関係者に聞いてみたところ、彼ら（落札企業グループ）は損なんかしてませんよ、といわれた。『高く売った』といっているけど本当なのか、もっとやり方を考える必要があるんじゃないかということであういう発言をしたわけです」。外部の不動産関係者が「転売で儲けている」ことを知っていたのだから、業界の一部で噂になっていたのかもしれない。不思議なことに、高橋副総裁がかなり踏み込んで疑問を呈したのにもかかわらず、特段の改善策も講じられないまま三回目のバルクセールが実施され、やはりコスモスイニシア（旧リクルートコスモス）のグループが落札している。売却された不動産は一七八件、売却額は一一五億円だった。二〇〇七年二月のバルクセールに関わった関係者が解説した。「バルクセールが成立するのかどうか心配でした。優良物件が少なかったし、不動産業界も二回目のときのようなイケイケドンドンの雰囲気はまったくなかった。どこのマンションに売れ残りがでたとかいう話が聞こえてきたりして」。小泉政権を引き継いだばかりの安倍政権下で、三回目のバルクセールは実施されたが、投資ファンドの影は消える。一方で、三度も連続して同一企業グループが落札した気の緩みからか、おかしなことが頻出している。たとえば、入札に参加した企業の顔ぶれ。コスモスイニシア（旧リクルートコスモス）グループと、有限会社駿河ホールディングスと合同会社ＣＫＲＦ４の二社グループの二グループのみの入札だったが、ＣＫＲＦ４の代表は一回目でリクルートコスモスのグループに入っていたＣＡＭ６の代表と同じ人物。前にも述べたようにケネディクスの社員だ。駿河ホールディングスの代表に至っては、読売新聞の収材に「名義貸しだけなので、入札についてはわからない」と、名前を貸しただけであることを認める発言をしている。おかしなことは他にもある。バルクセールの仲介をしていた中央三井信託銀行は入札前に、落札企業が転売する相手先を探して購入希望価格まで聞きだしていた。鳥取県の岩井簡易保険保養センターについて、東京都内のある不動産業者は中央三井信託銀行の担当者から「いくらか」と聞かれ、「三〇〇〇万円」と答えた。買い付け証明まで提出したが、入札前に再び「六〇〇〇万円にならないか」と打診された。のちに、リーテックの子会社の有限会社レッドスロープがたったの一万円で郵政公社から購入し、地元の福祉施設に六〇〇〇万円で転売していたことを知ったという。

ファンド時代の終焉

オリックスとリーテックが二人三脚で進めた赤坂六丁目プロジェクトの後日談である。もともと郵政資産「旧赤坂一号社宅」をリーテック子会社のG7―1が手に入れたところからスタートした郵政ビジネス。オリックスから軍資金を得てリーテックが周辺地を買い進めたことは既にのべた。土地の所有権はリーテックにあるが、登記を確認すると、すべての不動産にオリックスが「代物弁済予約」を〇八年九月末に設定している。リーマン・ブラザーズが破綻した直後だ。カネが返せなくなれば土地は貰うというわけだが、リーマン・ショックを境に、プロジェクトに黄信号が点っていることを物語っている。そもそもオリックス自身、一時株価が急落し、厳しい状況におかれていた。郵政公社のバルクセールをすべて落札したコスモスイニシア（旧リクルートコスモス）は多額の債務超過に陥って、後に私的整理の新手法である事業再生ADRを申請した。郵政公社のバルクセールを振り返ると、小泉政権下で実施された一回目、二回目は投資ファンドが触手を伸ばしてきたが、安倍政権下の三回目になるとファンドの影は消えている。それは一つの予兆であり、不良債権ビジネスの手法を延長して民営化事業を推し進めることが難しくなっていることを示していた。そしてリーマン・ショックがとどめを刺す。投資ファンドの終焉である。かんぽの宿問題では、一括譲渡を落札したオリックスに鳩山邦夫総務大臣が待ったをかけ、郵政民営化の監督兼脚本家、竹中平蔵慶大教授（当時）は強く反発し、「かんぽの宿は不良債権」と言い切った。郵政民営化の根底に横たわる発想が口をついて出てきたのだろう。麻生政権下で鳩山大臣は更迭され、西川善文氏は日本郵政株式会社の社長の椅子にとどまった。小泉構造改革推進派がところを替えてすさまじい抵抗勢力となり、西川善文社長を守り通したのである。政局の次元では巻き返しに成功したけれども、しかし金融資本の流れにまかせ、すべてを洗い流してもらう金融資本による「改革」の時代が終焉した。はしなくも郵政民営化ビジネスの現状がその終焉を証明した。

学生時代に故鳩山邦夫代議士との付き合いはなかった。学習院と教育大付属大塚の卒業生の御曹司だから、ズボンに蒼線の入ったスマートな制服を着た姿を学内でみかけた記憶はある。赤いスポーツカーの愛車を見たこともあったが、直接口をきいたことはなかった。成績抜群だったたそうだ。当方はトレパン姿で授業に出て気位の高い教授から怒られた田舎者の貧乏学生だった。舛添要一氏との方が、同じ西洋政治史のゼミに所属していたから話すことが多かった。後に、都知事選挙で石原慎太郎氏の圧倒的な人気の下で、二人が競争して立候補して両方とも落選したことがあった。鳩山氏と、赤坂の蕎麦屋で月いち集まって清談会を開いたのは卒業してからだ。テレビ朝日の萩谷順氏、法政大学の下斗米伸夫教授、南足柄市長（当時）の澤長生氏などが常連だった。幹事役の高橋進東大教授が急逝して立ち消えになった。久留米に選挙区を変えたときは困った。同級生の古賀一成君と競争することになり、筆者は古賀氏を応援して、選挙妨害にならないようにして、どうせ鳩山邦夫氏は当選するから古賀君をせめて比例区で当選させて欲しいと街頭演説を筑後の大川市内でぶった。タイヤ会社が会社ぐるみで応援するから、休日に選挙運動をせずに当選する実力には驚いた。総務大臣のときは殊更に会わないようにした。入智恵でもしたと思われるのが厭だったのだが、かんぽの宿の事件の最中は特にそうだった。

51　日本郵政民営化の闇を暴く　下

ブログ「岩崎芳太郎の『反・中央集権』思想」の一部に「ＪＡＬ再建策にモノ申す」、副題を「日本航空債権問題は小泉竹中改革の延長戦」とする論説記事が載っている。岩崎芳太郎氏は鹿児島市に本社を置く岩崎産業の社長で、二〇一三年一一月八日から鹿児島商工会議所の会頭を務めておられる。二〇〇九年には『「地方を殺すのは誰か』』と題する単行本をＰＨＰ研究所から出版して「事業と社会正義を守るため、次々と降りかかってくる火の粉を払い、中央集権思想と新自由主義に敢然と立ち向かう」ことであると主張する地方経営者の論客である。そのブログの中の「郵政民営化の欺瞞」と題する論説には、「国全体を対象としたネットワーク事業は民営化にそぐわない。民営化政策の絶対的矛盾を明らかにする」との副題を付け、「郵政不動産払い下げ問題」という論説には「それは明治政府の『官有物払い下げ事件』を上回る大疑獄事件だ」との副題を付す。筆者は、黒潮文明論の紙面を拝借して、郵政民営化の闇の部分を暴くべく三頁に拡大して拙論を提示しているが、今回は、七月二二日の早朝に岩崎社長に直接電話して前掲ブログの郵政民営化部分からの引用と転載を申し出て、快諾を得た。ちなみに、平成元年の七月二二日は、長男の稲村周祐が薬効甲斐無く新宿の榊原病院で息を引き取った命日だから、筆者は遠慮することもなく、優れた論説を今もブログに残している岩崎社長に敬意を表わしながら、気後れ無く電話をしてお願いすることができたように思う。郵政不動産払い下げ問題の論説は「かんぽの宿払い下げ――不正の構図を暴く」との見出しが付いているが、まずその核心部分を引用しよう。

「なぜふつうに営業可能なかんぽの宿がたった一万円で売り飛ばされそうになったのでしょうか？一定の価値のある国民の財産でも、不良債権の評価は低い」、このロジックで国民の財産は収奪されてきたのです。

竹中氏が郵政事業を「不良債権」と呼びたがる理由

二〇〇九年初めのかんぽの宿の払い下げ問題のおかしさは、だれが見てもわかることですが、鳩山総務大臣にストップをかけられなければもう少しで国民の大切な財産は、格安でオリックスに下げ渡されてしまうところでした。なぜこんなバカなことが起こってしまうのか？　それを理解するためには、ユダヤやアングロサクソンの金融資本が日本に持ち込んだ弱者からの収奪を正当化するためのロジックである「減損会計」や「収益還元法」を用いたデューディリジェンス（資産評価）の手法をかんぽの宿に適用された背景を理解する必要があります。今回は、とても簡単な説明を試みてみましょう。（中略）竹中氏は郵政民営化について、産経新聞紙上で「不良債権処理はやってよかった。やらなければ大変だった。郵政民営化では二一九の隠された子会社を洗い出し、利権をむさぼっている人の既得権益がなくなり、納税も増えた。時間はかけなければならないが成果は表れている」と語っています。さらに、赤字の出ているかんぽの宿を早期に売却したのはよいことだと述べているのですが、私には全く彼の言っていることの意味はわかりません。そもそも、郵政事業というのは、不良債権なのでしょうか？　そうではないはずです。しかしそれをあえて「不良債権だ」と強弁しているのは、「一定の価値のある国民の財産であっても、不良債権であるから、減損会計とか収益還元法といった不良債権処理の時に使われた評価方法を使って、安く売却してもよいのだ」という収奪のロジックを働かせるために敢えてに言っているだけだとしか思えません。それはモノの評価の中で、特殊な状況のときにだけ使われる「安く買いたたくための特殊な方法」であって、一般的な評価方法とはいえないはずです。郵政事業に不良債権のレッテルを貼ることによって、一億二〇〇〇万人の国民の目から見て信じられない安値でかんぽの宿を売却しようとしたことを、竹中氏は本当に正当なことだと自信を持って言えるのでしょうか。もっと不思議なことは、二一九社の郵政ファミリー企業が不良債権なのであれば、どうしてその中の中核会社である日本郵便逓送の株の公開買付に二四〇億円もの巨費が必要だったのでしょうか？　ぜんぜん話に筋が通っていませんね。

リンゴ畑をむりやりたたき売りさせられたようなもの

簡単なたとえ話をすると、こういうことだと思います。リンゴ畑にリンゴがなっているのですが、ちょっと作柄が悪くて傷んでしまっていました。「このリンゴは、そのままにしておくと一〇日くらい後には腐ってしまうので、一刻も早く売りましょう。それも安く売らないと買い手がつきませんよ」と他人から言われて無理矢理に畑ごと売却されてしまったような無茶な話です。リンゴが痛んでいたからといって、それはたまたまその農家が下手だっただけで、他の人が同じ木でリンゴを作ればまったく立派なリンゴがとれるのに、売らなくてよい畑まで含めて売らせてしまったわけです。リンゴ畑をむりやりたたき売りさせられたようなもの。こんなことを、関係者全員（郵政会社経営者、第三者委員会、天上がりした民間人）が正当化しようとしているというのは、私には全く理解できないことです。このケースが正当化されるのは、畑の持ち主がどうしても明日にでもキャッシュが必要だとか、すぐにでも売却しなければ銀行債務の個人保証を待ってくれない切羽詰まった状況である場合だけです。しかし日本国が、郵政の財産を明日にでも売らなければならない状況に追い詰められることなどありえないことです。しかもリンゴ畑の「土地」を売ったことになっているのですが、買った人はそのままリンゴ農家を続けていて、翌年には立派なリンゴを収穫しているのです。つまり「かんぽの宿は郵政事業の本業ではないからやめなさい」と言われて売却したのですが、買った人はそのままホテルを続けて収益を上げているというのが現状です。ということは、かんぽの宿は竹中氏の言うような「不良債権」では全然なかったわけです。それなのに、不良債権として減損会計や収益還元法をといったテクニックを駆使して安い価格で売るのはまったく筋の通らない話でしょう。そうした評価方法は収奪を正当化するためのロジックでしかありません。しかも、オリックスに売られるはずだった〇九年初めのかんぽの宿七九件一括売却のケースでは、「リンゴ農家を続ける人は他にないのでオリックスに買ってもらう」、つまりオリックスがかんぽの宿を存続させることを前提にして従業員も引き取ることになっていたわけですが、契約書の上では雇用契約は一年しか保証されておらず、「オリックスは従業員を一年後に解雇してもよい」という契約になっていたようです。まったくもってひどい話です。

当事者しかいない第三者委員会による「問題なし」報告

これついては日本郵政から依頼された第三者検討委員会が「売却は不適切なものとは考えない。違法性はない。」とした最終報告を出しています。しかしこの「第三者委員会」メンバーは、元日弁連副会長、日本公認会計士協会副会長、日本不動産鑑定士協会常務理事の三人のメンバーからなる委員会だったのです。八回の会議はすべて日本郵政の社内で開かれ、毎回日本郵政の関係者も出席していたそうです。何のことはない、日弁連や会計士協会、不動産鑑定士協会は、今回かんぽの宿を不当に安く評価したような収益還元法や減損会計といったテクニックを駆使して不良債権処理を外資にたたき売ってきた専門職の総本家ですし、ここに並んだ人たちは彼らの親玉ではないですか。そんな人が「第三者」とは片腹痛い。彼らは第三者ではなくて当事者そのものです。そんな人が、まともな判断ができると考える方がおかしいでしょう。なぜこのような形で国家や国民が一部の民間企業に資産を収奪されなければならないのでしょうか？　この一〇年間、地方の人々や、東京でも役所や大企業、金融機関に関係のない市井の人たちは、そのようにしてずっと自分たちの財産、すなわち国民の富を収奪をされつづけてきたのです。（中略）自分がストレートに現ナマをもらうよりは、自分の組織がなるたけ肥大化し、役所に富を集中させるように貢献すれば、官僚組織にはしっかりした分配の論理が組み込まれていますから、自分がしかるべき出世の序列から外れさえしなければ、最終的には大きな得をすることになっています。つまるところ官僚が振りかざす「公」というのは、たいてい私利につながっていると考えたほうがよいのです。日本人がすごく勘違いしている点だと思うのですが、「私利」というのは、個人の利得には限りません。役所は省益を追求して動く組織なのですから。その組織にとっては、「私利」なのです。福沢諭吉は「私益はいずれ公益となる」という言葉を残したそうです。最近、公益法人法が改正されましたが、役所が考えている公益というのは、限定的な人たちの利益を守るためのものです。決してパブリックの利益を考えたものではありません。（中略）たとえば、問題になった簡保関連資産のオリックスへの払下げ事件。これは未遂だったものですが、固定資産税評価額が八五六億円の土地・建物等を一〇九億円で売却しようとしたものです。ここにはいつもなぜか公認会計士と弁護士と不動産鑑定士の姿がちらついています。」

岩崎芳太郎氏が経営する岩崎産業は、傘下の子会社に、郵便物を輸送する会社があったので、郵便事業のユニバーサルサービスについての見識があり、郵政民営化にともなって、郵便輸送部門の直営化にともなう疑惑についても分析と見識を吐露している。先の「日本航空債権問題は小泉竹中改革の延長戦」と副題を付けた論説のなかに、郵政民営化の郵便事業の子会社作りの不正について言及している。該当部分を引用して、マスコミ報道の対象にもされなかった郵政民営化の闇の一端を江湖に開示する。「民営化関連の法律でできた郵便事業（株）という一〇〇％の資本を国が持つ会社は三六〇億円の資金（当然、これは国のお金といっていいですが）を使って、郵政官僚の天下り先であった日本郵便逓送（株）他ファミリー企業一三社をＴＯＢや、キャッシュアウトマージャーという手法を使って、いわゆるＭ＆Ａをして、資本金一八二億五〇〇〇万円の日本郵便輸送という一〇〇％の子会社を作りだしました。本来、民営化で非効率は親方日の丸体質組織を効率的な事業体にしようとしたにもかかわらず、実際は逆に親方日の丸体質をそのまま郵便事業の本体に取り込んでしまったのです。それだけではなく、実はこの時、このファミリー企業の株の買収価格の決定について、大きな疑惑があります。たとえば、二四〇億円以上の巨額な資金を使った日本郵便逓送のＴＯＢについて、一株のＴＯＢ価格一九四〇円を決定するにあたって、中立的な第三者機関で売買価格決定の為のデューデリジェンスさえしていないのです。長銀破綻処理と相似形のＪＡＬ破綻処理策に問題はないのか自社で「修正純資産価格法」という手法を使って、一株二八一八円と評価して、それから八七八円減額した一九四〇円を自分たちだけで決めてしまっているのです。当然、八七八円の減額には、何の根拠もありません。つまり、このパターンは、買手側にいる首謀者が、三六〇億円という国のお金で買い物をしようとするとき、買う物の値踏みを不正に行ない、売り手側にいる共謀者が正しい価値評価と異なる恣意的な価格で即ち不当な値段で、国へ売り付けることを可能にしたというスキームです。それが、高かったのか安かったのかは正しいデューデリジェンスが行なわれていないのですから、わかりませんが……余談ですが、この日本郵便逓送のＴＯＢでは、悪事は意外に露呈してしまうものでおもしろい現象が起きてしまいました。恣意的な値付けが、売り手側の共謀者の彼らさえ予期せぬ違法行為を作りだしてしまったのです。どういうことかというと、三八％を所有する最大の株主が元々は国家公務員の共済組合だった郵政共済組合だったのです。そして、この共済組合代表者は日本郵政のトップだったＮ氏です。共済組合代表者は、自分がトップを務める郵政グループ五社の一社である郵便事業（Ｎ氏は同社の取締役でもある）が、正当な方法で資産査定して一株二八一八円の価値があると認めている日本郵便逓送の株を八七八円も安く、郵便事業に売り渡してしまったのです。この代表者は、一株八七八円の損害を共済組合に被らせており、これは立派な特別背任という犯罪なのです。ちなみに、共済組合の所有株式数は五二二万株ですから、共済組合が被った損害は約四六億円となります。郵政の関係者だったら、東京地検に告訴できますし、第三者だったら同じく東京地検告発の対象となります。共済組合の資金を任されていた某金融機関が運用で大穴を開けたため、その大損を穴埋めする目的で共済組合はその株を売却したという噂もあります。これだけの疑惑をかかえる「郵政民営化」です。地検も当然動いてくれるでしょうし、マスコミが大騒ぎすること間違いなしです」と岩崎芳太郎氏は書いた。Ｎ氏とあるが、それは当時の日本郵政の社長であった西川善文氏のイニシャルであることは、岩崎氏から、直接確かめたことであるが、マスコミは何等関心を示すこともなく、検察も全く動かなかったばかりでなく、最近は、そのN氏が日本郵政に乗り込んできた際の四人組の一人といわれる横山邦男氏が、日本郵便の社長に就任するという奇怪な人事すら行なわれている。未だに旧聞に属する話とはなっていない。

ＪＰエクスプレスは郵政民営化直後の二〇〇八年六月に、日本郵便と日本通運の宅配便事業のペリカン便を統合する受け皿会社として設立され、件のN氏が関与している。ＪＰエクスプレスは、最終的には、日本郵便が二〇一〇年度通期で一一八五億円の損失を計上した上に、宅配便事業での黒字化が全く達成されないままに倒産している。その間の日本通運の株式のチャートを眺めていると分かることであるが、株式市場は、日本通運の宅配便の切り離しを悪材料と捉えたのか、二〇〇七年の基本合意から、二〇〇九年一月の宅配便からの撤退方針を決めるまでの間、株価は下落を続けている。更に興味深いのは、外国資本の投資がこの期間に頻繁に行なわれ、キャピタルグループとゴールドマングループとが頻繁に大量保有と売却とを繰り返して利益を稼いでいる。外資は日本通運のプレスリリースの発表前に売買を完了する興味深い動きが観察され、推定でしかないが、何らかのインサイダー情報を入手していたのではないかとの見方ができる。郵政民営化の闇は漆黒の闇だ。

53　わが国政選挙立候補の顛末

明治大学の学長をされた故岡野香穂留先生が、郵便局ファンの会の会長をされて、芝公園から東京駅までの郵政民営化反対のデモ行進に同道したことがある。岡野先生はイタリアの思想家クローチェの「明日の天気は変えられないが、明日の政治は変えられる」という名言を自著の題名に引用されていて、政治の主張はデモをして表現することが大切と日頃言っていた。このデモには、全特、当時の全国特定郵便局長会の関係者も多数参加した。局長夫人会の幹部も参加して、今の小池東京都知事が刺客となって蹴落とした小林興起元衆議院議員も参加するなど賑やかだった。日比谷公園の野外音楽堂には、簡易郵便局、特定郵便局よりも小さな郵便局の関係者が集まって気勢を上げたときに、急に指名されて壇上に駆け上がりアジ演説をしたばかりか、虎ノ門の郵政本社ビル前をデモ行進の先頭を歩いていた。それを旧知の日刊工業新聞の八木澤徹記者に見つかり、翌日のコラムに勇姿の写真付きで紹介された。その勢いで二〇〇九年夏の総選挙にも出た。虚しくもドンキホーテの役割は果たしたと思う。

「無手勝流総選挙奮闘記」（お礼）と題し『沖縄経済文化研究会報』に寄稿した顛末記の要旨は次の通りである。総選挙で東海ブロックの比例区から、国民新党で立候補した。比例区は立候補者の名前を書くのではなく、政党名を書く選挙である。東海ブロックとは、名古屋市を含む愛知県、静岡県、三重県、岐阜県の大選挙区である。日本の人口の大体一割を占める。国民新党から立候補したのは、衆議院議員当選九回の経験があり、前回の総選挙で約三二万票を取りながらわずかに一三〇〇票不足で次点となった青山丘氏と小生の二人であった。名簿の登載順位は、青山丘氏が一位であったから、三五万票を獲得すれば一人は当選するとしても、つまり二番手の当選が至難の技であることは、もとより承知の上だった。大選挙区であるから、手分けして選挙区を駆け巡り、国民新党の主張を訴えて得票を増やす役割で、刺身のつまのような候補者であったが、選挙であるから、あわよくばの気持ちは大事にした。国民新党を選択したのは、郵政民営化の抜本的な見直しを掲げていることが第一の理由である。四年前まで郵政公社の理事をしていて、民営化に抗して退任したから、その後の観察でも、民営化は、郵政資産の単なる私物化と切り売りで、国際金融資本の強い影響下での、郵便貯金・簡易保険で蓄積した巨額の国民資産の海外持ち出しの投機経済の目論みであることを理解した。郵政刺客選挙で議会制民主主義をないがしろにするようなやり方で、強圧的に民営化したものを見直すためには、政治的に決着をつける必要があると考えていたから、特にかんぽの宿の問題で、出来レースの不正を追及した鳩山総務大臣が更迭され、日本郵政の元銀行頭取の社長続投が決まったときに、義を見て為さざるは勇なきなり、と思い至った。大学で京極純一先生、佐藤誠三郎先生の政治学を受講したこともあり、最高の学問をする機会と考えていたが、負け戦は相当のストレスで後に大病を患う原因ともなったか。郵政省時代の上司でもあった、国民新党の長谷川憲正参議院議員（当時）から「役人生活で功成り名も遂げたのだから、世話になった郵政に恩返しをしても良いのではないのか」との誘惑（？）があったのも一因である。東海ブロックにしたのは、その昔、二回も勤務した関係で、気の置けない仲間が多数居て土地勘があったからだ。全特の東海地方会の会長は、その後参議院議員となった柘植芳文氏だった。もしも九州沖縄ブロックから立候補すれば、奄美沖縄で大量得票して万が一の当選もあり得たかも知れないが、落選確実の立候補だった。最近の風潮としての役人叩きを見るにつけ、不甲斐なさを感じると同時に、公務員の卒業生としての経歴の枠から一歩踏み出す必要も感じていた。実際、国民新党から公認の証書をもらったときには、奄美の島を離れて初めて開聞岳を船から眺めながら、「旅の出で立ち・丑拝でぃ」と登り口説を口ずさんで新しい人生を始めたときのような気分であった。南足柄市長の沢長生君、李下に冠をただざずと明解に主張した鳩山邦夫大臣や、年金問題で奮闘する桝添要一厚生大臣、民主党の古賀一成衆議院議員（いずれも当時）などの政治家が同級生にもいたし、若いときには政治学の専攻で、国際政治の勉強もしていたから、今でも政治は総合的な学問だと考えている。国民新党から、公認料で五〇〇万円を頂戴したが、領収書に署名して、その場で選挙事務の担当者に渡し、支持者がたむろできるような選挙事務所もつくらなかった。紹介も多数受けたが、がらがらとトランク一個を引っ張り、バック一個を肩にかけて、新幹線で往来して、駅を出ると、支持者の車に乗せてもらって講演会や集会に参加することだったから、カネを使わない選挙の典型で、「さすらいのポストマン」の風体であった。名古屋では、温泉のあるビジネスホテルを常宿にし、駅前ホテルを泊まり歩いた。三重県では友人である名古屋勤務時代の同僚で営業の専門家の川北勝氏が所有する高原の別荘に筆者を泊まらせ、わが無謀さを慰めるかのように、忙中閑ありを実現してくれた。

今やインターネットの時代であるから、立候補予定者としてホームページを立ち上げようと考えてはいたが、余裕がなかったところに、なんと沖縄観光速報社の渡久地明氏が、「稲村公望を国政に送りこもう」というブログのサイトを立ち上げてくれた。愛知県の友人は、小生の書いた雑文をよく読んでいただいて、主張をサイトにまとめていただいた。インターネットによる選挙運動は、文書配布として、選挙期間中禁止されている（当時）が、経費がかからない運動でもあり、政治の議論を活発化させるためにはむしろ解禁すべきではないだろうか。大票田である大都市で大宣伝を行なうことが、選挙勝利の要点であることは分かるが、比例区の立候補は、地元出身の名前は出ても、小生の名前など、一行も地元新聞には載らなかった。静岡新聞は、「稲村さん、あなたは地元の人ではないから載せない」と、けんもほろろだったが、『月刊日本』の山浦嘉久氏が興津での応援演説会に駆けつけてくれた。沼津の中小企業の経営者からは、ネット上の拙論を読んだとして、日本経済を復活させる為には、緊縮財政ではだめだ、積極財政論だ、とのメールをわざわざ頂戴した。冷静な議論を行なうためには、ネット上の議論の方が、大量政治宣伝のテレビ討論などより有効のように見える。選挙期間中は、他の比例区の候補者が足を運ぶことをためらうような、過疎地も回ることにした。三重県の最南端の紀和町も訪れた。一三年ぶりに、当時の町長と議長に会ったが、町のさびれ様は一目瞭然であった。地方への財政交付を四七兆円削減した小泉竹中政治の構造改革が、改悪でしかなかった現実を体感した。高山から御母衣ダムを抜け、荘川を経て郡上八幡近くまで辿った。高速道路ができてすっかり便利になっていたが、過疎化はいよいよ深刻で、電源開発の総裁が、水没する湖底から移植した二本の桜の大木を拝むようにして、立ち止まらずに通り過ぎた。一気に秋の気配が立ちこめた飛騨の山々であったが、共同体を守るために必死に暮らしている人々に出逢い、三人、四人、五人のミニ集会を繰り返した。浜松の奥の水窪から、佐久間ダムみさくぼにも抜けた。コンクリートの壁が聳えるそのダムの下で、地元の女性の郵便局長からいろいろとお話を聞いた。お目当ての日本一小さな村であった冨山村(とみやま)には行けなかったが、天竜川の峡谷に沿った街道を一日がかりで上り下りしたのである。地域の住民からは、郵便局のサービスが民営化後急速に悪くなったと訴えられ、郵便配達員からは、局内の壁の仕切りのことや、また、郵便集配業務が日に日に劣化している現実についても聞かされた。神島にも行った。三島由紀夫の名作『潮騒』の舞台となった伊勢湾に浮かぶ島である。日本全国の島嶼の政治経済に詳しい知人に連絡したら、手際よく手配していただき、地元の漁協の関係者にも紹介していただいた。神島から望む海原の水平線の向こうには、わが黒潮の島々が連なっているさまが、見えたかのように思えたのだ。実際、

『潮騒』が描写したように、島の青年は、船乗りとなって、沖縄の運天港で台風の夜に船を繋ぎ止めて大人となったのである。選挙通の同志からは、島を回っても票にはならないと言われたが、神島に行けただけで、立候補した甲斐があったように思えたのは、不思議である。静岡市の繁華街の呉服町の交差点では、亀井静香先生に従って、街宣車の上に登って街頭演説もした。奄美の小学校の同級生である大河平才毅（おこひらとしたか）君は、静岡で高校の校長を歴任していたが、聴衆となって、演説を誉めてくれたし、関西の同級生からの激励電話もあった。シマッチュの情けは深いのだ。選挙終盤には、郵政民営化に反対したために、片山さつき氏が刺客として送りこまれた選挙で議席を失っていた城内実氏の応援を側面から実行する意図もあって、浜松駅前で城内氏支持のビラ配りもした。政権交代だとの国民新党の主張が、国民を守るぶれない政治、日本復活であると知っていても、ともあれ民主党への政権交代だとの小泉・竹中政治に対する怨嗟の声が満ちあふれ、ついついビラ配りの手も鈍ったものである。この選挙が永く戦後政治の枠組みとなっていた五五年体制を終焉させる、歴史の転換を画する選挙になったのであった。構造改悪の日本破壊に激怒した国民は、寄り合い所帯の民主党に全幅の信頼を寄せた訳ではないが、自立自尊を失った小泉・竹中政治に懲罰を加え、民主党への政権交代を実現させた。後に民主党政権はＴＰＰを第三の開国ともて囃すなど新自由主義路線を進め、消費税導入を強行し、緊縮財政論に屈従して急速に人心を失ったのではあるが……。国民は「郵政民営化の見直し」を具体化するようにとの支持をこの泡沫候補に与え、小選挙区であれば確実に当選できる一三万二一二票の票を寄せ、「負けたが勝ち」の気分にさせた。大政党の比例区の候補者が僅かに三万七〇〇〇票で当選したことを考えれば、そういう気分にもなる。

54　天孫降臨は火山列島開墾神話

日本一のタブノキの巨木は、香取神宮近くの台地の縁に聳え立ち、府馬の大楠と呼ばれる。千年以上の樹齢を数えるという。成田線の小見川駅からタクシーに乗り換えて往訪したことは既に記録した。小見川という地名自体が、麻を績ぐ川という意味ではないかとの仮説を出した。尾身という姓の官僚上がりの政治家がいたが、その姓も麻績の変形かも知れないと想像することだ。府馬の大楠を拝観するために、浜松町から銚子行きの高速バスに乗ると、小見川駅近くの停留所で降りることになるが、降車する直前の車窓の右側に、全長が約一二三メートルもある三ノ分目大塚山古墳という典型的な前方後円墳を眺めることができる。土浦の北方の台地には舟形山古墳があり、近くに富士塚古墳があるが、霞ヶ浦、昔は香取海と呼ばれた内海の縁の台地の上に、巨大な古墳が点在している。古墳時代とは三世紀末から四世紀初頭に始まり、七世紀後半に終わるとされるが、ちょうど、『古事記』や『日本書紀』が成立する時代の前の時代に当たることになる。香取の利根川の低地部の近辺には、古墳時代の四百年の間に、なんと五百基もの古墳が造営されている。四世紀の初期の古墳は数は少ないが、阿玉台北遺跡の全長約二二五メートルの前方後方墳、大戸天神山古墳（全長約六二メートルの前方後円墳）がある。五世紀になると、先述の大型の三ノ分目大塚山古墳に加えて、円墳、方墳と多彩である。六世紀になるといよいよ古墳の数は増大し、禅昌寺山古墳・大法寺古墳、浅間神社古墳、城山古墳などが見られる。城山古墳は、小見川高校の校庭を造成中に発掘され、本格的な横穴式石室を持ち三角縁三神五獣鏡をはじめ、多数の副葬品が発見されて、今は香取市が保管して文化財保存館で展示している。六世紀の古墳は、主に前方後円墳となる。埴輪を樹立する葬送儀礼は五世紀中頃の三ノ分目大塚山古墳を最古として、六世紀後半まで続いている。仏教が伝来すると、伽藍の建築が加わって寺が古墳に取って代わることになる。墓のほかでも、自然を畏敬し頭を垂れて崇拝していた黒潮の民の拝所に、木造の本殿が付属する社が建てられていくことになる。香取神宮の近辺の古墳のことを書けば、鹿島神宮のある霞ヶ浦の北部の古墳はどうなっているのかと関心が及ぶことになるが、実は、香取の古墳の規模を超える、茨城県最大の百基以上の前方後円墳・方墳・円墳など多彩な古墳群が、霞ヶ浦北浦西岸の大生原台地の上に展開しているのだ。大生神社を中心として大生東部古墳群、大生西部古墳群、カメ森古墳群、田ノ森古墳群に大別されるが、大生神社西側に位置する大生西部古墳群は、鹿見塚古墳（県指定史跡）、子子舞（まごまい）塚古墳、天神塚古墳、白旗八幡古墳など二十数基からなる。古墳群の被葬者は鹿島神宮と関係のあった多氏・飯富氏と見られ、大生神社はこの一族が奉斎した社とされる。古墳群の各前方後円墳がいずれも人生神社または鹿島神宮の方向を向いているという指摘もある。今の茨城県の北東部は、鹿島神宮と香取神宮が、霞ヶ浦と太平洋とがつながる場所の南北の海門をなしているのであるが、この壮大な古墳群の存在は、後に加わる二つの大神宮と共に、古代から大豪族の住まう土地であったことを証明しているのである。

日本列島南端の大隅半島の塚崎の大楠と唐仁原古墳群との関係が、府馬の大楠と、鹿島香取の古墳群と相似の関係にあるのではないかと思い当たる。筆者は、宮崎県の西都原古墳群や近畿の仁徳天皇陵などの古墳時代の御陵を実見していないが、鹿島や香取の古墳築造の技術が、東国から海路で南下したのではないかとの説に共鳴するものを感じる。大和朝廷が成立する以前に、鉄と古墳築造の技術をもった鹿島と香取を拠点とする神々が、相次ぐ火山の噴火疲弊した原野を開墾するために海を渡ったのが、天孫降臨の神話ではないかと考える。大国主命の別名は大穴持であるが、このことについても、火山活動との関係を示して大火口を意味する神名ではないかとの仮説に賛同するに至っている。出雲の国譲り神話も、火山灰が降り注いで疲弊した国津神の地に、東国の民が渡ってきて古墳群を築き、火山灰などを取り除けて、耕作の土地を確保した物語ではないだろうか。大隅半島にある大古墳群は東国からの天孫降臨の証拠ではないかと考えられる。前方後円墳は朝鮮半島にも発見されるが、大陸王朝の墳墓と異なる。新羅の都だった慶州の古墳が月の夜に見せるシルエットは壮大な円墳で、それは美しい。だが、その形は、船形をして海路を旅しているような姿の列島淵源の前方後円墳とはまったく異なる。台風一過後に、筆者の乗った飛行機は鹿児島空港から離陸して霧島山塊上空を飛んだ。天孫降臨神話の地とされる高千穂峰に火口カルデラが鎮座ましま す景色がくっきりとして、活火山である韓国岳の蒸気も見え、錦江湾の桜島の噴煙も遠くに見えた。

55 日本音階にある四種類の五音階

歌に踊りはつきものだ。歌だけを聞くことはない。三線の音に合わせて踊り出すのだ。珊瑚礁の白砂の浜辺に出て月の出を待つ。月が昇るまでの暗闇のなかで、三線の音合わせをしながら気長に待つ。ひそひそ話をするのは良いが、酒は準備をするだけで口はつけない。かわたれ時で化け物が出かねない時間だから、「ティダ（太陽）がなし」の強烈さとは比較にならない「チッキュウ（月）がなし」の優しい光が脚下を照らすようになるまでじっと待つ。じとっと湿っぽい真夏の夕凪があっても、月が昇る頃になると涼しい心地よい風も吹いて来る。ようやく一日の疲れを癒やす酒盛りを始める。初夏の頃には濃艶なテッポウユリの花粉の香りが浜辺に漂って来て、若い男女が珊瑚礁の巌の陰に潜むことがある。歌と踊りのリズムは体に浸みつく。幼児の頃は、紬糸を繰る糸巻きを回すように胸の前で手をぐるぐる回すだけでいいと習うが、大人になれば、男女が互いに手招きするように手と足とを連動させ、右手、右足、左手、左足と調子を合わせることが必要になる。

基本は決して難しくない。右手と右足が一緒になって、重心が右側に移ると、その後には左手と左足とが前に出るようにする。魚を捕るサバニ船を漕ぐ櫂を操るように、手の甲と手のひらとを交互に返すようにする。少し腰をかがめたり伸ばしたりするのも、踊りをもっともらしくみせる。阿波踊りになると、女性に高下駄を履かせ、ゆらぎのある優雅な足裁きにして、男は鉢巻きをして腰を落とし、踊らにゃ損々と剽軽さを加える。

阿波踊りも、沖縄のカチャーシーも、奄美の六調なども基本は同じだ。沖縄本島では、宴がたけなわになると、「豊年音頭」等の軽快な曲に合わせて自由に乱舞する踊り方だ。石垣島等の八重山では乱舞（モーヤー）というが、テンポが遅い六調節となる。足や腰を使い、回転動作を加えるから、遅くなる。奄美の南部の与論と沖永良部では沖縄と同じカチャーシーが踊られる。沖縄の中山王国の尚巴志が一四九二年に南山王国を滅ぼし琉球王国の統一を果たしたが、与論と沖永良部は北山王国の領域だったためだと考えられる。徳之島以北の奄美では、八重山と同じ六調であるが太鼓が加わる。宮古島ではクライマックスの踊りとして、クイチャーが踊られている。自由乱舞のカチャーシーと異なり、全員が同じ動作をしながら輪になって踊りまわる。沖縄を代表するミュージシャンの照屋林賢氏に、奄美の歌と沖縄の歌との違いを聞いたら、奄美の歌は短調が入ってもの悲しいとの返事を聞いたことがあるが、確かに、王朝が成立した沖縄では、賑やかな音楽が主流になり、バラードような音楽があっても、悲哀のある音楽はビジネスには縁遠いことは確かで、奄美や宮古では柳田國男の「蝸牛考」の理屈が当てはまり、悲しい歌に似つかわしいゆっくりした古い踊りが残っている。沖縄でも、明治初期に創作された「花風」等の雑踊りのように、王朝の荘重な儀礼の踊りとは違って、哀愁が籠もり、事大主義の形式を克服している。

日本音楽は「民謡音階」、「律音階」、「都節音階」、「琉球音階」の四種類の五音階がある。西洋音楽と比べると、主音のドから四つ目のファと七つ目のシがない音階であるから、ヨナ抜き音階と表記される。「民謡音階」はわらべ唄や、伝統的な民謡の中でよく使われており、「ド―♭ミ―ファソ―♭シ―ド」で構成される。「律音階」は、支那の音階で「ド―レ―ファソ―ラ―ド」で構成される。雅楽の越天楽もこの音階である。三味線の旋律に多い「都節音階」は、「ド―♭レ―ファソ―♭ラ―ド」で構成される。律音階の間の「レ」と「ラ」を半音下げ、暗く情感をこめて歌うと都節音階になるが、うら悲しい演歌のメロディーを考えれば良い。後に都節となった曲も、原型は律音階のものが多いところを見ると、演歌は大陸の音階が日本列島で短音を加えて哀調を帯びた可能性が高い。「琉球音階」はドミファソシドの五音にレを加えた六音で構成されている。外来の音階でないのは民謡音階と琉球音階であるが、違いはミとシが民謡音階で半音低くなっていることである。「琉球音階」は、沖縄から台湾、インドネシア、インド、ブータン、チベットと広く分布しているから、琉球音階が北上して、ミとシの音でもの悲しくなった音階が日本民謡の音階で、琉球音階が源流ではないかと推測することができる。国歌「君が代」の旋律は、明治時代に律音階で作曲されているが、文部省唱歌が西洋音階で作成されたのと同様に、日本の伝統的で内在的な音階が何であるかとの検討が不足したままに制式化された可能性が考えられる。さて、奄美の音階はドレミソが多用され、ラの音が少し使われることに特徴がある。沖縄の主流の琉球音階は長音階であるが、奄美の音階には短音階が入ってきて、同じ三線の音楽であっても、奄美のシマ唄に高い裏声の特徴があるように、沖縄民謡とは違った「月の夜」の哀調を帯びる。

56　四種類の音階すべてがある徳之島

「君が代」は、律音階を基本に作曲されていると指摘したが、諸外国の国歌と大きな違いがあることには思いもよらなかった。本誌の編集に参加している飯田孝一氏から示唆を得て、ドラゴンクエストというコンピュータゲームの作曲家として著名な、すぎやまこういち氏が「君が代」のメロディーを絶賛して解説していることを知った。君が代の初めのメロディーはレミドミソミレである。大概の国歌はドかソの音で始まるが、日本の国歌はレの音で始まる。ユニゾン、つまり斉唱で始まることも特徴だ。一人一人が自らを省みるように「君が代は」と歌い始め、ミソラソラ、「千代にーいぃ」と導入して、「八千代に」のところで一気に高音のハーモニーにして一人一人の国民の声を合わせ、次に「さざれ石の巌となりて」をミソラレドで低音にして、「苔のむうすうまで」を一気に音を高めてミソラソファソレと、レの音で終えている。レの音は「君が代」が続くようにと余韻を残す。外国の国歌はプロの歌手でないとなかなか歌いこなせないような音域の幅があるが、「君が代」は誰もが歌える音程の幅である。西洋音楽を基本とする甲子園の入場行進曲等とは異なるとの解説を、追記しておきたい。

酒井正子先生の著作に『奄美沖縄哭きうたの民族誌』がある。亡き人への思いを即興の歌に託し、語りかけ、あの世へ送る、葬送の歌を、奄美と沖縄、そして韓国の珍島で取材した研究書である。先生に初めてお目にかかったのは、与那国島の豊年祭の場所で、冠をかぶり真っ黄色の花織りで正装した踊りの映像を頂戴したことがある。放送大学のテレビ番組で音階について解説されていて興味をもったが、解説が書かれたテキスト本が行方不明となっていた。今年（二〇一七）の三月一一日、國學院大學渋谷校舎で口承文芸学会の第七二回研究例会が、奄美シマウタ研究会との共催で開催された。総合司会を酒井先生が務められると聞き及び、出かけて、音階分布のご教示を得ることにした。四月八日に、資料が送られてきて、「音階の重層図を掲載しています。どうぞお使い下さい」との付箋がつけられていた。頂戴した資料は、「徳之島のシマウタ」と題する非売品のパンフレットで、徳之島の伊仙町の教育委員会が二〇一五年三月二八日付で編集発行したものだ。裏表紙に「平成二六年地域振興推進事業」（徳之島文化財保存プロジェクト）と注記がある。執筆・監修が酒井正子とある。

パンフレットの冒頭に、徳之島の民俗音楽文化と題する五行の文章があり、喜界島出身の音楽家・久保けんお氏の言として、日本を一つのスリ鉢と考えると、「徳之島はそのスリ鉢の『いちばん底』にあたる」と引用し、「本土と沖縄、両方向から流入してくる様々な音楽文化を受け止め、沈殿させ、独自のものを作りあげていく。徳之島にはそんなしたたかで強烈な個性があるのです」と書く。続けて、「徳之島はまさに本土と沖縄の音階がぶつかり、渦を巻く、潮目のような位置にあります。寒流と暖流がぶつかり合うところに魚が集まり、豊かな漁場を形成するように多彩な曲が生み出されています。日本の民俗音楽にみられる四種類の五音音階のうち、徳之島では民謡音階（ラドレミソラ）と律音階（ドレファソラド）が同じくらいあり、基本的に本土の音階と共通しています。一方琉球音階（ドミファソシド）は沖永良部島が北限だとよく言われますが、実は徳之島にももぐりこんできています。たとえば三味線歌の二上にぁがり節は民謡音階の曲ですが、亀津・集落では琉球音階でうたわれ、両方の音階が併存しています。もちろん沖縄のはやり歌そのものも好んでうたわれています。徳之島独自の音感覚のフィルターがはたらくこともあります。たとえば沖縄の御前風、口説は琉球音階の曲ですが、徳之島では半音をとらず、民謡音階風になまってうたわれます。一方本土の大正~昭和のはやり歌かごの鳥は、徳之島でも大流行しました。元は陰旋の都節音階（ドレ♭ファソ♭ド）で、演歌によくあるようなうら悲しいメロディーなのですが、徳之島では陽旋化して律音階（ドレファソラド）で威勢よくうたわれます。以上、徳之島では四種類の音階すべてが視野に入ってきます。いわば日本全体がみえる位置にあるのです」とある。

57　必ず光があたる郵政民営化の闇

小泉総理（当時）は郵政民営化法案が参議院で否決されたことを不服として衆議院を解散し、亀井静香氏にホリエモン、小林興起氏に小池百合子、自見庄三郎氏に西川京子、等と郵政民営化に反対した代議士に対して「刺客」を立て、劇場型選挙で圧勝した。広告会社は、戦艦ポチョムキンのアイゼンシュタインばりの政治宣伝手法を採用した。血の色の緞帳の前で獅子吼する総理はレーニンを思わせた。衆議院で民営化法案が再可決された日、ニューヨークのジャパンソサエティーが主催する日本郵政民営化の是非を問うシンポジウムに私は出席していた。民営化反対の持論をぶったら、モルガンスタンレーの証券アナリストが「貴方がミスター稲村か、貴方が反対するから儲からない。一〇年と言わず早く株を売れ。とっとと消え失せろ」と悪態をついた。セントラル駅近くのスミスホテルに戻り、ドアの鎖錠を確かめた。

二〇〇七年一〇月に日本郵政公社が分割民営化され、日本郵政など五社の株式会社が発足した。それから一〇年が経った。民営化郵政の初代社長には、郵政公社時代の生田正治初代総裁を追い出して総裁になっていた元住友銀行頭取の西川善文氏が就任した。トヨタとアサヒビールの財界御意見番が利益相反の人事だと批判したが、マスコミも政治家も口を噤むばかりだった。

数寄屋橋の日劇前で、広告会社電通の企画で井上靖ばりの「あすなろ物語」と題する紙芝居が行なわれた。郵政民営化が実施されればバラ色の日本の未来が開けるとのシナリオで、複数の国会議員が参加して、猟官であればこうも卑屈になれるかと思うほどの拍手喝采をしていた。国営公社を民営化すれば、業務の効率化が行なわれ、サービス向上があるとの謳い文句だったが、その結果はどうなったか。郵政民営化は「官から民へ」との大合唱の下で、郵便貯金や簡易保険の世界最大規模の国民資産を有効に使うという大義を掲げたが、実際は資産を外国に投機的に持ち出し、利益を海外移転させ剽窃する目論見だった。政権交代という神風が吹いて、ゆうちょ銀行とかんぽ生命の全株式を売却する計画は、公明党の主導する三党合意で売却路線に歯止めがかかり国損を免れて、僥倖であった。小泉政権の竹中平蔵郵政民営化担当大臣（当時）の主張に従って、早々に全株を売却して国民資産を海外に持ち出していれば、直後に発生したリーマンショックを回避することができず、オランダで一兆円の損失を出したNTTドコモの比でない国損を出していた筈だ。民営化後、郵便事業は日本通運と合弁で宅配便子会社を設立したが、一〇〇〇億を超える大赤字を出して倒産した。西川善文社長の側近として四人組と呼ばれ采配を振るったうちの一人の横山邦男氏が、日本郵便の社長で出戻ったことには驚かされるが、巨額の損失を出しても誰も責任をとる気配はいまだになく、コンプライアンスが決定的に欠如したままだ。政権交代後の民主党も矛を納めたから、検察も幹部が郵政の社外重役に天下りするばかりで、株式売買の動きを見ていると、インサイダー情報のあった可能性が公開された大量売買報告書を読むだけで推定される。検察の特捜も秋霜烈々の気風を失い、告発は不問にされ、お咎めは一切なかった。総務省のホームページには今も、原口一博総務大臣（当時）の下で、元検事の郷原信郎氏等が意見集約した「郵政民営化のコンプライアンス報告書」が空しく残っている。

郵政民営化後一〇年、竹中元担当大臣などは「郵便事業の低迷はスマートフォンやインターネットの普及で市場縮小があった」と弁明するが、ネットによる通信販売が急速に伸張したから宅配便の物量は拡大したことが現実であり、郵政民営化で目先の利益と数字を追いかけただけの経営が行なわれ、ネット時代を進取する設備投資を行なわず時代のトレンドに遅れてしまったことが原因である。クレジットカードで切手を買うことすらできず、ネット郵便の改良も行なわれず、先進国における郵便技術の伸展からも遅れをとっている。郵便区分機械などの技術革新もなく、郵便番号制度や追跡システムも旧態依然で、民営化後一〇年経ってポストは汚れ、局舎は老朽化し、新たな設備投資がなされた気配はない。

東芝の経営破綻の張本人の一人が、郵政民営化委員会と東京証券取引所のトップを歴任、戦後七〇年談話と日支間の政治経済対話の座長をする異様な人事があった。元大蔵次官の斉藤次郎氏を更迭して、ＩＢＭ社外重役でもあった西室泰三氏が日本郵政社長に起用された。西室氏は将来展望のない株式上場を強行し、二〇一五年には豪州の物流会社トール社を大盤振る舞いで買収し、二年も経たない三月に四〇〇〇億を超える損失を計上した。筆者は『「ゆうちょマネー」はどこへ消えたか』と題する単行本を金融財政学者の菊池英博氏と共著で出版し、経営責任追及のために、長門正貢日本郵政社長に辞任勧告書を連名で提出したが梨のつぶてだった。日本郵政公社の時代にはトヨタ自動車に匹敵する利益を出していた優良国営事業を、なんと損益を赤字にしてしまう劣悪事業にしてしまったのだ。郵政民営化路線が破綻した証左ではないだろうか。経営形態を含め、郵政民営化の見直しこそが急務ではないのか。西室泰三社長は、日本郵政とゆうちょ銀行とかんぽ生命の三社の株式を急いで上場したが、金融二社のもつ国民資産を外資と共謀して簒奪することが目的であったとすれば、株価を向上させる意欲は働かず、早く外国資本に株を売るため、むしろ経営を改善せず株価を低迷させる方が好都合だった。郵政グループの持株会社、子会社としてのゆうちょ銀行とかんぽ生命の二社の社長が揃いも揃って元銀行員という経歴の持ち主で、郵便局の日本全国津々浦々の展開、預金と貯金の違いや、すぐに支払われて（即時払い）葬式代にもなり、ささやかな学資や入院費を工面するための簡易保険の哲学などを蔑ろにした。明治以来一世紀半に及び全国津々浦々に展開する郵便局に対する強固な信頼があったからこそ郵貯も簡保も生成発展した事実を無視している。新式郵便制度を導入した前島密が、不平等条約の改正を念頭に置いていたことすら意識する気配はない。簡易保険保養センターを一部勢力へ叩き売る画策が実行され、鳩山邦夫総務大臣（当時）が批判して問題になったが、民営化後の経営者は郵政の創業以来の経世済民の廉潔と進取の経営方針を欠いた。監督官庁の監督は素より、国会の監視機能も疎かになったようだ。「郵便貯金は、民営化してから民間銀行から送金できるようになった」と、件の竹中元大臣は発言しているが、国営郵政時代のゆうちょカードの方が国際規格に合致して世界中で通用し、民間銀行よりも利便性は高かった。北海道で毎日新聞社主催の自動車レースがあった際、外国からの参加者が使ったカードは、郵便局のATMだけが受け付けることができた。相互接続を拒否したのは銀行協会側であり、シティバンクとATMの相互利用を最初に開始したのは郵便貯金だ。竹中氏は「多くの国営郵政の関係会社が暴利をむさぼった」と発言しているが、根拠のない単なる印象操作・政治宣伝でしかない。

筆者は日本郵政公社で常務理事を務めたが、手取りの給料は七〇万円にも満たなかったし、ボーナスが一〇〇万円を超えたのはその常務理事の二年目のことだった。郵政公社の社外理事となった大学教授は、月にたった二、三時間の経営会議参加で三〇万円の謝礼があったから、その教授をからかったら、安月給だから人材が集まらないのだと逆襲された。新橋のうなぎ屋に昼食の相伴をした民間からの上司は一五〇〇円のうな重を安くておいしいとのたまうので、「社員食堂では、三五〇円のかつライスが定番だから、うな重を安いとはおっしゃらない方がいい」と窘めたこともあった。民営化後の役員給料の高さは、米国流の経営者のお手盛りの給料でしかないと確信する。一方で、民営化後は、社員の待遇に大きな給与格差を作りだした。日本郵便の非正規社員の待遇格差は違法だという本年九月一四日の判決をマスコミはなぜ報道しないのだろうか。今回の判決が「働き方改革」の動きを先取りしたものであるとすれば、郵政民営化の内実は、時代に逆行するものでしかなかったのではないのか。もともと人海戦術に頼ることの多い郵便事業では、アルバイトを貴重な戦力として重宝してきた。年末年始には高校生が働ける安心な職場としても評判だった。だが、同一労働同一賃金の理想を追求しないで、非正規労働でコストカットばかり追求するとは、何のための民営化だったのだろうか。一〇年前の一〇月一二日に全逓と全郵政の労働組合が統合され日本最大の単一組織の労働組合として発足したが、民営化後の労働条件は悪化し労働分配の格差は拡大している。全特と呼ばれた、全国の小さな郵便局の局長の組織も政治力を弱体化させた。組合委員長を監査役にし、郵便局長会の会長を取締役にして、経営者側に取り込んでしまう懐柔策も実行されている。産経新聞九月三〇日号は、竹中平蔵慶応大名誉教授（当時）にインタビューして、「郵便事業は海外にものすごい成長分野を持っている。企業買収を自由にできるよう（政府）は早く株を売却しないといけない」との発言を掲載したが、世界の郵政民営化の実態を無視した全くの不見識である。二〇一七年二月一三日の豪州マスコミ紙に、日本郵政が乗り込で来てトール社を買収し挙句に首切りをしていると、風刺漫画が出ていたことを知らないのだろうか。そして、フィナンシャルタイムスに指摘された「大盤振る舞いの四〇〇〇億のプレミアムがどこに消えたか」の調査報道をしないで、郵政民営化という構造「改悪」の首謀者の一人の意見だけを麗々しく掲載するとは、保守を自称する新聞にあるまじき不公平な記事である。ゆうちょ銀行とかんぽ生命の株を「早く売却して完全な民間企業になることだ。暗黙の政府保証がある状況だと、民業圧迫になるので自由な経営ができない」となると的外れだ。自民党の有力な政治家であった野中広務議員は、「郵政が保有する国民資産を国民に返してから民営化をするのであればそれは自由だ」と喝破していたが、竹中元大臣は国民資産を勝手に売れという。まず国民に郵政の財産を分配してから後であれば、煮ても焼いても勝手だろうが、財産を海外に持ち出した挙句に巨額の大損を喫する民営化となったのでは叶わない。

二〇一七年の夏のことだが、鹿児島県の島嶼三島村の竹島で日本郵政直営の、元の特定郵便局が廃止され、その代わりに町が請負で経営する簡易郵便局が発足した。その具体例を観察すると、利便性を大きく後退させている。ＡＴＭの機械類の配備などもしていない、補助者もおらず、簡易局長は休みもとれない、責任を地方自治体に押しつけている。本社の一部経営陣が現場の声も聞かず、郵便局と地域社会との絆を無視するから、地方の支社段階で、現場の実態が見えていても問題を迅速に処理して解決せず、上意下達の官僚主義を蔓延らせているのではないか。

郵便貯金の限度額が一人一〇〇〇万でも、家族四人で四〇〇〇万円のキャッシュを持っている所帯などありはしない。暗黙の政府保証で何が悪いのだ。そもそも郵便局は金貸し銀行ではないのだ。民営化と称して銀行法の下に置いたのが無理筋なのだ。かんぽ生命を生命保険法の下に置いたのも不適当だ。そもそも大手生命保険会社とは成り立ち、哲学が違う。簡易保険は学資を貯める保険、診察も要らない信頼関係の社会政策としての保険、葬式の費用を賄うための保険だったといっても決して過言ではない。簡保は、葬式の場で現金を支払って、遺族から感謝されるのが常だった。大地震の時には、借用証書はとったが、面通しだけで、通帳もはんこもなくても現金を渡すのが、郵便局の緊急時の即時払いだった。ところが、民営化後の東日本大震災の時には、緊急時の対処すらまともに伝達されなかった。米国南部アトランタに本社のあるアフラック日本法人の代表が社外重役に就任しているが、利益相反の観点から米国内だったら許されないだろう。郵便局はアヒルならぬ、鵜飼いの鵜の役割をさせられていないか。外国保険会社だけにがん保険が許され、簡保を徐敗するのは、米国流公正取引にも完全に反する排他的商取引である。トランプ政権はＴＰＰを廃棄した。アラバマ州選出の上院議員でＴＰＰ批判の急先鋒、セッションズ氏を司法長官、法の番人としたから、ワシントンの「沼」掃除に繋がることではないかスォンプと注意を喚起したい。

実は、世界で民営化に成功した郵政事業はない。ドイツはいったん民営化したが、外国勢力と通じて米国の金融会社のしかも秘密社外重役だったツムヴィンケル総裁を逮捕して失脚させ、郵便局の数の激減に歯止めをかける政府の法的介入が続いている。米国は国営のままで、トランプ政権になってからも民営化の声はない。民営化の権化のオランダでは混乱が続いてさまよっているだけだ。日本経済新聞が喧伝したニュージーランドの郵政民営化は、郵便貯金が外資に売られ不便になり、キィウィバンクという官業の貯蓄機関を創設した。スイス郵政は基本的に民営化に反対で、日本で孤塁を守る筆者を慰めようと、ユングフラウの山上郵便局に招待してくれたことがある。欧州では郵政民営化の弊害が次々と表面化しているが、日本の郵政民営化は世界的にも大失政となった。郵政民営化委員会は無駄な組織である。落選した政治家や経営者・御用学者の隠遁する茶番劇の舞台としか思われない。郵政民営化を見直し、経営形態を国家行政組織に戻さないまでも、郵政公社時代のように三事業一体で、企業会計を貫徹してコンプライアンスを守り、創業者前島密が、小樽郵便局の局長室に掲げた扁額に「清廉が志を規る」と揮毫しているように、創業の廉潔と進取の気風を取り戻すことが急がれるのではないか。竹中氏の教条を掲載した新聞記事は、プロフィールから意図的に人材派遣会社パソナの会長という肩書きを抜かしている。非正規労働という西欧で忌み嫌われる労働新制度で甘い汁を吸い、戦後営々と達成してきた日本の労働環境と公平な労働分配のシステムを破壊した元凶の労働者派遣法を導入した象徴とも言うべき会社の会長という肩書きをマスコミはなぜ表に出さないのか。

現役の閣僚をも巻き込んだパソナ薬物接待事件が最近あったことをすら忘れる健忘症になったのだろうか。郵政民営化について、件の担当大臣と後に世界銀行の総裁をも務めたゼーリックＵＳＴＲ代表との一七回にも及ぶとされる面談記録や規制改革会議の議事録も公開されないが、ロッキード事件の闇は四〇年経って真実が明らかになった。郵政民営化の闇に光が当たる日も必ず来る。寿命尽きた原発を延命・運転して巨万の利益を見込み、モンゴルに核のゴミ処理場を画策した東芝とオバマ政権が、米支経済同盟とされた蜜月関係の下で、支那でのウェスチングハウスの新型原子炉導入の資金源にするために、郵政民営化が画策されたのではないかと妄想する時がある。筆者は日本郵政公社を退任後、中央大学客員教授、時事通信社の内外調査会講師、日立製作所顧問、友人の経営する会社の監査役を務めて糊口を凌いだが、元大蔵次官の斉藤次郎氏から経営立て直しのためにと日本郵便副会長に呼び込まれた。第二次安倍政権が成立して斉藤社長が失脚して、後継の大蔵省出身の坂社長が内閣官房長官に疎まれ、西室泰三氏が郵政トップに就任する。「稲村さんは米国の大学院を出てワシントンに知人が多いが、保険会社の話はしないで」とのダミ声に「そうですか」と空返事をしたのが、僅か三年前だ。雲隠れして所在不明だったが幽明界を隔てた由だ。一一月三〇日（二〇一七）に帝国ホテルでお別れの会があった。「天網恢々疎にして漏らさず！」

58 洋楽専一(グローバリゼーション)と伝統音階の歌謡曲

美空ひばりは敗戦に打ちひしがれた日本を歌謡曲で鼓舞した。元号が昭和から平成に変わった年の七月に逝去した。渋谷区南平台の自宅に戻る霊柩車に筆者は出遭ったことがあり、記憶に鮮やかだ。荒廃しきった戦後の日本を励ますかのように大ヒットしたのが、「リンゴ追分」だ。民謡の追分のように朗々とした発声で、モンゴルの大草原に居て、ぬけるような蒼空にぶつけるように歌っている。伴奏は、シャンシャン馬が歩いているように演奏される。「港町十三番地」は、戦後復興が進んで、ようやくほっとした頃の、ひばりの故地、横浜の船員のたまり場の情景を写し取った歌だ。歌手人生の最後の頃に、「川の流れのように」がヒットしたが、もの悲しく切ない。伝統の音階に基づいた曲で、律音階や西洋音階とは遠い位置にある音楽が歌謡曲である。発声方法も違う。同時代の東海林太郎や三浦洸一といった音楽学校を卒業した歌手の歌い方とも違い、拳(コブシ)を聞かせるなどの要素がある。歌唱法が違うのだ。だから、西洋音階を基に作られている文部省唱歌の世界とも離れたところにある。それでも戦後という時代に、日本人の根源に戻る必要があったから、特に哀調を帯びた民謡の馬子唄の、津軽を舞台とする最新版として、天才歌手美空ひばりの歌声が一世を風靡することになったのだ。津軽のリンゴをテーマにして、高石かつ枝が、「林檎(りんご)の花咲く町」を歌って大ヒットした。大都会への人口流出があって、若い娘たちの望郷の念を切々と歌っているが、これまた、単純に賑やかな音頭にせず哀愁をにじませているのだ。集団就職があって、義務教育を終えた若い労働力が大挙してふるさとを去って大都会に旅立った頃には、春日八郎の「赤いランプの終列車」、三橋美智也の「哀愁列車」と、歌謡曲の大ヒットが続いた。そして井沢八郎の「ああ上野駅」は、上野駅に碑が建てられるほどに人気を呼んだ。♪就職列車に揺られて着いた遠いあの夜を思い出す上野はおいらの心の駅だと喉の奥から声を絞り出して唄う。「配達帰りの自転車を停めて聞いてる国訛り」と続く。朝鮮や台湾の歌手も名乗りをあげ、歌謡曲が演歌になった。チョウ・ヨンピルの「釜山港へ帰れ」、台湾からは、テレサ・テン、欧陽菲菲などの歌手が、茶の間で有名になっていった。要するに、日本の伝統音楽は、歌謡曲の世界に秘められ沈殿していて、メロディーやリズムが、絶望や悲しみがある危機の時に噴出して民衆の歌となった。その象徴としての戦後の名歌手が美空ひばりだったのだ。沖縄の音階で、美空ひばりの唄が一曲だけ残る。琉球舞踊の名作「花風の港」を題名に、西沢爽と猪俣公章が作詞作曲したレコード原盤が日本コロムビアの倉庫で見つかり、美空ひばりの死後に作品集に加わり、カラオケにもなった。美空ひばりの熱烈なファンだった那覇の石原エミ氏の情熱で発掘されて、もう一つ美空ひばりの絶唱が加わった。

戦後は、国際共産主義運動の勢力が歌声運動と称して、三味線ならぬアコーディオンで伴奏して、ロシアの革命音楽などを流行らせようと歌声喫茶などが画策された。しかし、少なくとも七〇年代の中頃までは、日本の伝統音階を編曲した、美空ひばりに代表される歌謡曲が全盛して外国音楽が優位になることはなかった。ところが、テレビやＦＭ放送の普及と共に、西洋の音楽が大量に普及していくことになる。西洋の大衆音楽のモノマネで、自作の曲をピアノを弾きながら歌ったり、ギター片手に反戦活動家の雰囲気でフォーク音楽が歌われるようになった。黒人の霊歌（ソウル）やラップという何かしら怨念のある呪文なども新しい音楽（？）として登場した。

ＲＣＡ（ラジオコーポレーション・オブ・アメリカ）の総帥であるデイビッド・サーノフ氏を叙勲したのがこの頃であるが、サーノフ氏は自家用機で名古屋空港に飛来した。日本ビクターという電機会社の商標に、蓄音機のラッパ管に耳を傾ける犬の絵があり、下部に、ヒズ・マスターズ・ヴォイス（その犬の主人の声）と書かれていた。日本のテレビ放送網は米国のＲＣＡの技術とのつながりの中で実用化された。読売新聞系列の日本テレビが、社主の正力松太郎氏の下で民間放送網を広げた。中継通信回線をどうするかが相当に揉めて、最終的に電電公社が分配を担当することに決着した。日本電気のロゴの字体はＧＥと同じだった。

独立をなんとか保とうとしたタイ王国では、西洋音楽を学校で教えようともしない。ところが、わが国では民間放送連盟五〇年記念行事で、心に残る歌を視聴者から募集したところ、歌謡曲は対象に入れてもいなかった。美空ひばりの「リンゴ追分」を心に残る歌にしてはいけないらしい。民間放送の番組からは、浪曲も講談も尺八も琴の音もなくなった。ＦＭ放送で歌謡曲の番組はめったになく、バイリンガルの男女が洋楽専一とじゃれあうばかりのグローバリゼーションだ。公共放送で年末恒例行事となっている紅白歌合戦ですら、言わずもがなの流行りの袢纏である。

59　家畜の去勢と人間の去勢

鹿児島の物産展を覗くと、練団子の銘菓「春駒」が展示されている。もともとは「馬んマラ」と言っていたそうで、鹿児島をご訪問されたやんごとない御方から、この菓子の名前を聞かれて接伴員は答えに窮したが、咄嗟に「春駒」と秀逸な名前を言上した由である。「咲いた桜になぜ駒繋ぐ、駒が勇めば花が散る」という和歌まで思い出しているから、相当な教養のある案内人ではある。明治天皇が行幸されて、西郷隆盛が随行した明治五年の鹿児島での逸話だろうか。「春駒」は薩摩・大隅の隼人の勇壮を暗示する菓子になった。春駒は満開の桜の花を散らせるような暴れ馬であるから、勿論去勢された馬ではない。日本が馬を去勢する技術を習得したのは江戸時代になってからで、オランダから洋馬を輸入して、同行してきた獣医から去勢の知識を聴き取り、その成果をまとめて本にしている。数年後に支那からも養馬の専門家を徳川吉宗は招請しているが、「陰嚢を抜かない」支那の馬は日本の馬と乗ったときの心持ちもそう変わらないが、去勢した馬は肉太りがよくなり暴れなくなるなどと記録している。何と！　日本国家が馬の去勢を本格的に考え始めたのは一九世紀も末の日清戦争の時からで、徳川吉宗の洋馬の輸入と清朝からの専門家を招いての養馬の研究から二〇〇年以上の時間が経っている。日本も義和団事件に出兵したが、西洋の軍人から「日本馬は馬に似た猛獣ではないか」と酷評された、と伝えられている。

筆者のふるさとの島では、豚をワーと呼ぶが、春先になると豚のふぐりをとる作業が行なわれた。カミソリで切って睾丸の中の白い部分を押し出して、そのときに子豚が泣き叫ぶ悲鳴が記憶に残る。奄美の豚の去勢は睾丸の中身を除去することで男根を切除することではないが、名越左源太の「南島雑話」は去勢を男根切除と誤認している。奄美の豚も琉球の沖縄から伝わったことだろうから、奄美で去勢を生業にしていたのは、沖縄出身の養豚業の人物だと「南島雑話」は記録しているし、筆者の記憶でも、ふぐりを切る作業をした浜辺の近くの集落には、沖縄の糸満漁民の末裔が住んでいた。糸満人の漁網には、魚を集めるために豚の鮮血が塗られて、魚網を干す場所の浜辺には魚と豚の匂いが混じり合って独特の異臭が立ちこめていた。今村昌平の映画『神々の深き欲望』の中に、豚を一匹海に投げ込んでサメが群がる場面があったが、豚と漁撈の関わりがあることも確実である。豚の飼育は太平洋の島々にも広く伝搬しているが、飼っている豚の去勢は広く行なわれている。北海道と千島では、犬の去勢もあったと言うから、日本列島の南と北では古くから去勢が知られていたが、本州では去勢がなかったことは興味深い。ちなみに朝鮮半島でも牛馬の去勢は一七世紀の半ばにおいても普及していなかったという。米大陸の馬は西欧人が持ち込んだ動物だから、米原住民は去勢の仕方を西欧人から習ったことになる。そうすると、鎌倉時代の武士の流鏑馬などは、去勢していない荒馬を乗りこなしていることになる。相馬の野馬追の行事も荒馬を躾ける大イベントであるが、米国西部のカウボーイが、牛馬を投げ縄で仕留めるロデオの妙技も、去勢されたおとなしい肥満の牛馬であれば、たいした迫力もない只の見世物になる。

日本では家畜や人の去勢が、知られなかったから、去勢とは男根を切除することだとの誤解が今も消えない可能性がある。鹿児島の銘菓の「春駒」も、男根をサンスクリット語でマーラと言い、それが磨羅と音訳された名残である。マラを切断する残虐な刑が羅切であり、切羅とも表現されたという。残虐だと言うのは、男根を切除しても睾丸を切除しない限り性の衝動は残されたままであるからである。江戸のいろは四十八組の火消しにも「ら」組と「ひ」組がないのは、火と羅切を忌み嫌ったからだ。日本では去勢された者が仏門に入ることが歓迎されず、支那大陸で重用された宦官の制度が入り込むこともなかった。支那の宦官は八〇年代の終わりまで存命していて、回顧録すら出版された。ベトナムではホーチミンが倒したグエン朝に一九四五年まで宦官がいたし、李氏朝鮮における宦官の存在は勿論のこととして日韓併合までは継続した。大岡越前守だけではなく、江戸幕府も去勢者に否定的に対処しており、女性ばかりが居住する大奥で宦官が使われた記録はない。後宮（ハーレム）があったにしても、日本では去勢者ではなく、性にまだ目覚めていない子供がその世話役を担ったようである。男はともかく、女性を対象にした刑罰で、陰核を切除する残酷な刑罰が中東の一部の文化で見られるが、日本では全くないと断言してもよい。纏足がないことは言うまでもない。身動きのとれない女性に性の衝動を感じるのは、動物の獲物を捕らえるような遊牧民の感覚である。高松塚の古墳の壁画でも、男女の従者が共々深奥の墓室に描かれているが、支那の古墳の奥には女性と宦官だけが描かれている。黒潮の民は人と家畜を厳しく分かち、人の男女の去勢と隷属を許さない。

60 本邦古来の音感の復権と維新発展

音は、湿気があると遠くまで伝わらないらしい。真夏には蝉の声が喧しく鳴いて、ジトッと鬱陶しい暑さが伝わるが、空気が澄んでくる秋の夜が更けると、疲れた心がすだく虫の音にようやく癒やされるようになる。西洋の楽器は乾燥した環境の中で音が鋭く伝わるように設計されている。日本の夏場の演奏会では、湿気のせいで、楽器の接合部の接着が怪しくなるほどのこともあって、欧米から日本に来訪する演奏家は、夏場の音の調律にひどく気を遣うとのことだ。逆に、日本の楽器、たとえば尺八などは乾燥すれば罅割れを起こしてしまうから、海外での演奏会に持ち歩くときには、なんと野菜と一緒に袋に詰めるなどして湿気を保つ工夫をすると聞く。漆塗りの茶碗なども西欧に持って行けば、罅割れするだけで、プラスチックの模造品の方が使い勝手がいい。海外赴任の経験者で、日本の食器を持参しようとした者なら誰もが経験で知っている。

仲間と一緒に東京葛飾区の水元公園のタブノキを訪ねた際に、タブノキの巨木が植わった八幡神社の脇で、参加者の一人が縄文時代の石笛（いわぶえ）を吹くのを筆者は聞いたことがある。神霊を招き寄せるような澄み切った不思議な音であり、能の能管のピーという鋭い音とそっくりだった。毎年一一月の初めに京都に出かけて、稲盛財団が主催する京都国際賞の授賞式に参列しているが、その際に奉祝能として上演される、金剛流の「鞍馬天狗」、観世流の「羽衣」等が最高潮の場面で発せられる能管の音、つまりヒシギと呼ばれる最高音とも同じであるように感じる。天狗や天女といった異界からの登場を示すために舞台の場面を切り裂くような音としてふさわしい最高音と縄文の石笛の音色、それが一緒なのだ。だから、水元公園での石笛の演奏は化け物を呼び寄せることになっても困るので、一回だけの吹鳴にとどめてもらった。水元公園の近くの南蔵院という天台宗のお寺に「縛られ地蔵」があり、立ち寄ってきたばかりだったので、神霊を呼び寄せるような音を出すことが憚られ、ましてやタブノキの神木の下であったから、長い音出しを遠慮した。石笛は、確かに、吉野の金峯山寺の山伏の黒潮の法螺貝の音のように、のんびりと柔らかく響く音ではない。弥生時代になってから土笛ができて、その後に、土を焼いてできた土師器の笛が出現して、その後に銅鐸や双盤という金属製の大型楽器と木製の琴が出現する。

奄美や沖縄では、遺跡から石笛が発掘された例はないという。確かに、南島の賑やかな祭りでは、太鼓を打ち鳴らすことはあっても、横笛も縦笛もなく、まして篳篥(ひちりき)や笙(しょう)といった大陸渡来の楽器はなかった。三線はずっと後の時代に南方から移入された楽器である。縄文の笛に相当するものが、指笛(はとう)だ。島では口笛や指笛を夜に吹くと不吉だと言っていたが、昼間に鳥寄せの力があったにしても、夜には石笛が神霊を呼び寄せるように、魔物を呼び寄せてしまう恐れがあったから、夜の口笛と指笛が禁忌になったのだろう。筆者は奄美の徳之島で生まれたのであるが、残念なことに指笛が吹けずじまいだ。散々練習をしたが、両手を合わせて、鳩のような音を出せるだけで、闘牛のワイドに併せたり、三沢あけみが歌う奄美の新民謡「島のブルース」に伴奏する鋭い音を出す指笛はとうとうできないままに老いた。それで今は、沖縄の名護市の許田にある道の駅で、今井良明氏が製造・販売する、指笛代わりの小さな貝殻の笛を愛用している。

日本の学校では、西洋音楽だけが教えられるといういびつがあり、しかも本家の西欧でもすっかり古びてしまった音楽が後生大事に守られて、日本語と民族独自の世界から切り離されて音楽教育が成立している。角田忠信という東京医科歯科大学の先生の卓説は、欧米人は、左脳で論理、右脳で情動を処理するのに対して、日本人は左脳が両方の窓口となり、そのうち、西洋音楽を右脳で処理しているとの説である。自然音と音楽とが区別されないで、価値の上下もないままに、音楽の音と騒音すらも区別しないという特徴がある。電車の中の静けさは不思議な程であるが、京浜急行の電車の中では外国軍隊の兵隊さんが大声で話しており、最近では、急増した支那人観光客が、傍若無人の大声で話していることがままあるが、言語や音楽を認識する、左右の頭脳の構造や「間」の取り方がそもそも違うのだと考えれば納得がいく。

柴田南雄『日本の音を聴く』（青土社）は昭和二〇年五月四日の日付で、「美しいものは滅びはしない。ここ半月程の間に歴史は急転回した――ファシストとナチの完全な崩壊。今、たたかひでおごれること、野心、無智な神秘主義が片っ端から滅びつつある。（中略）美しいものは滅びはしない。世界観を持たぬ民族、科学的思考力に欠如した民族の前途は哀れだ。野望は非望だ。彼等が自らの無智を識るにはよき機会となるだらう。ああしかしわれら何といふ日に生を享けたのであらう」と記す。今年は明治一五〇年の年だ。古来の音感の復権と、西洋音楽を含めた本邦の音楽界の維新発展とを、切に期待したい。

61 沖永良部島――今上陛下と西郷隆盛

天皇皇后両陛下は、平成二九年一一月一六日（木）から一八日（土）まで三日間、屋久島、沖永良部島（おきのえらぶじま）と与論島に行幸啓された。一六日午前中に羽田空港を日本航空の特別機で出発され、機内でご昼食をとられ、鹿児島空港で、平成二七年五月に口永良部島の新岳が噴火した時の状況や復興状況を聴取した後に、日本エアコミューターの特別機で屋久島に向かわれた。島民全員が避難を余儀なくされた大災害に対して、お見舞いのお気持ちを表明され、その後を案じておられたことから、口永良部島住民とのご懇談が屋久島町総合センターで開催された。屋久島には四五年ぶりのお立ち寄りになった。屋久島から特別機が一時間一五分の飛行の後、同日午後四時一五分頃に沖永良部島に到着した。和泊町長の伊地知実利町長、永野利則町議会議長、野山イセノ（八八歳）や谷山ハル（一〇〇歳）などの長寿クラブ連合会の会員、わどまり保育園の園児らが出迎えた。お泊まり所は空港から一九キロ先にあり、沖永良部島の南半分の知名町のおきえらぶフローラルホテルだった。ホテルまでの県道沿いでは、日の丸の小旗がうち振られていた。知名町の平安正盛町長や名間武忠町議会議長らが出迎え、ホテルで三反園鹿児島県知事から県政概要について聴取された。同日の日程終了後に、県知事と侍従の記者会見があり、野村護侍従は、以前に沖永良部島と与論島などを訪れる予定が天皇陛下のご入院の為に見送られた経緯を説明し、「今回五年ぶりに実現し、沖永良部島に初めてご訪問され、大変お喜びの様子だった」と話した。天皇皇后両陛下は、一四年前に名瀬市（当時）で鹿児島県が主催して開催された、奄美群島祖国復帰五十周年式典にご臨席されたから、すでに奄美大島には訪問されていた。この黒潮文明論の拙文も、その鮮やかな式典の模様の報告を題材として始まったのだった。

両陛下はこの日、東京→鹿児島→屋久島→沖永良部島と、約一五〇〇キロの距離を移動された。翌一七日には、沖永良部島から与論島まで二五分間の飛行を特別機で渡られ、まず百合ヶ浜展望休憩所から百合ヶ浜をご覧になった。「百合ケ浜」は引潮など条件が揃った時だけ姿を現すため、「幻の浜」と呼ばれている。その後、両陛下は、与論町地域福祉センターで二時間三八分間滞在されて、ご昼食をとられ、国の重要無形民俗文化財に指定されている「与論の十五夜踊」をご覧になった。午後三時半過ぎには与論空港を後にして、沖永良部島に戻られた。翌日午前一〇時にはホテルを立たれて、和泊町立国頭（くにがみ）小学校をご訪問された。子供たちが、昔ながらの砂糖車（さたぐるま）でサトウキビを搾っていく、黒糖製造の工程をご覧になった。国頭小学校の校庭には、日立製作所の提供テレビ番組に登場する「この木なんの木気になる木」のハワイのモンキポッドの樹にも劣ることのない、おそらく日本一大きなガジュマルの巨木がある。黒糖作りには五年生一五人が参加し、そのうち四人が砂糖車を押してキビ汁を搾り、最終工程の煮詰めるために攪拌する作業は、通村幸吉さん（六五歳）など、五年前から砂糖作りを学校で指導している地元の大人五人が担当した。両陛下は児童が持つサトウキビを手で触られて、歯車でキビを搾る様子を近くでご覧になり、久富南空さん（一〇歳）らに「重くないですか、何回くらい回すのですか」とご下問になられたという。他の子供たちが島の民謡の「永良部百合の花」を披露した。六年生の川上鈴夢さん（一二歳）などがサンシン（三味線）を弾いて民謡の伴奏をした。民謡に歌われた百合はテッポウユリで、沖永良部島の特産品であり、今でも国内はもとより海外に輸出されている。

ちなみに、沖永良部島は九州から南へ五五二キロ、沖縄から北へ六〇キロに位置する隆起珊瑚礁の島である。大きな鍾乳洞で有名で、河川はなく、鍾乳洞を流れる地下の川を暗河（くらごう）という。水を入れた桶を頭に乗せて、地下水を汲みに鍾乳洞の坂道を上り下りした。島の出身の作家に一色次郎がいる。本名は大屋典一（すけかつ）である。大正五年五月一日生、昭和六三年五月二五日没。昭和二四年「冬の旅」で直木賞候補、昭和三〇年に一色次郎の筆名を用いる。昭和三六年「孤雁」で再度直木賞候補。昭和四二年に「青幻記」で太宰治賞を受賞し、後に映画化された。早乙女勝元と編纂を協力した「東京大空襲」で菊池寛賞受賞。父親が無実の罪で獄死したとされ、そのためか死刑廃止運動も行なっている、水上勉は古くからの文学の同志であった。沖永良部島の名前の読みは、一九七三年に和泊町長が議会で、「おきのえらぶじま」が正式であると答弁しているが、町議会で「の」を抜いた形での呼称統一を決議した事もあったが、町が区長会や観光協会などの団体と意見交換して、いずれも変更なしとの結論に至っている。沖永良部島の上空は、重要な航空路が通過しており、航空自衛隊のレーダーサイトもある。戦後米軍が運用していた時代にはアルファベットでOKINOと綴られ、永良部が省略されたままに、英文航空路線地図には掲載されていた、与論島には不撓不屈の歴史がある。森崎和江の「島を出た民の歴史」が名著として記憶に残るが、実際、三池炭鉱のあった大牟田市には与論島出身者の子孫が数多く活躍している。与論島出身者の中に、大島運輸の創業者で海運王の有村治峯翁がいる。大島運輸の船の煙突には、○の中にAの頭文字を大書していて、有村の船だとすぐ判る。

天皇皇后両陛下は、和泊町役場でご会食された後に、午後二時過ぎに沖永良部空港に向かわれ、同空港を二時四十分には離陸されて、鹿児島空港で飛行機を乗り継がれて東京国際空港にと帰京された。二泊された沖永良部島から鹿児島空港への途中、機内から二〇一五年に噴火が起きた口永良部島が見え、天皇陛下は座席を立ち上られて眺められたという。午後六時十五分過ぎに飛行機は羽田に到着し、六時四十分には、乾門から皇居に御着きになった。皇后陛下の御歌として宮内庁のホームページに次の通り掲出されている。

「南の島々

遠く来て島人と共に過ごしたる

三日ありしを君と愛（かな）しむ

本年十一月、両陛下は、鹿児島県をご訪問になり、新岳噴火で全島避難を余儀なくされた口之永良部島住民と屋久島でご懇談になるとともに、初めて沖永良部島と与論島を訪問されました。それぞれの島において島民の人々と触れ合われた三日間を、両陛下が大切に思い出とされているお気持ちをお詠みになっています」

西郷隆盛は明治維新の四年前の年に再度流罪になり、中途で徳之島から沖永良部島に移送され過酷な牢屋の生活を強いられた。奄美群島は鹿児島県に属しているが、もともと琉球文化圏だ。徳川幕府成立後の一六〇九年に薩摩藩は琉球王国から奄美群島を割譲させ、代官を置いて直轄地とした。やがて、奄美群島の特産品である黒砂糖や紬は、薩摩藩の搾取の対象となり、奄美は流刑地となり、蔑まされるようになっていった。西郷はなぜ奄美に島流しになったのか。西郷は、英明の薩摩藩主、島津斉彬の庭方役に抜擢され、一橋慶喜将軍擁立運動に奔走したが、一橋派は敗北し、斉彬は安政五（一八五八）年七月には病没する。絶望した西郷は、尊攘派の僧侶月照とともに錦江湾に身を投じた。ところが、西郷だけは蘇生した。しかし、薩摩藩は幕府に配慮し、安政六年から西郷を奄美大島の龍郷に身を隠させた。この潜伏生活は三年間に及び、この間に西郷は、薩摩からは蔑まされていた島の女性、愛加那を娶る。文久二（一八六二）年一月に、西郷は公武合体運動を進めた島津久光に召還されて鹿児島に戻る。ところが、鹿児島に戻った西郷は再び久光に疑いをかけられ、同じ年の七月には徳之島に流されることになった。二度と薩摩のご城下には戻れないと覚悟せざるを得ない厳しい処罰であった。徳之島に流された西郷を親身になって世話したのが、今の天城町岡前集落に居住する島役人、琉仲為の養子仲祐である。仲祐は西郷を慕って師弟の交わりを結ぶ。ところが、西郷の沖永良部での流刑が解かれ、京都を拠点に活動するようになると、仲祐ははるばる上洛し、西郷の身辺の世話役をしている。しかし、仲祐は京都で殺されてしまう。一説では、西郷と風貌が似ていたため、西郷と間違えられたとされている。自責の念に駆られたか、西郷は、仲祐の父親の仲為に遺品と弔意金を送り、ふるさとの徳之島に墓を建てさせている。薩摩藩は、奄美の島民が二字姓を名乗ることを禁じていたが、西郷はその掟を破って「徳嶋」の二字姓を仲祐に贈っている。さらに、薩摩藩邸のあった京都相国寺と、鹿児島西田町の西郷家墓地にも仲祐の墓が建てられている。また西郷は、愛加那の間にできた二人の子供の将来を案じ、教育を外国の友人に託し、京都市長等に大成させた。出先の役人にはないことだ。

徳之島からさらに沖永良部島に流されてからの一年七ヵ月に及ぶ生活は実に過酷なものであった。野ざらしの牢に押し込められ、寄生虫による風土病フィラリア症にも感染した。西郷は、むしろ命を捨てる覚悟を固めることとなった。西郷は南島の黒潮文明から学んだのだ。渡辺京二氏が指摘するように、西郷は島流しの体験によって、権力者ではなく、民衆の立場を自らの思想の拠り所として固めたのだ。後に西郷は「獄に在りて天意を知り、官に居て道心を失う」とうたう。南の島々が天意を知る場所となった。西郷は南洲という号を、地位高官を極めてから使い始めるが、与論島の百合ヶ浜のような海中の干洲「祈る場所」から、「人生の浮沈は晦明に似たり」との想いを込めて南洲と号したのではあるまいか。西郷の銅像は上野公園にあり、宮城前広場には、楠正成の銅像が鎮座する。明治天皇からの御下賜金によって西郷の銅像は本来なら宮城前に建てられはずだったが、門下が遠慮して、徳川の墓所である寛永寺の一角に建てることにしたのである。楠公さんの銅像も西郷さんの銅像も、高村光雲が制作した。光雲は動物像の制作が下手だったらしく、お供の犬も楠公さんがまたがる馬も後藤貞行が作っている。楠公さんも西郷もこの世では敗者として死んだが、死してなお、西郷さんと人々から慕われ続け、延暦寺の僧兵のようになって江戸の鬼門に陣取って、皇城の守りについているのだ。（本稿は、鹿児島県の報道資料や、上野公園で開催された西郷隆盛生誕祭パンフレット、奄美新聞記事などを参照した）

62　鬼界カルデラ噴火と日本創世神話

田端義男のヒット曲「島育ち」は、奄美大島出身の三界稔が作曲した。その三界稔が石本美由紀の詞に曲をつけて、若山彰・能沢佳子やこまどり姉妹が歌った「南国情話」に薩摩半島南端の長崎鼻とそこから遠望する竹島が描写されている。「薩摩娘は長崎鼻の海を眺めて君慕う」、「君は船乗り竹島遥か、今日も帰らず夜が来る」と。長崎鼻から南五〇キロの所に、東西約二一キロ、南北約一八キロの楕円形の鬼界カルデラがある。カルデラとは、火山噴火で形成された窪地のことだが、鬼界カルデラの場合には約七三〇〇年前の大噴火で出来た内側のカルデラとそれ以前にできた外側のカルデラとが二重になっている。カルデラの外輪山が海面上に顔を出した島が薩摩硫黄島（以下、硫黄島という）と薩摩竹島（日本海の竹島と区別するために薩摩をつける場合もあり、名前通り、竹に覆われている）だ。竹島で五月に収穫される「大名竹の子」は島の特産で、柔らかく風味に優れた筍として有名だ。ちなみに、大名竹の名がついているが、南西諸島を原産とするリュウキュウチクであり、大陸を原産とする孟宗竹などとは異なり、えぐみがなく、生でサラダにして食べることも可能だ。黄泉の国の鬼女がタケノコを食べるという神話の記述を思い起こさせる。今でも、鹿児島、大分、島根などの火山土壌の地帯が竹の子の生産地帯であり、四国などは気候が温暖であってもタケノコが採れるわけではない。霧島山麓の竹細工は有名だが、火山土壌に竹がよく生育するからである。竹島は海岸のほとんどが絶壁ではあるが起伏の少ない島で、随所に縄文後期の遺跡があり、大噴火の後の、今から三〇〇〇年以上前からの人間の活動が確認されている。硫黄島の硫黄岳は鬼界カルデラの中央火口丘にあたり、活発に噴煙を上げる。平家物語の俊寛が流罪となった鬼界ヶ島がこの硫黄島とされる。硫黄岳と稲村岳、そして硫黄島東方二キロに位置して昭和九年からの海底噴火で形成された昭和硫黄島が、前述の約七三〇〇年前の大噴火の後に出来た新しいカルデラ火山である。南宋貿易と硫黄島の硫黄鉱山との利害関係や東アジアにおける交易と覇権との関係については、先に書いたことがある。言うまでもなく、硫黄は火薬の原料だから、硫黄島はいわば東支那海における戦略物資の生産地でもあったのだ。その二つの島と黒島を加えた三つの島で、三島村という行政単位となる。村役場は鹿児島市内にあり、島にはない。トカラ列島の十島村や沖縄の竹富町のように、役場が島から離れた都市に在るのが特徴である。役場のある鹿児島市に一番近い島が竹島でフェリーで三時間の航海である。そこから約三〇分で硫黄島で、黒島は硫黄島から一時間かかるが、三島村最大の島で、大里と片泊という二つの集落がある。屋久島の南西部の海岸の断崖に見られる滝に比べると小規模ながら、森林から湧き出る水が海岸で無数の白滝となって美しい自然の景勝地を生み出している。有吉佐和子の小説『私は忘れない』の舞台であり、映画にもなった。スターの座に憧れる大部屋女優が南海の孤島で雄大な自然と素朴な島民の生活に触れて、真の人生に目覚める、という、有吉佐和子の代表作の一つである。有吉佐和子の小説に『海暗』と題うみくらして、伊豆七島の御蔵島を舞台に、ミサイル試射場の設置に反対する島民の苦悩と哀歓を描く作品がある。「海暗」とは御蔵島の言葉で黒潮の別名だそうだ。さらに黒潮は、金華山の沖では淡青の「桔梗水」と呼ばれる。

その鬼界カルデラに世界最大級の溶岩ドームがあることを確認したと、神戸大学の海洋底探査センターが、二月九日に発表した。昨年の一〇月まで行なった三回の海底探査でドーム状の地形があることは確認していたが、採取した岩石を分析したところ、この地形は、鬼界カルデラ以降にできた新しい地形で、直下で、巨大カルデラ噴火をおこす大規模なマグマだまりが成長している可能性があると指摘して話題を呼んでいる。海中の溶岩ドームは高さ五〇〇メートル、直径一〇キロ、体積三二立方キロという。これは世界最大級の溶岩ドームとなる。溶岩ドームの一番高い場所はわずか水面下二〇メートルのところまで盛り上がってきており、ドームの上部では熱水が噴出していることも確認されている。

破局噴火とも呼ばれる巨大なカルデラ噴火は日本列島で過去一二万年間に一〇回発生し、その最後に発生したのが鬼界カルデラの噴火だったのである。「日本列島で巨大カルデラ噴火が起きる確率は今後百年間に一パーセントで、最悪の場合、約一億人の犠牲者が出るとされる」と、神戸大学の火山専門家が説明している。怖い話ではあるが、約七三〇〇年前には、実際に鬼界カルデラが噴火したのであり、火砕流が発生して南九州の縄文人が絶滅したことが想像できる。鬼界アカホヤと名付けられた火山灰は九州南部から四国にかけては三〇センチ、瀬戸内海沿岸から紀伊半島南部にかけて二〇センチも降り積もったとされる。朝鮮半島の南部にも降灰があり、東北地方の南部に至るまで降灰が及んでいる。

鬼界カルデラの南南西の方向には一昨年に大爆発を起こした口永良部島がある。天皇皇后両陛下が島民の慰問の為に屋久島に行幸啓されたことについては、既に記述した。鬼界カルデラは阿蘇山から霧島山、桜島等を一直線に結ぶ、霧島火山帯と呼ばれる。一番北方には阿蘇山があり、加久藤カルデラ、小林カルデラの中央丘としての霧島山系があり、その中で韓国岳は活火山である。霧島山系から一〇キロほどの距離の所に、縄文時代の大集落跡が発見されて、鬼界カルデラの大爆発で壊滅的な打撃を受けたことが知られている。大爆発の後に、数百年の時間をかけて、縄文の人間活動が再開された跡が、上野原遺跡から読み取れるとのことだ。錦江湾の北部が姶良カルデラとなっており、姶良カルデラの主峰が桜島である。錦江湾自体が大きなカルデラであるが、北部には海底に活発な火山活動がみられ、非鉄金属が埋蔵されているとの調査結果で、実際に地熱を今に感じる場所に古い神社が立地している。霧島山系の麓は一帯が温泉で有名な地域でもある。錦江湾の中部には、阿多北カルデラが海底にあり、阿多南カルデラには、陸封のオオウナギが住んでいる、元は火口だった所に水が溜まって池田湖などを構成したのだ。ジェイムス・ボンドの「００７」の映画の女優に日本人の浜美枝が起用されたときに、指宿温泉近くの鰻池で映画のロケが行なわれたことがあったが、典型的な火山地帯で、太古の原始の景色はかくやと納得するような奇観が展開している。米国大陸のイエローストーン国立公園にも劣ることのない、雄大な景色である。鰻池の湖岸の集落は、今でも墳気孔の熱を煮炊きに利用している。電気もガスも、台所で使用することが憚られる場所である。錦江湾の入口には、美しいコニーデの開聞岳がある。桜島と比べて、コノハナサクヤヒメと醜女のイワナガヒメに比定する見方もある。霧島火山帯は、奄美の徳之島の沖で、硫黄鳥島となって海上に姿を現わす。西表島の西方で与那国島の北には海底火山があり、これとも繋がっているとの見方があるが、最近台湾東部で発生した大地震との関係があるかどうかは定かではない。

そうすると、天孫降臨の神話は、海底火山の大爆発で壊滅した九州南部の救済と開拓のために、東方から進出した神々の物語と考えることができる。アマテラスは高天原を支配するが、高天原は、瓊瓊杵尊（ににぎのみこと）を出発させる場所であり、降灰の被害が少なかった東国に所在することになる。月読尊は季節の移り変わりを支配することになる。月の運行を司るのであれば、潮の満ち干を制御することにもなる。しかし、後の太陽に依存する農耕が主力の時代になると、アマテラスの太陽に比べ、月夜見の発する夜の光は強くないから、祀られる力を落としていくことになり、月読神社の数は圧倒的に少ない。鹿児島の桜島に行ったことのある人はお気づきになったと思うが、鹿児島からのフェリーボートが到着する袴腰に月読神社があるが、こじんまりとした社で、噴煙を噴き上げる桜島を見上げるように鳥居が立っている。素戔嗚尊（すさのをのみこと）は、海を治めるように言われる。海底火山の大噴火のように暴れん坊である。鬼界カルデラの大噴火が朝鮮半島南部にも灰を降らせたが、素戔嗚尊も日本列島を一時期離れて半島に赴いている。白頭山は朝鮮と満洲の国境にあり、それぞれの民族の聖地でもあるが、鬼界カルデラの火山活動との関係も想像される。白頭山では最近火山性の地震が観測されているとのことで、北朝鮮の核実験によって、地下の火山活動が活発化したとの見方も伝えられている。その昔、白頭山が大爆発した時代には、日本の東北地方でも白頭山からの降灰があった。何よりも、日本列島に近い済州島には、月のあばたのような火口がいくつも残っているから、朝鮮半島も実は火山活動と無縁な程、地盤が安定している訳ではなく、北朝鮮はむしろ日本の火山活動と近似した火山活動が考えられる地域である。北朝鮮の白頭山は火山であるからこそ、鉱物資源も豊富で、核燃料としてのウランを自前で採掘して精製できる。火山活動のない半島の南部とは、地学的にも環境が異なることを認識すべきである。

天鈿女命（あめのうずめのみこと）はアマテラスが岩屋に隠れて世の中が真っ暗になったときに、乳房と女陰を露わにして踊り狂い、アマテラスをおびき出して、昼の光を取り戻すことに成功したとされるが、女陰を示すホトも火処（ほと）で。火山活動と関連するのではないかとの説が説得的である。瓊瓊杵尊は東国から太平洋岸を南下して熊襲国に入り込んだのではないかと想像する。日向の国はまだ存在しなかったが、そもそも日向という国の名前そのものが、瓊瓊杵尊の出自の東方の高天原を向いていて、アマテラスの故地を向いているとの意味であろう。大隅半島西部は壊滅的な打撃を受けたが、東側の志布志湾や、鵜戸神宮のある太平洋岸は、鬼界カルデラ噴火の被害は比較的に軽かったのであろうか。ホホデミノ命は文字通り炎（ほほ）が火山から噴出する様を監視する神であった可能性が高い。火（ほ）は、星のほ、蛍のほ、火照（ほて）るのほ、焔のほ、まずは炎のほほむらとして、発音を現代まで残している。そうすると、高千穂は、実は高千火（ほ）で、『古事記』と『日本書紀』の穂の当て字の用法は、原始の縄文時代ではなく、弥生の農耕文明主流に惑わされたとの見方も成り立つであろう。

63　竹島簡易郵便局孤軍奮闘物語

飯田厚史氏（三一歳）は平成二九年六月、薩摩竹島の簡易郵便局に勇躍赴任した。父親が島根県の斐川で簡易郵便局を経営していることもあり、すでに約九年にわたり、郵便局の窓口業務の経験もあったから、鹿児島の薩摩半島の長崎鼻から遠望される竹島に簡易郵便局が新たに設置されることを聞いて応募し、役場の嘱託職員として採用されたのだ。簡易郵便局を受託したのが、三島村という行政組織で、身分は単に雇れの嘱や託職員であっても、過疎地で職場は一人きりだから、実質は局長でやりがいがある。隠岐の海士町の島おこしの成功例の記事などを読んで、いよいよ新天地に赴く意気込みを強くしていた。鬼界カルデラという海底火山が七三〇〇年前に大爆発してその外輪山が黒島、竹島と今も火山活動を活発に続ける薩摩硫黄島という三つの島となり、三島村という行政区画を構成していること、村の役場が島にはなく鹿児島の市内にあり、フェリーで、鹿児島港から竹島までは三時間かかることなどは先号に書いた。土日は運航休止する。もちろん天候次第で欠航もする。過疎化は進み、竹島の人口は約八〇人、銀行もコンビニもないし、郵便局が唯一の金融機関だ。鹿児島中央郵便局の竹島分室があったが、それが廃止になって、三島村が受託者となって竹島簡易郵便局が発足することになったのだ。この移管には三年越しの調整、延期時間があったが、それでも、島内には賛成と反対の声が残っているようだ。ちなみに黒島にあった鹿児島中央郵便局の黒島分室も、昨年の七月二二日を最終営業日として竹島同様廃止されて簡易郵便局化されることが発表され、その後に郵便局廃止反対運動が起きている。竹島簡易郵便局が七月一〇日に発足することが決まり、飯田氏は、「開局直前に労働保険料や消費税など国税が払えないことが発覚して困惑して」「国際郵便も実質ないからバッサリ切られた」ことを嘆きながらも、「最悪の事態は回避されて元に回復できるように努力する」との決意表明もしている。簡易郵便局にする場合、全国銀行システムを通じて、他の銀行への送金は取り扱っていないのが普通であるが、飯田氏の努力の甲斐もあって、特例で取り扱うことになった。なんと国税が簡易郵便局では払えない、簡易保険の新規契約ができない、国際郵便の取り扱いができないなどと、笑い飛ばすことのできない課題も残ってはいたが、飯田氏はなんとか開局にこぎ着けている。

ところが、内実は切手と印紙を買うための村の予算が一〇万円しかなく、しかも簡易郵便局に「格下げ」されたということで、郵便端末機という機械等は撤去されてすべて手作業になった。「地方公共団体が受託者の場合は、公金となるので、犯罪に巻き込まれないか危惧している」との関係者の不安も指摘されていたことだった。「キャビネット、シュレッダーは前の直営郵便局分室のお下がりがあったが、硬貨計数機の配備もなくなり、自費で購入」したという。島の中に村長派と反村長派の政争があるせいか、開局イベントもなくなったが、全国各地の関係者から開局を激励する祝電（郵便局ではお祝いのレタックス）が多数寄せられたという。飯田氏が島根県にある簡易郵便局の同僚のアドバイスで、「竹島つうしん」という郵便局だよりを発行したところ、島民の客が次々と受け取ってあっという間になくなり、次号を楽しみにしているとの声もあがった。竹島の名産品「大名筍」をゆうパックで送りにきたという石下谷樹さんは、「郵便局がなくなるかも知れないと聞き、せっかく軌道にのりつつある大名筍が出荷できなくなると危惧していたが、飯田氏が郵便局に来てくれて無事に解決して高齢者も年金受け取りが今まで通りできると言うことで安心しています」と述べていた。こうした島の住民の期待に応えて、飯田氏は「今までの経験を存分に生かして、簡易郵便局ならではのきめ細やかなサービスを提供していきたい」と意欲を見せた。（以上は郵便局関係の週刊の専門新聞『通信文化新報』の記事を参照した）飯田氏は、取扱件数が多い中で事故なしで手作業で頑張ったのだ。夜一〇時ごろに退局するのもしばしばで、深夜労働も数回こなして、全国で日締めが一番遅い郵便局になったことも二回あった。貯金だけではなく、チルドのゆうパックも取り扱うので、一日三回の温度管理をすることに加えて、週末には郵便配達の作業も行なった。その飯田氏の手取りの月給は僅かに一二万円で、「ピンハネ」でもあったのか。飯田氏は困難な実情をこう語る。「レターパックや切手も買えないので常に私金で買われていました。私は役場が（切手を）買ってくれないから、発送できません、役場に問い合わせてくださいと住民に説明して住民サイドから役場に電話するように言ってはいたんですが、狭い社会ですので、なかなか強くは言えなく自分で抱え込んでしまいました。郵便端末がないので、ゆうパックも切手を貼らないとならないので、切手がないと話になりません。最悪、ゆうパックに現金でも貼り付けるしかない」村の役場の予算不足と簡易郵便局対応の悪さをこのように揶揄している。

朝日新聞デジタルは昨年一一月一〇日、「島の郵便局ピンチ、職員戻らず」の大見出しで、「職員が一〇月二七日に休暇をとって県外に出たまま帰らず、連絡が取れなくなっているという」と報道した。ネットではヤフーニュースが転載して全国的な話題となった。筆者も見たが、テレビ朝日は朝のニュース番組で、井戸端会議のノリで面白おかしく報道したから大騒ぎになった。だが、真相は報道とはまったく異なる。飯田氏は、父親の病気見舞いの為に、しかも台風が接近していて、欠航になる恐れがあるフェリーの時刻を考えながら、数日間の休暇を経て帰任する予定だったが、大騒ぎになってしまって、止むにやまれず、いったん役場のある鹿児島まで戻り、村役場に対して、簡易郵便局の運営体制を改善することを求めて、「話し合いをしたい」との手紙を出していたのだ。朝日新聞は一一月二一日付で飯田氏の主張も加味し、「職員が突然いなくなった島の郵便局。離島ならではの事情」と題する署名入りの記事を出した。「深夜まで郵便局に電気がついているのを見た島民もいた。また、嘱託職員の急病などに備えて指定される『補助員』が、島内にいなかった」とも指摘した。さらに、「日本郵便は自治体への業務委託に際しては、嘱託職員のほかに補助員を一人以上指定するよう求めている。実際、開局してから三ヵ月たっても、飯田氏が不在になったときに代行する補助者は決まっていなかった。しかも、島根県に住む父親が急病になったために、見舞いに行きたい気持ちが募って『鹿児島にも行けません、しかも今回は自分の父親が大変だというのに』と吐露したこともあった。大騒ぎになった後、取り繕うように村が定めた竹島簡易郵便局の補助員は、海の向うの黒島の住民で、村総務課の宮田雄次課長は『補助員を竹島で募集をしていたが、なかなか確保できない状態で、不十分な体制だったかもしれない』と認める」と朝日新聞の続報は書いている。ちなみに、筆者は飯田厚史氏の父親と面識があり、開局にあたって祝電を発出した経緯もあったから、最初の朝日新聞の「失踪」報道については、現場の簡易郵便局で孤軍奮闘・努力をしていた飯田氏の主張が一切ないので、一方的な取材で不公平な記事になりかねないと、鹿児島総局の記者に電話をかけて注意を喚起した。続報では、飯田氏の言い分もかなりの程度反映された記事になっていた。

黒澤明の映画『羅生門』のあらすじは、被害者の夫と妻、加害者の賊が三者三様の証言をして捜査が行き詰まる。真実は杣売り（そま）が知っていて、三人とも嘘をついていたことが明らかになるというものだが、人々がそれぞれに見解を主張すると矛盾してしまう現象をラショウモン効果といい、心理学や素より社会科学全般で使われる。郵政民営化を喧伝した時に、数寄屋橋の交差点で、広告会社の企画により、井上靖張りの「あすなろ物語」と題した紙芝居をして、国会議員が集まって拍手大喝采をしていたことを思い出す。郵政民営化でバラ色の未来が開けるとのご託宣であった。

さて、この現在進行形の竹島簡易郵便局事件を観察している柚売りであれば、事件の核心は、郵政民営化の失敗に原因があることを指摘するのではないだろうか。マネーゲームで、豪州の物流企業の買収に四〇〇〇億円以上の天文学的な額の損失を出しておきながら、直営であった過疎地の郵便局を廃止したあげくに、財政困難の地方自治体にその業務を押し付けていることは本末転倒ではないだろうか。ちなみに、簡易郵便局の年間経費は全国で約二〇〇億円だ。村の役場の予算がないとか補助者をちゃんとしないとかの問題はあったが、郵便局が廃止されたため苦肉の策で簡易郵便局を急いで発足させたから生じた問題でしかない。島起こしに向かったはずの純情な青年が押しつぶされそうになった。全国津々浦々の郵便局のサービスを維持し守ることの方が、ラショウモン効果でいう柚売りの見立てと論理ではないだろうか。飯田厚史氏が復職して、竹島簡易郵便局が常軌に服することを期待するが、飯田氏は、郵政民営化の問題点が喧伝されて、地方をないがしろにしている実態が全国に知れ渡ったことは良かったから、後悔はしていないと筆者に述べた。郵政民営化からもう一〇年以上も経ったが、日本通運との宅配便の経営統合で約一一〇〇億円の損失があり、かんぽの宿の売却をめぐるスキャンダル、障害者郵便不正事件等、迷宮入りの事件が放置されたままだ。郵政民営化の利害得失を精査して見直しをする時期が来たことを示す事案ではないか。

鬼界カルデラの外輪山の頂上が海面に出て竹島になっている。霧島火山帯は伯耆大山と出雲の火山帯に繋がり、紀州熊野の古代カルデラにも連なる。出雲・斐川の飯田厚史氏が霧島火山帯の島に赴き、貴重な人生経験を得てふるさとに戻るが、さながら斐川で八岐大蛇を退治した素戔嗚尊の神話の現代版のようだ。鬼界カルデラに世界最大の溶岩ドームが発見されても、噴火を恐れることはない。われわれは雄々しく立ち向かうのだ。

64 知多半島最南大慈山中之院

名古屋から名鉄電車に乗って知多半島に行く。途中、熱田神宮があるから神宮前という名の駅もある。熱田神宮は熱田台地と呼ばれる台地の南西端の標高約一〇メートルに位置し、目前は伊勢湾になるから、古代から海上交通の要衝として栄えて居たことは間違いない。熱田神宮の北側には、東海地方最大の、墳丘長約一五〇メートルの前方後円墳で、国の史跡に指定されている断夫山（だんぷやま）古墳がある。古墳時代後期の六世紀前半に築造された。尾張地方に勢力をもった尾張氏の首長墓とも言われているが、熱田神宮の伝承では、「陀武夫（だみぶ）御墓」と呼んで日本武尊の妃である宮簀媛（みやずひめ）命の墓であるとされている。周辺には白鳥古墳が南方約三〇〇メートルに位置し、熱田神宮は白鳥御陵と称して日本武尊の陵であるとしている。今の熱田球場には、北山古墳が存在したことが知られている。ちなみに、尾張氏は第二六代継体天皇の妃を出した外戚であり、越前の出身とされる継体天皇の最大の支持勢力が、伊勢湾岸にあったことは興味深い。

さて、中部国際空港が伊勢湾の常滑沖を埋め立てて完成しているから、空港方面には太田川の駅で分かれる。名鉄電車の駅名が知多半田であるが、少し離れたところに、ＪＲの半田駅がある。半田には日本最大手の食用酢の製造会社の本社がある。中野酢店である。ミツカンの商標で知らない人はいないだろう。その先で名鉄電車の線路はまた二股に分かれる。富貴駅から知多半島の伊勢湾側にある内海までと、三河湾側にある河和までの路線とに分かれる。内海までの線路はトンネルの断面も大きくして、橋桁も二両分の幅があるが、複線にする需要はないらしく、単線のままであり、途中の駅も大学生の通学のための乗り降りがある駅を除いて無人化されていた。名鉄特急列車の指定席に乗れば、追加料金三〇〇円を払わなければならなくなるが、名古屋の中心部から、一時簡に二本の間隔で走る特急電車に乗れば、半田までたった約三〇分で着いてしまうから、さほど不便な地の利ではない。名古屋市内にホテルがとれないので探して泊まった知多半田駅前のホテルは、こぎれいな近代建築で名古屋市内の同等の宿泊施設と比べても全く遜色のないものだった。値段はほぼ半値と思われる程で、しかもマラソン大会のイベントがあって名古屋市内の宿泊施設が満員御礼となり、いつもは安上がりのホテルまでが便乗値上げをしているさなか、知多半田の駅前のホテルの料金は実直で便乗の気配もなかった。朝食込みの名古屋風の「お値打ち」価格だった。

大慈山中之院は天台宗のお寺である。地元では、狸寺と呼んでいるようで、入口の門には、信楽焼とおぼしき焼物がいくつか無雑作に置いてあった。名鉄電車の内海駅から自家用車で約一四分かかったから、知多半島の最南端に近い場所にある。大伽藍のないお寺であるから、近くの岩屋観音と間違えやすい。岩屋寺は昭和二六年に天台宗から独立した一派である尾張高野山宗の総本山となっている。山号は大慈山である。草壁皇子と元明天皇（天智天皇の娘の阿閇皇女（あへのひめみこ））の娘の元正天皇が即位された霊亀元年（七一五）に、東大寺建立に尽力した行基菩薩が導師となり聖観音の開眼供養を行なったのが創建の端緒となったという古刹である。往時は千眼光寺とも号したという。特に弘法大師空海が、唐国から帰朝して三年あまり後の大同三年（八〇八）に立ち寄ったとの伝承があり、高野山に金剛峯寺を創建後、諸国行脚の途中に再度岩屋寺に立ち寄り、百日間の護摩修行をして、その灰で一寸八分の千手観音を作られて今に伝わる。天長八年（八三一）四月のことだったという。弘法大師が修行した岩窟も今に残り、堂屋が建てられて岩屋寺の奥之院と称している。

今回の知多半島行きは、岩屋寺を詣でることが目的ではなく、中之院という南知多町にある寺に保存された九二体のコンクリート像と石像を拝観することが目的であった。像は昭和一二年の第二次上海事変の際の敵前上陸で戦死した、名古屋を本拠とした第三師団第六連隊の将兵を象ったものである。中之院の場所を岩屋寺で聞いたら、学僧を思わせるような鮮やかな山吹色の僧衣を着た住職がおられて中之院への行き方を丁寧にご教示下さった。本堂の堂守の方によれば、中之院と岩屋寺とは宗派も異なり、日頃の交際も全くないとのことで、住職も日頃は名古屋におられるのではないかとの話だった。中之院は至近距離に普通の人家があるのようなたたずまいだったが、人の気配はなく静まりかえっていた。

中之院、通称狸寺のひっそりとした境内に、岩壁を背にしてコンクリート像と石像が並べられている。遺族が、遺影を基にして像の建立を求めたと言うから、石像とはいえ、戦死者の思いが無言の儘に伝わってくるように写実的で、すべてが実在した人物であるから、セピア色の古い写真というよりは、いまにも生き返って敬礼をしそうな妖気が立ちこめているかのようだ。真っ昼間の訪問であったから、気にもならないが、夕暮れ時の薄暗い中で観るには、少し勇気が要るかも知れない。石像には、名前と没年が刻まれている。知多半島の南端の山あいの窪地に位置する寺の境内には、しだれ梅がこれから満開になる様子で咲いていたが、像の前に備えられた花は幾分しおれていた。花を手向ける遺族がいたにしても、昭和一二年の戦闘の死者の弔いだから、直接の親戚縁者はもう存命していないかも知れない。石像の多くが無縁仏になっているのではないかと推察される。この石像群は元々は名古屋市の千種区にあった月ヶ丘軍人墓地に建立されていたものが、平成七年一一月に区画整理で月ヶ丘墓地が取り払われたとき、知多半島の中之院に移設されたという。石像には土台があったが取り払われており、観る者は石像を仰ぎ見ることがなくなり、目線が水平平等になっただけ余計に、迫力を増しているのかも知れない。像のほとんどを制作したのは浅野祥雲氏であることが判っている。同氏は明治二四年（一八九一）岐阜県恵那郡坂本村、今の中津川市に生まれたコンクリート像作家である。作品は東海地方を中心に八〇〇体が現存している。仏像を含めてほとんどが人物を形取り、ペンキで着色し、集中して林立させる展示手法を採用している。犬山市の桃太郎神社には両手を上げた桃太郎誕生の場面がコンクリート像となって安置されている。春日井の駅前には、弘法大師像が建立されて今もある。大東亜戦争が負け戦となり、戦後の進駐軍は石像の取り壊しを命じたが、どうしても壊すなら我々を銃殺してからあなた方が行って壊せばいい、と僧侶が抵抗した話も残っている。

こうした石像群が知多半島に残されていることを初めて知ったのは、阿羅健一『日中戦争はドイツが仕組んだ』（小学館、二〇〇八）の前書きを読んだときであった。小学館の関係者から献本を受けて読んだ本で、現地を訪ねたいとかねがね思っていたが、初版が出てから一〇年に垂んとしてようやく、筆者は上海事変の戦死者の慰霊の旅を実行した。筆者は盧溝橋事件五〇周年の七夕の夜に上海にいた。竹下内閣で初入閣した中山正暉郵政大臣の訪支に随伴してなかやままさあき翌日は帰国する予定だった。上海の空港を飛び立つ予定のユナイテッドの飛行機の左エンジンが不調で、機長が乗客に離陸していいかどうか意見を求め、多数決で離陸を決し、それでも不満があれば、飛行機から降りてくださいどのアナウンスがあったのには驚いた。隣席の新聞記者が、今のアナウンスは何だったと筆者に聞いてくるしつこさと煩わしさとをよく記憶している。溝橋事件は昭和一二年七月七日夜北京郊外の盧溝橋で起きた日本軍と支那軍の小競り合いである。その後日本軍は攻勢に出て、北京から天津にかけての一帯を制圧した。八月一三日夕方に、支那軍が日本の上海特別陸戦隊を攻撃してきた。半月前には通州事件が起きて日本人大虐殺が行なわれていたから、在留邦人保護のため、名古屋第三師団と四国善通寺第十一師団を援軍として派兵することを日本政府は迅速に決定した。第三師団は熱田から名古屋港に向かい、艀で知多半島の野間沖に停泊した巡洋艦と駆逐艦に乗り移り、上海に向かった。四国の第十一師団は多度津港から巡洋艦で上海に急行した。九月末まで第十一師団は戦死者一五六〇名、戦傷者三五八〇名、第三師団は戦死者一〇八〇名、戦傷者三五八〇名で半数が死傷した。日本軍全体では四万一〇〇〇人の死傷者を出した。日露戦争の旅順要塞攻略戦ですら四ヵ月半で六万の死傷者だったから、上海での死傷者数は惨敗を意味した。九月二七日に戦線不拡大論者だった石原莞爾部長の辞職が決定している。昭和一一年一一月二五日に日独防共協定が締結されているし、昭和一五年には日本はドイツ、イタリアと三国同盟を結び、その間日本にとって友邦のはずのドイツは支那の側に立って、多大な犠牲を強いたのが現実であった。同盟通信上海支社長の松本重治は「上海の戦いは日独戦争である」と雑誌『改造』に書いたが、その部分は削除されて掲載されたという。要するに、ドイツが軍事顧問団を支那に派遣し、長期にわたって軍事援助を行ない、蒋介石に手を貸していたことに日本は無知だった。支那とドイツとは協力関係にあり、多数の軍事顧問が国民党に入り、支那はタングステンなどの鉱物資源をドイツに提供する武器貿易が行なわれている事実を日本は承知していなかった。上海の約三万人の邦人を人質にとって、通州事件などで恐怖を与え、戦闘の主要舞台を日本軍主力のある北部支那ではなく、蒋介石の政治基盤でもあった揚子江下流域に移すべく、おびき出されたのであった。蒋介石の囮作戦は、見事に成功した。当時の陸軍兵力を比べると、二一〇万の支那が第一、一六〇万のソ連が第二、それに欧米と日本が続いたが、二五万の日本は第八位だった。支那の兵力の八分の一の数で、ソ連を加えると一九分の一でしかなかった。当時の日本陸軍は、現在の陸上自衛隊の兵員数の二倍もなかった。兵器の装備も、たとえば手榴弾一つとっても、ドイツが裏で支援しているから、支那軍の手榴弾の方が性能がよかったことが指摘されていた。ドイツが背後で優秀な武器を供給し、ドイツの軍事顧問による陣地構築が行なわれたことを参謀本部が知らぬはずはない。中之院の石像は、支那の泥田に足を踏み入れ抜き差しならぬ羽目に陥った日本軍の失態と惨敗の記念碑である。（知多半島周遊の際は、地元の野間郵便局長をされた森田香子氏の案内を得た。）

65　大東亜戦争と石原莞爾

昭和一二年九月二七日に戦線不拡大論者の石原莞爾将軍が参謀本部を辞職したと前号に書いたが、その原稿を校正している最中に本誌天童編集人から、石原将軍の当時の肩書きと地位とを聞かれ、即答できなかった。調べてみると、陸軍少将、参謀本部第一部長であった。そこから関東軍参謀副長に転出している。翌年、満洲国在勤帝国大使館駐在武官を兼務するが、関東軍参謀長をしていた上司の東条英機中将を批判して罷免されている。舞鶴要塞司令官という閑職に追われ、さらに翌年昭和一四年には第十六師団の師団長に補せられているが、確執は続き、昭和一六年に至り陸軍大臣となった東条英機により、石原莞爾は第十六師団長も罷免されて予備役に編入される。そのためか、日本の敗戦後、石原莞爾は占領軍により公職追放はされたが、東京軍事裁判の戦犯リストからは外されている。対立の原因は満洲国に関する戦略の違いであった、とされる。石原は満洲人自らに国を運営させることを重視して、日本の友邦である「東洋のアメリカ」を建国することを目指した。日本人も満洲国で国籍を移すべきなどと主張していた。石原は、東条参謀長が満洲国に対する愛着を理解しないとして、東条上等兵」「憲兵隊しか使えない女々しい奴」と無能呼ばわりして侮蔑したという。日米開戦の当初は賛成したが、開戦後に日本の生産力は米国に遠く及ばないという戦力判断を各方面へ報告したという理由で、勅任官であった逓信省工務局長松前重義を二等兵として召集して南方戦線へ送るという懲罰人事を東条英機が行なったことは、よく知られている。松前氏は戦後は逓信院総裁に就任して、東海大学の創立者となる。東条英機は批判的な言動は許さない人物であったことが判る。石原も、理論に執着する粘着質の人物であった。昭和一九年には、東条英機の暗殺計画が発覚する。石原の弟子二名が画策した事件だ。柔道家の牛島辰熊と津野田知重少佐であり、東亜連盟で石原に師事していた。献策書は、故郷に隠遁していた石原の賛意を得ている。青酸ガス爆弾で暗殺する計画であったが、実行直前に東条内閣が総退陣することになり、暗殺が実行されることなく、計画は漏れて、同年九月に二名は逮捕される。

陸軍は盧溝橋事件以来不拡大方針を立てていた。名古屋の第三師団と四国の第十一師団が上海に派遣されたのも、当初からの計画通りであった。支那で蒋介石政権の背後にはドイツの軍事顧問団がいて、最新鋭の武器を供給しており、蒋介石の拠点である上海にトーチカを構築するなど、兵器と兵力を拡充して日本軍をおびき出そうとしていたことを知ってか知らずか、通州事件以来の虐殺から邦人を保護するために、上海に二個師団を投入したものの無残な敗北を喫した。僅かに半月で台湾守備隊、第九師団、第十三師団、第百一師団を追加して動員することが下命され、北支からは後備歩兵大隊を派遣することも決定した。石原莞爾ひとりが増派に反対するが、最後はとうとう同意して、増派の決定と同時に辞職を申し出る。ちなみに参謀本部第一部長は、通称で作戦部長とも呼ばれる。第二次上海事変は三ヵ月間で日本の兵力二〇万人のうち四万一九四二の戦死傷者数を数えた。支那軍は兵力八五万人のうち三三万三五〇〇の戦死傷者を数えた。日本の陸軍の戦史上最大級の損害を出したのであるが、情報管制で国民に知らされることはなかった。日露戦争の旅順要塞戦と比較すると、旅順戦役は四ヵ月半続き、ロシアの兵力は四万四〇〇〇、戦死傷者三万四〇〇〇、日本の兵力は七万弱、戦死傷者は五万九四〇八であるから、第二次上海事変で日本軍は旅順要塞戦に匹敵する大損害を出していたのだ（前掲『日中戦争はドイツが仕組んだ』の資料4と資料5に依る）。

二・二六事件は昭和一一年に起きるが、石原莞爾は参謀本部作戦課長で反乱軍鎮圧の先頭に立っている。統制派にも皇道派にも属さず、自称「満洲派」を称していたと言われる。石原は、昭和維新と問われて「俺にはよくわからん、自分の考えは、軍備と国力を充実させればそれが維新になるというものだ」と言ったという。石原莞爾は軍部主導で政治を行なうことを目論んでいたから、支那や米英との穏健な関係を維持しようとする軍縮論者の宇垣一成大将が総理大臣になることを阻止しようとしたことがある。宇垣一成は組閣を開始したが、石原完爾の工作によって誰も陸軍大臣になり手がなく、やむなく組閣を断念するという「宇垣内閣の流産」という事態が発生したことがある。後に石原莞爾は、自分の人生最大の間違いだったと反省している。その後、関東軍が主導して、華北や内モンゴルを支那の国民政府から独立させて日本の勢力圏にしようとする工作が活発化するが、石原莞爾はソ連に対抗する観点から満洲の軍備強化を目指すべきであるとして、支那との戦線に兵力が割かれること反対して、不拡大方針を貫いたのであった。しかし、関東軍の内モンゴル独立工作を止めるように説得に赴いたときには、現地参謀であった武藤章から「石原閣下が満洲事変当時にされた行動を見習っている」とからかわれ、同席していた若手参謀も笑ったので、石原は絶句したという。石原は昭和二年に満蒙領有を構想した論文を書いており、その「関東軍満蒙領有計画」では、陸軍の満蒙占領が日本の国内問題を解決するという構想が書かれていた。昭和三年には、関東軍の作戦主任参謀として、自説の「最終戦争（日米間の戦争）論」を実行するかのように、満蒙領有計画を立案している。その三年後に満洲事変を実行して、二三万人の張学良軍を僅かに一万数千人の関東軍で駆逐している。王道楽土、五族協和をスローガンとする満洲国が建国され、満蒙独立論に代わった。不思議な人事であるが、後に石原が作戦部長であったときに、武藤章が作戦課長に就任する。石原は武藤の上司ではあるが、不拡大の方針に部下の武藤はことごとく強硬に反対するから全くの下剋上の状態で、石原の不拡大方針は参謀本部ではまとまらなかった。今も霞ヶ関では、課長のポストがその上司である審議官や局長のポストよりも実権があるとの見方があるが、戦前の陸軍参謀本部でも課長ポストが威力を発揮している。石原は最後の切札として、近衛首相に「北支の日本軍は山海関の線まで撤退して不戦の意を示して、近衛首相みずから南京に赴いて、蔣介石と直接会見し日支提携の大芝居を打つ。これには石原自ら随行する」と進言している。しかし、これは、近衛と風見章内閣書記官長に拒絶されている。林千勝『近衛文磨——野望と挫折』（ワック出版、二〇一七）によれば、風見章は共産主義者で、近衛が一心同体であることを自他共に認める人物であったと指摘している。近衛と風見は支那事変を積極的に拡大しようとする「国際共産主義運動の謀略」の側にいたのであるから、石原莞爾が戦力判断に基づいた不拡大方針を説いても、近衛内閣が受け入れるわけがないのは当然であるし、石原を追い詰めた陸軍参謀本部の将官の中に、コミンテルンの影響下にある者がいたのではなかったかとすら邪推する。

石原莞爾は大東亜戦争を絶対不可と説いていた。独ソ戦についても、ドイツはソ連に勝てないと断言していたと言う。米国側からの最後通牒であったとも言われるハルノートの中のチャイナの表現の中に満洲国は含まれていなかったとの解釈があるが、石原莞爾は満洲国が保全されれば、大東亜戦争を開戦する必要はなかったと考えていたと思う。大東亜戦争を打開する石原の案は、不思議とハルノートに近いものがある。つまり、満洲国以外の日本の利権は放棄してもいいとの考えである。戦線が伸びきった太平洋の島々のことなど、たとえばガダルカナルなど早くから抛棄して差し支えないとして、台湾から南東アジアへの海上輸送路の確保に徹することを主張している。事ほど左様に、石原は彼我に兵器と兵力の格差があることを冷徹に認識していた。盧溝橋事件以来の戦線不拡大方針も、その根底には日本軍の兵力が、支那・ソ連に到底及ばない劣勢にあることを認識していたからであろう。戦後、石原は「東条個人に対する怨恨はないが、戦争中に言論弾圧を極度にしたことを悪む、これが日本を亡ぼした」と吐露しているが、客観的な戦力評価の観点からすれば、負け戦になること必定であるから、満洲国だけの確保でも良しとしたのも『満洲派』を自認する石原ならではの判断であったろう。ハルノートが発出された時点で、既に連合艦隊は出撃準備を整え、仏印に向かう大輸送船団が台湾海峡を通過している。歴史を逆転させることはできなかった。

前掲書『近衛文麿――野望と挫折』が出版された直後に、江崎道朗著『日本は誰と戦ったのか』（KKベストセラーズ、二〇一七）が出版された。日米開戦を画策するコミンテルンと中国共産党の対米工作の動きを鳥瞰する労作である。同年八月『コミンテルン謀略と日本の敗戦』と顕して、コミンテルンの対日工作によって日本が米英との世界戦争に追い込まれていった政治過程を克明に描写する研究書を出版していた。第三章は「日本の軍部に対するコミンテルンの浸透工作」と題し、社会主義を鼓吹した陸軍省軍務局、北一輝が皇室を嫌悪していたこと、皇道派が対ソ警戒派で没落した、汪兆銘工作が近衛政権中枢に食い込んだ二人のスパイ、尾崎とゾルゲの掌中で踊ったこと等を活写する。支那事変の本質とその背後の動きについての透徹した見方（同書二二四頁）では、「支那事変は西安事件によって蒋介石とソ連が組んで勃発したもので、そこにはコミンテルンの陰謀も絡んでいるのに、……『事変』という言葉を使うことによって、実際には戦争をしていることを国民に意識させないようにしているのではないか」「『事変』という言葉を使っていることについてはもう一つ別の疑惑もあった。戦争でないことにすると、天皇と関係なく勝手に統帥権、つまり軍隊を使える。そのために、意図的に『事変』という言葉を使っていたのではないか」「現地解決不拡大より、無限の拡大に委せられ、やがて日本百年戦争宣言というごときものを提唱する参謀本部課長出で」「資源を確保するためとて東亜共同体論、東亜連盟論あらわれ、……後者は、石原中将が宮崎正義その他のマルキストを動員して実行力あるものとして、相当の深刻の影響力をもち」などという慧眼の分析があったことも紹介したい。

あとがき

ているだけである。」

本書は学術論文でもなんでもない。まず、誤解を避けたい。「黒潮とその大自然と、その中で生きる人間が作り出す文化と伝統に味と力があることを、しかもその一端をなんとか表現しようとしているだけである。」

平成二一年の二月から、月に二回短文を書き始めてから、もうすぐ一〇年になるが、拙文を書きはじめた契機は、筆者が日本郵政公社を退任した直後に、学生時代に知己を得ていた、文明地政学協会の代表をしている藤原源太郎氏と再会して、「世界戦略情報みち」に執筆することを勧められたことであった。「黒潮言霊学（ことだま）」こそが、『黒潮文明論』の究極的な叡智となる、との藤原先輩の指摘を理解していても、未だに言霊学と直接対峙することは意図的に避けている。なるほど、黒潮文明論をささやかながら開陳することで、自らの存在に禊ぎを月に二回する気分になれることを体感できるようにはなった。『続・黒潮文明論』では、筆者がふるさとの徳之島の郵便局の宿直室で生まれたことが、郵政民営化に反対した理由の原点にあること明らかにした上で、郵政民営化という無明の闇の一端に言及・追求している拙論をいくつか掲載することにした。ひとりの黒潮の民が、星の見えない闇夜の海を、勇気を奮い起こして、必死に櫂をこいで舟を操っている姿を想像して頂ければ幸いである。郵政民営化の問題についての概要に関心のある向きは、金融財政学者の菊池英博氏と共著で出版した『ゆうちょマネーはどこへ消えたか』のご一読を薦めるが、この『続・黒潮文明論』では、佐々木実氏の鋭い指摘を引用して、南北朝時代の北畠親房になった気分で暗部に一条の光を当てようと試みた。岩崎芳太郎氏の論説の一部にも頼った。記して、ご両人へのお礼に代えたい。

今回も、出版の労を決断、引き受けられた彩流社の竹内淳夫社長と、編集者の高梨治氏のご高配には深く感謝したい。まえがきにも書いたが、前編と続編の二本立てが書店の棚に並んで売れ行きが良くなって、毎月二回拙稿の加除添削の労をとっている文明地政学協会の同志に、築地本願寺裏の鰻屋でご馳走できるほどの印税が入ることを密かに期待している（笑）。

売れ行きを良くする工夫として筆者の似顔絵を加えるべく、関西の郵便局員で、漫画を書いてい

る友人の四辻登氏に送って貰った。

まもなく、七〇歳になる。島の年の祝いは七三歳であるが、この出版は、前倒しで祝う気分だ。黒潮に乗ってたゆとう民族の旅を続けて、言霊を磨いていつかは光らせたいと思う。

【著者】
稲村公望
（いなむら・こうぼう）

昭和22（1947）年生まれ。奄美・徳之島出身。

東京大学法学部卒。1972年、郵政省入省、フレッチャースクール修士、
八女郵便局長、1980年、在タイ王国日本大使館一等書記官。
通信政策局国際協力課長、郵務局国際課長、
総務省政策統括官（情報通信担当）、日本郵政公社常務理事を歴任。
2012年10月1日「日本郵便」副会長、2014年3月、同社を辞任。
中央大学大学院公共政策研究科客員教授等を歴任。
現在　『月刊日本』客員編集委員、岡崎研究所特別研究員。

【主著】
『黒潮文明論　民族の基層と源流を想う』（彩流社）
『「ゆうちょマネー」はどこへ消えたか　“格差”を生んだ郵政民営化の真実』（共著、彩流社）
『日米戦争を起こしたのは誰か
ルーズベルトの罪状・フーバー大統領回顧録を論ず』（共著、勉誠出版）

Sairyusha

続・黒潮文明論　海の民の遙かなる旅

二〇一八年七月三十一日　初版第一刷

著者――稲村公望
発行者――竹内淳夫
発行所――株式会社 彩流社
〒102-0071
東京都千代田区富士見2-2-2
電話：03-3234-5931
ファックス：03-3234-5932
E-mail：sairyusha@sairyusha.co.jp
印刷――モリモト印刷(株)
製本――(株)難波製本所
装丁――渡辺将史

ISBN978-4-7791-2502-7　C0039
http://www.sairyusha.co.jp